Renzhi Chuanboxue Luncong

认知传播学论丛
第四辑

主　编⊙林克勤
副主编⊙刘利刚

中国国际广播出版社

图书在版编目（CIP）数据

认知传播学论丛.第四辑 / 林克勤主编. —北京：中国国际广播出版社，2022.5
ISBN 978-7-5078-5117-5

Ⅰ.①认…　Ⅱ.①林…　Ⅲ.①传播学—文集　Ⅳ.①G206-53

中国版本图书馆CIP数据核字（2022）第074033号

认知传播学论丛（第四辑）

主　　编	林克勤
副 主 编	刘利刚
责任编辑	王立华
校　　对	张　娜
版式设计	邢秀娟
封面设计	赵冰波

出版发行	中国国际广播出版社有限公司 ［010-89508207（传真）］
社　　址	北京市丰台区榴乡路88号石榴中心2号楼1701
	邮编：100079
印　　刷	环球东方（北京）印务有限公司

开　　本	710×1000　1/16
字　　数	230千字
印　　张	16.25
版　　次	2022 年 7 月 北京第一版
印　　次	2022 年 7 月 第一次印刷
定　　价	48.00 元

目　录

第一部分
理论建构与认知传播

体认传播学的马克思主义哲学观

林克勤

[**摘要**] 体认传播学是认知科学与传播学交叉互浸的产物，它定位于当代传播学的一个学派或一种兴起的思潮，也可以视作传播学研究的认知转向。体认传播学的提出是对马克思主义宏大理论体系专业化题域的创新型探索，也是对马克思主义新闻观进行当代诠释与再度出发的又一进路。本文将从"社会实践""哲史对话""现实的人"等马克思主义的重要思想命题出发，分析其在身体体验的界定与赋型、历史科学与哲学的有机结合、人本价值观和批判哲学的发展等方面对体认传播的基本原则和相关旨趣产生的直接影响和谱系勾连。

[**关键词**] 社会实践　哲史对话　现实的人　体认传播学

认知科学以集群形式的出现对传统学科的范式发展影响深远，在跨学科蓝海的导引下已经滋生出超越各自本体的深层交叉或复合式蝶变领域，如认知心理学、认知社会学、认知翻译学、认知诗学、认知哲学、认知语言学、认知病理语言学等，在学术的大花园里各放光华，纷领潮流，呈现出丰富多彩的万千气象。认知科学与信息传递和行为研究的结合，在国外主要聚集在两个领域：一是电子工程学或计算机工程学，如认知无线电（Cognitive Radio）；二是医学领域，如依托于脑科学的认知交流（Cognitive Communication）。实际上，国外有关这方面的互浸研究与传播学尚没有发生任何攀援关系，而在国内，中国人民大学新闻学院和泛媒研究院于2010年共同主办了"传播学与认知科学国际学术研讨会"，正式拉开了认知科学（主要是第一代认知科学，即心理学、神经科学、语言学集群等）与传播学"联姻"的序幕。自此以后，有关认知传播研究的学术成果呈井喷式爆发，截止到2013年，据中国知网（CNKI）数据库的统计分析，达到了24176篇，这个数字比2000年萌芽阶段的657篇足足增长了接近40倍[1]。截止到2015年，有关认知传播研究的文章稳定在30000篇左右。

2014年全国首届认知传播研究高峰论坛暨认知传播学研究会成立大会在四川外国语大学召开，正式确立了认知传播学（Cognitive Communics）的学科发展方向。至此，认知传播学逐渐完形为体验哲学视阈下的一种传播学研究进路，即以体认传播观为指导，关注人类社会传播过程中信息与意义的产生、加工和认知改造、心智与传播现象、各要素的内在关系等，其核心是要揭示传播与人类认知行为间密不可分的联系。它不是传播学的分支学科，而是定位于一个学派或一种思潮，也可以视作当代传播学研究的认知转向[2]。目前的传播学界已呈现出喻国明领衔的认知神经传播学派和欧阳宏生代表的认知传播学团队二水分流之势，心智、意识、隐喻等人类的精神活动范畴越来越受到传播研究者的广泛关注，认知传播研究进入成熟期并逐渐建构其在学界的合法化地位。但大多数学者依然认为，传播研究的客观本源基础仍旧是其学科体系存在的前提，为避免矫枉过正，在强调心智作用的同时不偏废经验事实作为认知世界和改造世界基本前提的实在意义，亦在概念拟定上与认知交流（Cognitive Communication，简称CC）相区别，我们拟将认知传播学（Cognitive Communics，简称CC）修改为体认传播学（Embodied-Cognitive Communics，简称ECC），并梳理马克思主义理论体系对整个西方哲学、后现代主义思潮、认知科学的事实影响与精神泽被，从"社会实践""哲史对话""现实的人"等关键命题中确证体认传播学的基本视点与理论框架均来自世界文明史上的伟大遗产——

马克思主义。

一、"社会实践"从本体论判"体验"的先导与启迪

学界基本认可，认知科学集群发端于20世纪三四十年代的美国，以语言学、心理学、神经科学、人工智能为核心，这是其形塑的第一阶段。到了20世纪80年代，认知科学的发展迈入第二阶段，以乔治·雷科夫（George Lakoff）与马克·约翰逊（Mark Johnson）为代表的体验哲学异军突起，拉开了认知科学革命的序幕，并促成了两代认知科学的并轨合流，从而对人文、自然学科前沿的理论范畴嬗变与实证体系飞跃发挥了巨大的推动作用。近年来，认知科学中有关"涉身性"或"体验性"的研究更是走上前台，已成为西方哲学和认知科学话语中的核心概念与关键术语。目前大多数学者对于身体在认知中的作用主要有两个基本看法：一是强调身体作为认知的载体、实现者的作用，突出人的身体与认知的密切关系，认为认知只能在人的身体上才得以产生和进化；二是突出身体作为认知生产者、塑造者的功效，即主张身体不仅是人的认知发生和运作的特殊基础，更直接生产和塑造认知，属于认知产生机制的核心内容。[3]基于这样的结论，雷科夫和约翰逊明确了心智的体验性作为其理论核心的重要地位。而正是由于心智的体验性，我们脑中概念系统的形成与建构基本上由人的感知和运动系统决定，人的身体与外界环境、客观事实的接触感知直接导致了我们对世界的印象和日常生活中分类范畴的型构，从而影响了人类知识生产的整个过程。[4]以两代认知科学为理论指引的体认传播学高扬"体验性"的旗帜，形成了有别于实证主义传播学派的体认观，即认为人类的思维、话语、交往中既有"体"的感知基础，也有"认"的理性成分。前者为我们的研究提供"经验事实"，后者则以人的主观因素和价值判断对基本事实进行加工和阐释。[5]这与西方主流传播学强调的离身性效果研究，即认为传播是一种精神思想的勾连与互动，本质上和与人的身体无关的学

术立场[6]产生了较大的区别。在技术决定论的考古质疑中，新媒体的繁荣和发展带动了人的主体性的活跃，国内一些学者已经在基于对刺激—反应框架下的行为效果研究和只强调抽象符号的传播仪式观的反思下，开始关注身体体验在传播维系社会稳定和个人行为中的作用。体认传播学对身体体验意义的凸显，诚如皮埃尔·布尔迪厄（Pierre Bourdieu）所强调的"惯习"结构的形成，即个体从生活实践中获得零零散散的经验，而这些经验的日积月累则以"知识茎块"的形式固化为人们头脑中的认知图式，刻板成人们在将来的行为中反复遵循的倾向性立场。这种从个体经验生发出来的、用于维系特定社会整体协调的传播就是一种共识和意义身体化的过程。他认为："只要一整个集团和一整个象征性地被结构化的环境，在没有专门人员和规定时段的情况下进行匿名教学行动且进行传播，那么定义了实践掌握的操作方式的本质就在实践中以实践的状态得到传播，并且不进入言语的层面（即这种实践类型不经过符号体系的表征过程即可运作）。实际上，我们模仿的不是'模式'，而是别人的行动。"[7]在体认原则的视角下，人类的传播活动之所以能够通过文化符号体系对特定社会进行时间承续和组织协调上的维系，其可能的一种解释就是以个体的具身体验作为中心，力图让自我作为他者的观念范畴延展为社会关系的共鸣。[8]故此，"体验"是人类社会精神活动的基础和前提，也是我们认知世界和改造世界的先在与预设。

体认传播学的产生直接获益于认知科学前沿理论的创新发展与破题释义，实际上也是间接受惠于170多年前马克思（Karl Heinrich Marx）、恩格斯（Friedrich Engels）对整个西方哲学体系发动的哥白尼式革命。在西方思想史上，马克思以社会实践的哲学思维方式导引了西方哲学的划时代嬗变——实践论转向。辩证唯物主义以人类实践的优先性取代了天赋理性的优先性，强调人的感性生存行为的重要意义。马克思明确指出："我的辩证方法，从根本上来说，不仅和黑格尔（Georg Wilhelm Friedrich Hegel）的辩证方法不同，而且和它截然相反。在黑格尔看来，思维过程，即甚至被他在观念这一名称下转化为独立主体的思维过程，是现实事物的创造主，而现实事物只是思维过程的外部表现。我的看法则相反，观念的东西不外是移入人的头脑并在人的头脑中改造过的物质的东西而已。"[9]这就深刻而完整地揭示了物质决定意识、客观世界先于主观世界的唯物论真谛，批驳了唯心主义哲学家对世界联系的前后颠倒与主次混淆。然而，马克思虽然鞭辟了黑格尔把自然界看作是精神的异化存在形式的观点，推倒了建立在人与自然界之间的形而上之藩篱，但马克思并不把自然看作是人们顶礼崇拜的对象、只能顺从而无法改造和超越的神灵，他同样彻底诟病了所谓自然界具有优先性的观点。马克思承认自然界具有领先于人的意识的客观先在性，但并没有推论出自然界被赋予的优先性，这二者之间存在着偷换概念的理论陷阱，往往被一些受利益驱使和有多元价值的人居心叵测地滥用。另外，所谓自然界优先性的提出，把人和自然截然分开，割裂了自在之物与自为之物的有机辩证联系，有意无意地忽略了人与自然、社会的多主体互动模态，明显蜕化为一种静止和僵化的程式，这必然会导致本体论上一种虚无缥缈的斯芬克斯之谜。总而言之，在马克思眼里，只有人类实践，只有社会整体意识支配的主动性言语行为方式，才是"整个现存的感性世界的基础"。[10]

马克思的实践生存论把人与自然互为对象的关系这一基本范畴置于其逻辑的起点，认为人正是通过其感性的实践创造活动来认知自然、改造自然，把自然界打上了人的烙印，也让自然的影廓进入人的大脑、人的意识和纷繁复杂的社会关系之中。因此，从古至今的一切事物，都是人类实践的产物，人类周遭存在的世界都是人体验认知的世界，人类的气息与自然的风物交相互浸，人类"周围的感性世界绝不是某种开天辟地以来就直接存在的、始终如一的东西，而是工业和社会状况的产物，是历史的产物，是世世代代活动的结果"[11]。马克思的实践生存论哲学把人类整体活动的体验方式作为认识世界、改造世界的基本手段，突破了传统主客二分的认识论窠臼，建构了主客观统一、自然与社会融合、人与自然和谐的多重互动有机网络，从而在本体论上勾勒了人的视界中的鲜活的世界图景。

通过对大量人类社会实践活动的审视与分析，马克思得出了人的身体在认知世界、精神交往、改造世界的过程中起到重要作用的结论，他指出："人不仅通过思维，而且以全部的感觉在对象世界中肯定自己。"[12]这里说的"全部的感觉"即包括眼耳鼻舌身意，涵盖人体的全部器官与组织，这明显是强调了身体在个人习得知识和认知外界中的关键角色。在谈到人与人之间的交往关系时，马克思特别强调了"体验"的实践本质，"人以一种全面的方式，也就是说，作为一个完整的人，占有自己的全面的体质，人间世界的任何一种人的关系——视觉、听觉、嗅觉、味觉、触觉、思维、直观、感觉、愿望、活动、爱——总之，他的个体的一切器官，……通过自己的对象性关系，即通过自己同对象的关系而占有对象"[13]。这段论述已经清楚地阐明了马克思对于人通过"体验"来获取经验性事实的根本立场，确证了马克思主义对于"身体体验"的界定与赋型远先于认知科学对涉身性的探讨与发掘，更完全足够启迪与导引体认传播学的理论视界与社会应用。

二、"哲史对话"从动态关系上对实证主义的扬弃与超越

体认传播学显然对人类体验实践的原点倚重与聚合推广，而且认为强调概念、范畴、意义均源自日常生活世界的知识生产路径并不必然导致一种实证主义传播立场的再度形成。在实践性生存的前提下，深受体验哲学影响的体认传播学尤为看重一种历史的视野，一种望向先验事实的"史识"，即置身于线性、历史的时空序列中去比对观照传播学研究的现实问题，展开一场哲学思想与历史经验的对话，而不是妄自切断当下与历史的血脉联系，也不是一种仅仅依靠"抽象的经验主义"的自我言说。20世纪80年代欧美的传播学研究开始受到一种新历史主义思潮的冲击，尽管

福柯（Michel Foucault）的思想并未获得一致的认同，如基特勒（Friedrich Kittler）就指出，"话语分析忽略了这样一个事实，即现实条件并非简单的方法论举证，在任何情况下，它都是一种技术—历史事件"[14]，但他对知识、文化与权力紧密连接的分析，物体、事件和制度都受话语型构制约的断言，依然深深地影响了媒介考古学的现实发展。在此视阈下，人类的传播进程在过往时空的客观存在与观察者的主观性诠释之间不断转换，几乎所有的历史事实本身都被纳入诠释者编织的意义丛林之中。由此，对历史的描述和解释不仅遵循动态的原则，还被建构为一个动态的领域[15]，这一领域充满了各种各样的事件、行为、线索等活跃因素，还时常经历着后来者的反复诠释和再度出发。

有鉴于此，体认传播学认为历史就是由一系列人参与的事件构成的，诚如历史也涵盖一切可以量化的实体和行动一样，而与历史的对话很大程度上就是对事件的再度描摹和隔空商谈。基于动态性事实与静止性场景共振的事件域认知模型（Event-domain Cognitive Model，简称ECM）认为，人们常常是以"事件域"（Event-domain）为单位来体验和认识世界的。所谓"事件域"包括"行为"（Action）和"事体"（Being），是一系列由多要素和多层级构成的、发生于一定范围内的事件，强调事件内部的层级性和复杂性。一个行为包括动态性行为和静止性行为（如存在、处于、判断等），由很多具体的行为或子动作构成。一个事体也由很多个体构成，包括人、事件、工具等实体，也涵盖抽象或虚构的概念。[16]在此影响下的行动语义学并不仅仅把人看作是事件的载体，因为人不是普通的实体，而是兼具实体与精神双重概念的复合体，因而事件就有着与实体（不论是物，还是人）相同的本体论尊严。[17]人类的传播行为在历史上每一个事件域中的体现，包含了其源自的各种要素，而不仅仅是传播者、接受者、作用力、解释力、场景力等传统框架范畴，而且这些范畴之间还存在着层级性关系和主题性概念的突变，以及人们对这些要素与关系的主观性诠释。人类正是从史学经验中习得了万千事件域单位中的各种知识块，并储存于自己的大脑之中，辅之以一定程度的认知加工——情感偏向、个人喜好、立场倾斜等，形成了对于世界、事物、环境的基本看法和精神交往的种种行为旨趣。

在德布雷（Régis Debray）的视阈下，历史被视作一种"间接的实践"，一种"迟到的传递"。但他认为，"把历史看作对个人汲氧来说不可缺少的开放窗口"，形成对历史循环观的反复借用和立体镜鉴，从过去旨在改变世界的总体性、抽象性和理想性思维模式转化为一种多重的、补充的和多学科的跨越与连接的精神探险，不失为一种具有理论高度和阐释能力的人文学科方法论创新。[18]在历史唯物论的指导下，体认传播学的思想命题从来不把与历史的联系仅仅局限于对经典文本的怀旧、挖掘与勾稽，因为这很容易走向一种臆想、设定和自我中心主义的研究进路，即堕入帕拉蕾丝-伯克（Maria Lucia Pallares-Burke）所指称的使用者对观念与语境的一种模糊表达，以及"观念单元"与经验文本作者产生的一种"失联"窘境。[19]体认传播学借鉴了斯金纳（Burrhus Frederic Skinner）对语境进行生发与题解的既成性思路，即对代表性文本历史语境的着重把握，尤其是对析出时空的政治社会背景和话语背景的考察，延伸释义了这样的看法，"经典作家们当初都是处于特定的社会之中并为其写作的，正是政治生活本身向政治理论家们提出了一些重大课题，引起了对许多结论的怀疑，使一系列相应问题成为辩论的主要对象"。[20]但体认传播学又扬弃了其对人类社会的思想、观念发展过程的简单化定性和理想式衍义，认为这种对历时性的片面附会可能导致希冀建立哲学与历史理性互视的中道崩塌。以黑格尔为代表的传统形而上学历史观虽然强调了在时间的长河中探寻意义的生产、延续和实现，但其对线性价值的高扬与独重实际上设置了一场理性的骗局，导致了逝去的事实成为他绝对理性的派生物和副产品，并被矮化为一种茶余饭后的消遣或者围炉叙谈的童话。由于清楚地识别了黑格尔历史观致命的缺陷和天生的短板，后形而上学对其展开了激烈的批判，认为在这种情况下被拘禁于人们思想围墙之内的历史观念，不过是理性拟构或制造出来的悬在半空的精神符号，说得更直接一点，是理性出于某种目的想象擘画的"合理规制性叙事"。这种由人的主观性臆造出来的所谓历史，往往以其"客观""自然""规律"的面貌表征假冒汗青镌刻的真实，致使我们可以知觉的历史异化为一场理性的骗局，并常常以一种自证合法的狡黠方式去戏弄人类的社会实践。[21]

马克思主义唯物史观早在100多年前就立足于对宏大叙事的观念论哲学的根本批判，把哲学编织进历史的总体现实运行，用哲学理性与历史事实展开一场互补增益的对谈，既与只重思辨的旧形而上学分道扬镳，又和僵化的实证研究范式划清了界限。历史唯物主义以拷问的视角观察发生的事实，从话语事件这个特殊的口子切入时空的星河，更加关注其背后折射的"人们实践活动和实际发生过程"，它基于一种批判的出发点，并不满足于获得那些既定的、完形的经验事实，把直观的感觉经验作为真实事实肯定下来，而是要求思想和实践能够对事实及其前提保持一种审视、反思的立场，并进而上升为社会的一般规律，定型为一种指导人们认识世界和改造世界的指导性原则。[22]马克思曾经这样概括和总结自己的观点："只要描绘出这个能动的生活过程，历史就不再像那些本身还是抽象的经验论者所认为的那样，是一些僵死的事实的汇集，也不再像唯心主义者所认为的那样，是想象的主体的想象活动"，它是"可以通过经验来确认的、与物质前提相联系的物质生活过程的必然升华物"[23]。由此，存在便成为鲜活的存在、事件的存在、实践的存在，标举了一种对话的叙事和唤醒的逻辑。

在对历史事件进行仔细甄别和深刻分析的基础上，唯物史观的生命力通过"事件性模式"实现了跳跃式的思想创造和路径革新，突出了实践主体自身进行自我生存的事件性和纷繁复杂性，以及齐泽克（Slavoj Žižek）所言说的大对体的极致崇高性。赫尔舍尔在谈及"历史时间"这一概念时指出："历史时间这种假定的整体性事实上是一种产生幻觉的形而上学结构……历史时间按年代排列分成了时代或时期，它看上去提供了一种尺度，能为每一种事件的序列定位，允许每一个过去的事件在历史中有其独特的位置，即一种易于区分的个性。历史学家的任务就是阐明这些个体事件的整个体系，并揭示所有这些事件之间的关系，以便揭示历史世界的整个精美结构。"[24] 接受了马克思主义精神遗产的德里达（Jacques Derrida）、福柯、阿多诺（Theodor Wiesengrund Adorno）、利奥塔（Jean-Francois Lyotard）在自己的思想领域都引入了事件哲学的思考方式，并尝试从事件哲学的框架出发再度回望和重新诠释历史。在他们的理论基础之上，巴迪欧（Alain Badiou）则更进一步把现象学、后现代性、生命哲学以及自然科学的思路有机连接在一起，强调哲学在其思想创造中所展现的生成典范，这正是"事件作为事件"的性质及其生动形象的在场表演过程。他认为，当存在显现于世界，实现其在哲学视野内的无蔽而展开的时候，正是存在作为事件而成为哲学思考的原始内容的珍贵瞬间[25]，从而进一步深化了马克思主义历史观，并延展了其在多样化专业题域的传承发扬。

历史唯物主义的超凡之处正是既批判了由抽象、主观、意识主宰的思辨哲学传统，又超越了呆板、固化、静止的实证主义范式，实现了历史科学与哲学的有机结合，并引领了19世纪以来蓬勃兴起的人文思想大潮。

三、"现实的人"从价值论对心智理性的高蹈与发凡

体认传播学以"体验＋认知"作为其基本的学理逻辑，以计算机模型和哲学理论推断探究出人的大脑中存在着一套认知加工系统，并认为人们对于外界的认识正是通过这一思维模块进行信息生产、记忆储存、意义建构、概念形成、范畴整合的结果。在认知科学家的眼中，外界的客观镜像源源不断地经由人的感官进入大脑，通过人类心智的多样化加工而凝聚为各层次的知识图景深埋于人脑之中，并由此构筑成繁简有度、层级复杂、各异其趣的认知基模，引导着情感宣泄、价值建构、理性玄思、精神交往等种种人类意识活动。不过，体认传播学强调，反映外界事物的人类心智

并非一面机械、实在、透明的"自然之镜"，对被反映物原封不动、不加区分地映射、复制、储存、放送，而是一面受各自的个性、背景、图式、语境等繁复因素多重影响的"哲学之镜"。也就是说，外界的客观存在是本源，乃基准，为前提，基于人类心智的认知加工或标识视角的改变，或反映情感的修饰，或实施缝隙的补足，或进行结构的完形。不同文明间的跨文化传播更是秉持这样的观点，传输文本中的缝隙或者说裂缝天生存在，因为没有一个文本可以涵盖一切事实或所有真相。这些缝隙在解读者参与创作和进行批判性反思的过程中产生不同的效果，因为差异化的信息和多样化的阐释会从不同角度把它们填满。基于这个原因，一个文本可以有多种意义的延伸，而且没有一种阐释可以穷尽所有的可能性，因为每个单一个体的读者只是从自己的角度去填充这些缝隙，从而排斥其他立场和视角的可能性。而这些被放弃的每一种可能性都是一种合理的诠释，一种别样的解意，因此说，一个文本的意思因人而异。这些缝隙正是原作者留给读者的认知空间，原作者在对空的言说中邀请读者积极参与解读，发挥想象力，构建新文本。[26]

在这样的视野下，体认传播学宣示了自己学术立场主观性的一面，强调每个人对同一客观事物的看法与认知可能多多少少会有差别，但其核心原则是"显大同，存小异"，即看山还是山，不过有青山、绿山、黛山、石山、秀山，险峰、土丘、圆岭、尖顶、穹窿等的细微区别。这种现象的出现可以归结于后真相时代人们对于各种文本和生活世界的多样化体验性解释力。如唐朝诗人张继的名诗《枫桥夜泊》："月落乌啼霜满天，江枫渔火对愁眠。姑苏城外寒山寺，夜半钟声到客船。"在国内外竟有四十种不同的解释文本，在这些文本中，倾向各异的读者都在认真寻觅原作者表达在原诗中的多种意义指向，按照自己的理解去填补这短短四句诗的文本中的各种缝隙。如把"乌啼"理解为"乌鸦的叫声""乌啼桥"，把"江枫"解释为"江边的枫树""江村桥与枫桥"，把"渔火"认作是"渔船上的灯火""打鱼的灯火""打鱼人的灯火"，对"船"与"山"或用拼音，或直译，把"霜满天"引申为"下霜"或"地上的霜"，把"客船"描述为"慢悠悠的船""旅行者之船""流浪的船"等。在兰盖克（Ronald Wayne Langacker）的认知识解理论里，这些差异化的解读都凸显了文本阐释的主观性，从定位不同的辖域、选择差异的视角、突出兴趣的焦点、权衡具体而微的精细度来观察事态和解释场景，呈现了认知加工的场景和境界的体验力与解释力。[27]

体认传播学在唯物、唯真的前提下弘扬了人的主体性以及这种主体性在信息加工、知识储存、意义生产、价值型构、精神交往等题域不容小觑的作用。这个知识坐标的本质源头事实上出于马克思主义理论体系的关键命题——现实中的人。正是马克思高蹈宏智的人本主义思想以社会实践理性和阶级意识的整体形成，埋设了我们认知世界、改造世界直至实现全人类解放的知识生产和革命实践路径，并成为指导人脑信息加工活动的总体规律和一般性原则。

马克思主义的人本价值观有别于笛卡尔（René Descartes）、康德（Immanuel Kant）、黑格尔提出的天生理性、认知理性和从事理解的自我意识。康德把理论理性作为人类最高的认知能力，即遵循一种所谓心理学的知识进路，由感性进展到知性，再由知性进展到理性。"从感性那里获得素材，获得经验的和先天的素材时间和空间。它思维这个素材，但是它的思想是和这个素材完全不同的东西。或者说，知性是另一种特殊的能力；只有当两方面都具备了，感性供给了材料，知性把它的思想与材料相结合，这样才产生出知识。"[28]这实际上是一种由自我想象和逻辑推论生产出来的、朴素的认知加工思想。但他也认识到，理论理性只能获取有限的知识，而要了解形而上的存在则显得力不从心，这不是理论理性所能胜任的，必须要以"现实的人"为思想原点，依靠实践中的认知理性来解决，只有实践中的认知理性才能实现人与人之间的价值，开辟通往自在之物领域的康庄大道。实际上，康德已经认识到了启蒙运动给人类社会带来的泛灵论弊端和工具理性对社会生活各领域的普遍占有，力图用"绝对命令"

来限制自我欲望和尊重他人的自由意志，但这在他来说是未完成的学术任务和不能实现的历史使命。

马克思主义哲学从"现实的人"这一立场出发，把实践认知理性作为人类认识世界和改造世界的根本手段。早在1844年马克思就提出了"人的本质是人的真正的共同体"的论断，而在1845年马克思又精辟地总结道："人的本质在其现实性上，是一切社会关系的总和。"[29]在马克思主义的思想大厦中，人是一切的根本，并不是历史把人当成手段来达到自己的目的，而是人在创造历史，历史不过是追求着自己目的的人的集合活动而已。更进一步，马克思主义把人作为一切社会活动和精神生产的出发点，"我们的出发点是从事实际活动的人，……后一种符合现实生活的考察方法则从现实的、有生命的个人本身出发，把意识仅仅看作是他们的意识。这种考察方法不是没有前提的，它从现实的前提出发，它一刻也不离开这种前提。它的前提是人，但不是处于某种虚幻的离群索居和固定不变状态中的人，而是处在现实的、可以通过经验观察到的，在一定条件下进行的发展过程中的人"。[30]在这样的价值旨归之下，人的存在、人的需要、人的欲望、人的物质与精神交往、人的心智、人与各种对象的关系、人的主体间性、互动渗透的社会关系……凡是与人的生存与发展有关的一切题域都被纳入了马克思主义的哲学体系，真正实现了对人的自由、规制约束、尊重自然的多维考量和对自在之域的倾力探索。

马克思也意识到，"现实的人"这一哲学范式必须在一定的阶级语境下展开才有价值意义。受工具理性支配的资产阶级所掀起的政治革命，只是打着寻求社会普遍解放的大旗，其本质还是要实现其作为新兴权力阶层的特殊地位和价值诉求。马克思一针见血地指出，资产阶级是立足于其自身的政治立场和本质利益来引领所谓社会解放的。这个阶级为了号召广大群众，把自己的特殊权益粉饰成普遍的社会追求，但它致命的缺陷，即对私有财产的占有决定了它不可能被赋予人类解放的重任，只有作为"非市民社会的市民社会阶级"的无产阶级才能够担当起解放全人类的使命，因为它是不断壮大的与经济地位相同的现实社会力量，而非传统意义上（受特定生产资料占有关系束缚）的阶级，或者说，它的形成本身就意味着现存社会的解体和总有一天阶级的消亡。在马克思那里，人类的解放就是作为头脑的哲学和作为心脏的无产阶级结合的产物，是世界历史的真正完成。这就意味着掌握了文化和教育手段的无产阶级必须具有整体的阶级意识，而这个整体的阶级意识要求无产阶级首先要清楚自己是一个彻底被资产阶级私有制戴上锁链的阶级。[31] 只有具备了这种清醒的自我意识，武装了彻底革命的理论体系，无产阶级才能够首先自己解放自己，成长为历史的普遍阶级——"社会的理性和社会的心脏"，并进而完成解放全人类的伟大使命。

由此可见，马克思主义哲学观把"此在人生"和无产阶级整体意识的形成作为其终极价值关怀，实现了对西方实体本体论和逻辑知识论的颠覆和终结，从而开创了文明史内涵中真正意义上的哲学——批判哲学，完成了人类思想界的一场伟大革命。为西方学界所公认的是，马克思主义哲学观以其博大精深、富有预见、批判现实的总体格调影响了卢卡奇（György Lukács）、柯尔施（Korsch）、福柯、利奥塔、德勒兹（Gilles Louis Rene Deleuze）、伽塔利（Pierre-Félix Guattari）、德里达、杰姆逊（Fredric R Jameson）、梅洛庞蒂（Maurice Merleau-Ponty）等知识巨擘，其精神遗产潜藏于后现代思想庞大谱系的隐秘深处，而这些学者的开宗立派、辐射绵延，又广被了现象学、符号学、功能心理学、后结构主义等的当代进路，并为第二代认知科学、体验哲学的繁枝茂叶培土加水、施肥助长，完成了对辩证唯物主义和历史唯物主义的重大深化与迭代相传。

结语

体认传播学的提出，以学派的视阈对发端于美国的实证主义传播研究范式进行了批判、补充、修正与发展。雷科夫和约翰逊认为，客观主义就是古典现实主义，它看到的只是物理现实，而不是文化的现实或人的现实。[32]这和辩证唯物主义认识论的实践观点如出一辙。体认传播学的发凡，与欧陆批判学派、英国文化学派、中国华夏学派、新世界主义学派等传播学变异分支一起共同丰富了人类整体传播学的理论视野，其思想源点其实上溯于马克思主义、后现代哲学、第二代认知科学和体验哲学的相关观念范畴及精神流韵。

体认传播学阐明了人的意识、范畴、概念来源于客观世界的本源映射，同时凸显了人的心智在知识生产、媒介传播、社会交往中的认知加工作用，以马克思主义思想大厦的"社会实践""哲史对话""现实的人"等核心旨趣所凝练而成的体认原则作为人们精神交往活动的顶层指导，是对马克思主义宏大理论体系专业化题域的创新型探索，也是对马克思主义新闻观进行当代诠释与本土演绎的又一进路。

体认传播学着眼于超学科的视角，以超脱于传统研究中按图索骥、地面观蚁的平面逼仄格局为学术追求，定位在领域交叉和知识跨界的高处，俯瞰21世纪思想大融通的前沿版图，关注人文学科理论题域与实践范畴的内爆重组、相互破壁、涅槃再生，力图为传播学知识生产范式的革新与中国化型构提供综合性思路与可选择的方向。

（作者：林克勤，文学博士，四川外国语大学新闻传播学院教授，主要研究方向为比较新闻传播学、认知传播学、文化话语研究等。）

参考文献

[1]欧阳宏生，朱婧雯.论认知传播学科的学理建构［J］.现代传播（中国传媒大学学报），2015（2）：34-40.

[2]林克勤.认知传播学的宏观学术视野［J］.现代传播（中国传媒大

学学报），2015（12）：14-19.

［3］林克勤，姜孟.从涉身认知科学看语言涉身性研究的维度［J］.外国语，2011，34（6）：47-55.

［4］LAKOFF G, JOHNSON M.Philosophy in The Flesh: The Embodied Mind and It's Challenge to Western Thought［M］. New York: Basic Books, 1999: 55.

［5］王寅.再议认知传播学的体认观［J］.编辑之友，2016（7）：70-73.

［6］刘海龙.传播中的身体问题与传播研究的未来［J］.国际新闻界，2018，40（2）：37-46.

［7］布尔迪厄.实践理论大纲［M］.高振华，李思宇，译.北京：中国人民大学出版社，2017：238.

［8］刘海龙，束开荣.具身性与传播研究的身体观念：知觉现象学与认知科学的视角［J］.兰州大学学报（社会科学版），2019，47（2）：80-89.

［9］中共中央马克思恩格斯列宁斯大林著作编译局.马克思恩格斯文集：第5卷［M］.北京：人民出版社，2009：22.

［10］中共中央马克思恩格斯列宁斯大林著作编译局.马克思恩格斯选集：第1卷［M］.北京：人民出版社，1995：77.

［11］中共中央马克思恩格斯列宁斯大林著作编译局.马克思恩格斯文集：第1卷［M］.北京：人民出版社，2009：528.

［12］中共中央马克思恩格斯列宁斯大林著作编译局.马克思恩格斯全集：第42卷［M］.北京：人民出版社，1986：125.

［13］中共中央马克思恩格斯列宁斯大林著作编译局.马克思恩格斯全集：第42卷［M］.北京：人民出版社，1986：123-124.

［14］KITTLER F. Gramophone, Film, Typewriter［M］. Stanford: Stanford University Press, 1999: 229.

［15］胡塔莫，帕里卡.媒介考古学：方法、路径与意涵［M］.唐海

江，译.上海：复旦大学出版社，2018：9.

［16］王寅.认知语言学［M］.上海：上海外语教育出版社，2007：239-241.

［17］利科.作为一个他者的自身［M］.佘碧平，译.北京：商务印书馆，2018：126.

［18］德布雷.普通媒介学教程［M］.陈卫星，王杨，译.北京：清华大学出版社，2014：30-31.

［19］伯克.新史学：自白与对话［M］.彭刚，译.北京：北京大学出版社，2006：271.

［20］柯林武德.柯林武德自传［M］.陈静，译.北京：北京大学出版社，2005：271.

［21］宋伟.批判与解构：从马克思到后现代的思想谱系［M］.北京：人民出版社，2014：219.

［22］孙承叔，韩欲立，钱原诚，等.重建历史唯物主义：西方马克思主义基础理论研究［M］.上海：复旦大学出版社，2015：537-538.

［23］中共中央马克思恩格斯列宁斯大林著作编译局.马克思恩格斯全集：第1卷［M］.2版.北京：人民出版社，1995：30.

［24］赫尔舍尔.新编年史：一种史学理论的纲要［J］.陈新，译.世界哲学，2003（4）：88-100.

［25］高宣扬.论巴迪欧的"事件哲学"［J］.新疆师范大学学报（哲学社会科学版），2014，35（4）：1-11，141.

［26］张龙海.哈罗德·布罗姆论"误读"［J］.当代外国文学，2010（2）：57-67.

［27］王寅.认知语言学的"体验性概念化"对翻译主客观性的解释力：一项基于古诗《枫桥夜泊》40篇英语译文的研究［J］.外语教学与研究，2008，40（3）：211-217+241.

［28］黑格尔.哲学史讲演录：第4卷［M］.贺麟，王太庆，译.北京：

商务印书馆，1978：267.

［29］中共中央马克思恩格斯列宁斯大林著作编译局.马克思恩格斯文集：第1卷［M］.北京：人民出版社，2009：295.

［30］中共中央马克思恩格斯列宁斯大林著作编译局.马克思恩格斯文集：第1卷［M］.北京：人民出版社，2009：525.

［31］苗贵山，彭晨慧，霍玉敏.马克思唯灵论批判思想研究［M］.北京：中央编译出版社，2015：284.

［32］LAKOFF G，JOHNSON M. Metaphors We Live By［M］. Chicago: University of Chicago Press，1980：181.

道家内向传播的观念、路径及其目标

谢清果

[**摘要**] 道家传播思想研究领域中言语传播思想研究居于主流地位。不过，道家内向传播思想的特色则更鲜明。为此，笔者相对系统地提出了道家独特的内向传播意识、道家的主我客我观、道家内向传播的途径与目的，从而将道家传播思想研究推向深入。

[**关键词**] 道家　内向传播　吾丧我　游

英国李约瑟（Joseph Terence Montgomery Needham）博士曾把道家比作中国文化的根，对于中国传播学而言，道家思想也构成了华夏传播研究中不可或缺的重要组成部分。在以往的研究中，关于道家的传播思想，多集中在言语传播领域，而关于道家内向传播思想的考究似乎少人提及。有意思的是，学界认为道家有着一定的反传播思想，即反对人际传播、社会传播等外在传播，认为其主要追求的是内向修为，讲究"天人合一"，提倡"坐忘""心斋"，而这正是内向传播的范畴。一些学者从"绝圣弃智"字面理解，就想当然地得出道家思想是否定传播作用的，其实是一种误解。恰恰是道家对人类传播的负面影响抱有深切的洞察，才提出要谨慎处理人类传播问题。尤其是，道家特别关爱生命，以养生长生为宗旨，形成了以"摄生"为中心的一套思想体系，讲究处理人与自然、人与社会以及人自身身心的关系都应当从自我修身开始，并认为"悟道"的过程正是个体自身与大自然、社会互相融通的过程。"通天下一气"，正因为人与天下万物在道的层面上是共通的，所以，人只要复归于道，就能够与世界融为一体，和谐自然。因此，道家的思想体系必然是最注重个人内部的信息调适过程的，如此说来，道家内向传播思想的研究便显得十分必要了。

一、道家传播思想的研究回顾与总体评价

道家的传播思想历来为传播思想史研究的学者所关注，也常被引入当代传播实践作为重要的思想启迪源泉。

（一）道家传播思想研究焦点

从台湾的关绍箕先生在《中国传播思想史》一书中以"道家传播思想"为章名之后，道家的传播思想日渐被更多的学者予以探讨。就现有的论著来说，在道家传播思想方面探讨得比较集中的还是语言传播。如谢清果在其论文《道家语言传播效果的求美旨趣》一文中提到的不言、无言、忘言，分别从语言传播的方式、语言传播的效果及语言传播效果的极致三个方面论述了道家的传播智慧；其另一篇论文《道家语言传播主体的求真意向》从正言、贵言、信言谈及道家语言传播主体的求真意向。又如，常启云在其论文《道家语言传播思想探析》中分别从言与义、言与辞、言与果的关系三方面分析道家的语言传播思想。在吴予敏的中国传播学著作《无形的网络》中，谈到道家传播思想时，也着重讲述了道家的语言传播，只不过作者认为道家语言传播的态度是否定的："知者不言，言者不知。"

诚然，现有的道家传播思想研究论著讨论得较多的是语言传播，论著中论述的重点也是语言传播。可以说，至今语言传播仍是道家传播思想研究的焦点，因此探求道家的其他传播观不失为一种新的方向，就比如本文将探讨的道家的内向传播观。

（二）道家是否"反传播"的争论

由于道家所倡导的"行不言之教"，坚持"道不可言""言不尽意""知者不言，言者不知"等，许多学者认为道家的传播观是消极的，甚至是反传播。就如吴予敏在其论著《无形的网络》中谈到的："在老子的眼里，人们平时孜孜营求的事业，唠唠叨叨的言语，罗嗦繁琐的往来，都是一种'伪'。奋斗索求的愈多，丧失的也就愈多；学习的愈多，愈是糊涂，距离真知也就愈远；互相往来交流得愈频繁，人际的关系愈紧张愈疏远。信息流通和人际互动，使得人们自己给自己树起一道屏障、欺骗的栅栏，更难于把握宇宙和人生的真谛。从这个意义上，老子完全否定了社会生活中信息传播的价值。"[1]而学界的另一派则否定这种"道家反传播"的见解，他们认为道家虽然反对"言"，但事实上其传播思想是积极的。比如余晓莉在其论文《反传播还是愚民政策？——试论道家的传播观》中讲到的"道家的'言不尽意'与'言道'其实并不矛盾"，在承认道家"行不言之教"的同时，提出"即言即道"。笔者认为，不论道家的反传播思想是否成立，学界仍然已达成一个共识：道家不提倡过多的外向传播，它更强调个人自身的修道。因此，我们认为，道家的内向传播思想不仅应该被学界所重视，还应成为道家传播思想的重要组成部分。

（三）道家内向传播研究现状

虽然道家的内向传播思想在一些论文或者论著中会偶有提及，但都未做全面深入系统的研究。如在余晓莉的论文《反传播还是愚民政策？——试论道家的传播观》中说到"对于人际之间平行的传播以及内向传播而言，道家的思想是积极的"[2]，但之后就没有对内向传播有过多的解释，只是对人际间传播加以论述。又如陈红兵在其论文《庄子、荀子主体性思想比较》中谈到"人的本性是与道相应的，是人内在稳定有序的信息系统，具有超越形体、外物乃至自然运化的独立性"[3]，但具体道家所蕴涵的人内在的信息系统是什么样子，文章也未多作说明。而值得欣喜的是，李敬一在其论著《中国传播史论》中谈到了道家对内向传播的重视："如果把传播看做是人类个体与群体之间的关系，而这种关系又包含个体成员自身对外界信息的获取、反馈、思维和社会成员之间的信息交流与情感沟通的话，老子的传播思想则偏重于对前者亦即对处于一定的社会关系中的个体内向传播的探讨。"[4]此外，全冠军的《先秦诸子传播思想研究》和谢清果主撰的《和老子学传播——老子的沟通智慧》中也偶有提及道家内向传播思想，只是还未系统论述。笔者近年来以内向传播的视角着重探讨了《庄子》书中提到的"见独"观念，指出道家经由内观而实现对自我的反省，推动自我由俗我向道我转化[5]。此外还有数篇专门论述道家老子和庄子的内向传播思想的论文，比如发表于《国际新闻界》2011年第6期的《内向传播视阈下的老子自我观的探析》，发表于《诸子学刊》2014年第1期上的《内向传播视阈下的〈庄子〉"吾丧我"思想探析》，发表于《诸子学刊》2018年第2期的《自我与超我的蝶变——内向传播视角下的庄子之梦新探》等。

综上，道家内向传播观本应是其传播思想中的重要组成部分，可学界关于道家内向传播的研究基本上还处于起步阶段，这使得对道家内向传播思想系统研究更凸显其独特价值。

二、道家内向传播之道

内向传播是指个体根据需要对接收到的外部信息与自我的前见进行综合处理的一系列过程的总称。纵观道家的思想体系，我们时时可见"出世""归隐"的思想倾向，俨然是一种不以物喜、不以己悲的心灵状态。在道家追求真善美亦即求"道"的过程中，最强调的就是个人修为，而这种修为主要靠自身的体悟来完成，也就是一种个体的内向传播过程。因此研究道家修身悟道的思想有助于我们建构道家的内向传播观体系。道家关于修身养性的观点比比皆是，贯穿着整个道家思想体系。笔者将站在传播学的基点对其进行整理分析，并系统地提出道家内向传播之道。

（一）"收视反听"：道家独特的内向传播取向

道家是最注重人的内在修为的，但是道家的内向传播观却是与众不同的，因为相对于接收外界信息再内化到内向传播系统而言，道家却主张与外界信息的隔绝。

纵观道家的古文典籍，无不体现出一种与世无争、致虚守静的人生态度，而"守静"则正是一种内向传播观。道家认为，通过"致虚极，守静笃"的特殊途径，在"微妙玄通"的自我生命体验中，"收视反听""耳目内通"，才可以达到对"道"的体悟。这是道家所独有的内省方法。[6] 道家所谓"真人"与"真知"，即指摆脱了异化枷锁、归真返璞的人所特有的对天人和合境界的体知。所谓"知天之所为，知人之所为"并非神秘直觉，而是经过长期的修炼，逐步地意识到"人"与"天"、个体小生命与自然大生命乃是同质同构、互涵互动的，"天地与我并生，万物与我为一""静而与阴同德，动而与阳同波"。因为通过个体生命律动的探求，"载营魄抱一""心斋""坐忘"等内在的体验自澄，可以达到自我净化，"与天为徒"，乃至逐步由"外天下""外生"到"见独""无古今"的自由境界。

老庄作为道家的集大成者，其传播思想也独具代表性。虽然他们各有侧重，但总体上仍然秉承"守静""收视反听"的内向传播观，即不受外界干扰，通过自身体悟来完成悟道的过程。

老子认为人需要效法的只是"自然"，在传播活动中，他也崇尚自然、素朴。因此，他要求传者要始终保持内在的清净恬淡。他说："五色令人目盲；五音令人耳聋；五味令人口爽；驰骋畋猎，令人心发狂；难得之货，令人行防。是以圣人为腹不为目，故去彼取此。"（《道德经》第12章）

针对当时统治者一味追求声色犬马之乐、生活淫逸放荡的现象，老子指出：斑斓陆离的色彩，会让人眼花缭乱；令人痴狂的靡靡之音，会让人听觉迟钝；美味佳肴，会让人味觉失灵；犬马享乐，会令人心志放荡；宝贵的财物，会让人行为受到妨碍。所以，每一个传者乃至每一个社会成员，都应该以"圣人"为榜样，"为腹不为目"，严格要求自己，自觉抵制物欲的诱惑，这才是参与传播的应有起点。

此外，老子还特别强调自我认知也要避免受到外界干扰，这样才能真正达到自我的提高，这与西方的社会关系论中的内向传播是相去甚远的，比如最具代表性的"镜中我"理论认为他人是自我的镜子，强调内向传播的社会性。道家则更倾向于内向传播的自省性。老子认为："知人者智，自知者明。胜人者有力，自胜者强。"每一个传者在传播活动中不仅要善于"知人"，更要能"自知"。人处于特定的社会关系中，要时时审视自己、坚定自己、克制自己，这样就能长久地保持活力，以适应传播的环境。老子认为，传者非但不能自作聪明，有时还得承认别人高明。"俗人昭昭，我独昏昏。俗人察察，我独闷闷。"让别人光耀自炫去吧，我不妨自认愚黯；让别人都苛察明白吧，我却是淳厚、宽宏的。老子就是这样要求传者做到自知、自胜、自化、自正、自朴、自省、自卑，少受外界干扰。[4] 他认为只有这样，最终便会"不出户，知天下；不窥牖，见天道。其出弥远，其知弥少"。（《道德经》第47章）也就是说，人们能做到足不出户，便能明白天下的事理；眼不望窗外，便能认识日月星辰运行的规律；而人们追逐身外的世界太远，他所知道的道理就愈少。虽然这种思想是不同于我们现有的辩证唯物主义的认识论的，但它却也为老子"收视反听"的内向传播观提供了有力的佐证。其实，老子的此番见解并不是世人理解的不可知论，而恰恰是要求人们注重自我理性的洞察力和悟性的感通力。只有自己"昭昭"了，才能将错综复杂的万事万物条分缕析，以一御万。

在庄子的哲学视角中，人的本性具有通达大道的本能，而如果拘于人的形体则是进道的障碍。修道的过程，其实就是复归与呵护人的内在自洽和谐甚至灵通的本性，从而自己成为自己的主人，即人能够凭借自我内在稳定有序的信息传输系统，达到形神俱妙，内外和谐，随机应变。[3] 庄子学派认为，"闻道"的过程，只能是"收视反听"，不能是向外伸延感触器官，人如逐于物，则迷失自我。必须经过一层层的步骤，即自我反省，领悟外界信息可能成为人自我超越的障碍，因此时刻对自我欲望抱有清醒的认识，并努力地培育道性、道情，以至于外物不入于心，如此方可把握"道"，实现自我逍遥自适。正是在这个意义上，庄子学派强调内心体悟的同时对语言传播比较警醒。那就是，任何事物都有其外相和内蕴，有其粗形和精微，有其现象和本质，即"可以言论者，物之粗也；可以意致者，物之精也。言之所不能论，意之所不能察致者，不期精粗焉"。(《庄子·秋水》) 在庄子学派看来，大凡能够用言语表达的，只不过是事物的表象；而只有意会的东西，才是事物的精微；而其实，还有言语不能表达，意会又不能体察的，那就不能指望用常规的理性去解剖分析，而是进入直觉悟性思维以达到对某事物的认识能得其精或得其粗的超越而得其质。可见，庄子主张借助语言的外向交流进入直觉体悟的内向交流，而内心体悟是最重要的，一旦获得，便可摆脱语言乃至于文字的束缚了。

内向传播在西方传播视界中，往往强调的是个人对社会信息的理解与解释以应付社会生活的一个内在信息处理过程。而道家的内向传播观却反对接受外部信息，侧重强调人体内部的信息处理，不能不说独树一帜。"收视反听"作为道家独特的内向传播观，不仅体现了道家文化中的与世无争，相比于西方的实证主义内向传播观点，它也反映了我们中国传统文化中"修身为本"的内向传播理念。

（二）"吾丧我"：道家内向传播的主我与客我观念

《庄子》书中首次提出"吾丧我"的命题，这一命题道出了道家内向传播的要旨。在学界的主流观点中，"吾丧我"也被认为是理解《齐物论》

的钥匙。道家认为人们经过"吾丧我"的自我超越过程，从而主体内心不受外界的干扰，做真实自在的自我，也只有这样，自我最终也才能达到与人、社会、自然的和谐共处，因为人遵循道的运作方式而排除了一切人心的自我干扰，能够顺道而己在，则无危殆。就如陈静教授指出的，庄子所谓的人有三个层面："形态的我""情态的我"和"真我"。而"吾"即代表"真我"，"我"即代表"形态的我"与"情态的我"，人生的价值就在于从"我"的角色中超脱出来而找到"真我"[7]。由此，"吾"与"我"即可衍生出道家的主我客我观念。

在探讨庄子的主我客我观前，我们先来看看西方最具代表性的米德（George Herbert Mead）的内向传播观，即主我客我观。米德进一步发挥了詹姆斯（William James）的自我观，注意到自我其实具有内在的张力，这个张力体现在，自我是由相互联系、相互作用的两个层面的"我"构成：一个层面是作为意愿和行为主体的"主我（I）"，即实然的自我，亦即当下怀有自我抱负，以自我价值来评判与对待周遭的人与事，充溢着各种喜怒哀乐情怀的自我；另一个层面则是作为他人的社会评价和社会期待之代表的"客我（Me）"，即应然的自我，这层面的自我是自我基于生活经历与思想积淀而塑造出来的理想自我，代表着未来和应当更为理想完善的自我，从而成为指导自我当下做出改变的精神动力。[8]在米德看来，人的自我的鲜活性体现在"主我"和"客我"的互动中。人能够将自我客观化，是人自我审思与超越的心理基础。如此看来，庄子学派提出的"吾丧我"，便是意识到主体可以"吾"与"我"两个层面来看，个体修道的过程，就是"丧我"的过程，即作为"主我"的这个我是不完善的，是过程性中的存在，修道便是不断需要认识他人，认识社会，更要认识自己。因为自己才是自己的障碍。因此，庄子学派启发世人，放下自我的意识，即对功名利禄的执着，越是执着，就越没有清静的内心境界，就越没有快乐自由的自我。而要实现自我超越，就需要冥思，需要体悟天道。在感知大道的真善美的至上性的同时，以道的光芒来化解自己的迷误，认识到只有自己才能救自己，只有经过心死神活的"吾丧我"过程，人才能成为真正的自我。因此，我们可以从内向传播的自我观来分析"吾丧我"思想。即首先确认了自我其实是由"吾"与"我"组成的。"我"类似于"主我"，"吾"则类似于"客我"。修道的过程，或者说道家内向传播的过程，就是"吾丧我"的过程。因为"我"（"主我"），是世俗的且为许多欲念所支配而没有真正自由的自我，是混俗的自我；相反，"吾"则是超脱世俗功利心而达到自由精神的自我，此时的自我是有道的自我。可见，"吾丧我"以最精炼的方式表达了道家设计的主体道德修炼的过程，即具有道家鲜明特色的内向传播的理论表征。

首先，为什么"我"需要"丧"呢，这是因为庄子学派意识到日常生活中的"我"是一种社会性关系的存在，那就永远处于我与世界、自我与他人、是与非、得与失等这样的相偶的关系中。此时之我，在他人眼中是许多不同的身份，处于不同的期待角色之中。庄子学派期望人们反思自我，反思日常生活中那个忙忙碌碌的自我，到底是不是我的本相。是不是"我"就应该在这样的忙碌中失去自我而得快乐？显然不是。于是，庄子告诉世人说："一受其成形，不亡以待尽。与物相刃相靡，其行尽如驰，而莫之能止。不亦悲乎！终生役役而不见其成功，苶然疲役而不知其所归，可不哀邪！人谓之不死，奚益？其形化，其心与之然，可不谓大哀乎？人之生也，固若是芒乎？其我独芒而人亦有不芒者乎？"（《庄子·齐物论》）如此看来，"我"处于形化之中，不得自由。亦即有形体的我，必然处于与外物纠缠的困境之中，被他物裹挟着、冲击着，跟跄于人生之途，终生劳碌，却不见得有什么可以真正得到，然而弄得身心疲惫不堪，却不知何时何处是归宿。庄子学派首先以形体的自我的不自由启示世人，不要迷于一切的物质享乐之中，因为看似享受的过程，不过是行尸走肉的自我，没有安定感的自我，此为"物质自我"。只有意识到现在自我的无奈，才有了超越的意愿。

超越现实的意愿只有在精神世界中来获得。精神自由超脱了，形体才能得到更好的安顿。因此，庄子学派首先分析日常生活中的个体，其实，精神状态由于物化而没有自由。无论是白天还是黑夜，都在计较担忧中度过——"其寐也魂交，其觉也形开，与接为构，日以心斗"，或傲慢，或阴险，或慎密，"其发若机栝"，窥视着是非，"其留如诅盟"，严守着秘密。总之是不断地在"喜怒哀乐，虑叹变，姚佚启态"的不同情境中流转。此为"精神自我"。

"主我"其实还是个"社会自我"。"社会自我"指的是"我"在各种不同的社会关系之中，我们在言说"我"的时候，其实是有个清晰的参照系——"他者"，我之所以有喜有忧有得有失，都是因为有"他者"的诉求，是"他者"与我的互动造成的。因此，道家的"社会自我"一定程度上侧重于阐明社会如罗网，这张无形的网可能成为自我悟道修真的障碍。如同佛教所说的红尘是染缸。当然，红尘也可以是道场。关键在于自我要明了，如果将他者作为自我修道的镜子，从中窥探万有的虚妄，不要随波逐流而迷失自我。因此，道家"社会自我"，并不是要形体远离社会，而是心灵要与社会保持一定的距离，努力从社会性的存在状态（"角色"）中超脱出来。[7]

其次，为何"丧我"的是"吾"呢？"吾"是种什么样的不同于"我"的自我呢？"吾"其实就是役物而不役于物，处俗而不混俗的真性情、真自在。按庄子学派的说法，"吾"正是"真我"，是道家自我的本质规定性。道家的自我不是社会的规定性，是道与我的规定性，即一种载道的自我，与道合真的自我。此时的自我虽然难以言说，但却是内心自足自由的天乐状态。"吾"何以能"丧我"，是因为"吾"获得了道的力量的指引，看到了"我"的虚妄，也意识到"我"对自我的伤害，只有"丧我"，化解物质自我、社会自我、精神自我给自我的种种束缚，才能从多样性中走向统一性。当然，在此过程中并不是要消灭肉体，消除社会关系，使自我精神不灵，而是在"吾"的指引下，肉体自我有神人之美。社会自我则如相忘于江湖的鱼儿，每个人都不会成为他人的障碍。精神自我则至人无梦，内心安静宁静，清静如镜。因此，"吾"即指"真我"，即"道我"。这种的"吾"或在觉境中，或在梦境中都能保持自我，都能以道观之，无富无贱，齐物玄同。此时的自我，既是独特的、唯一的，也是共通的、一致的。个体可以让自我在不同境界中，身心清明地感知自我与万有。以梦为例，或可梦为鸟而"厉乎天"，梦为鱼而"没于渊"，都能逍遥自在。甚至如同梦蝶般地物化流转和始终自我同一。因此庄子十分肯定真我的存在，这样的"吾"不会纠缠于"物"的关系之中，也不会纠缠于"社会"的关系之中；只有"吾"，能够做到"因是因非"。[9]

通过如上对"我"与"吾"的阐述，我们能够明了庄子对真我的追求以及对物欲的呵斥。"吾丧我"观念充分体现了道家主体性思维的觉醒，而在传播学范畴则表述了一种极具中国传统文化代表性的主我客我观。在西方的内向传播研究中，无论是米德的主我客我观，还是布鲁默（Herbert Blumer）的自我互动理论，都强调一种社会性和互动性，自我的发展和完善都是基于社会的大前提下。而在庄子的"吾丧我"的内向传播中，主体摒弃了外部世界的喧嚣和聒噪，在致虚守静的心态下追求自我的超脱。在当下物质追求膨胀、人心浮躁的社会中，"吾丧我"这样的内向传播观正应是被人们所推崇的。

（三）"心斋""坐忘"：道家内向传播运作的路径

上文我们谈到"吾丧我"是一种道家式的内向传播观，这里我们将侧重探讨"丧我"的途径。在庄子的观念中，"吾丧我"是"吾"去"我"的过程。由纯净清静的"吾"把世俗的"我"进行省思，鉴别，涤除、消解、转化，遗忘。纵览《庄子》一书，可知庄子学派不仅追求这一转变的方向，而且对于如何"丧我"作为一种心理运作过程精心设计了一套独特的步骤和技巧。首先，是启发世人应当一步步地远离外界欲望的诱惑，努力回归内在。他告诉世人，世间的一切都是暂时的，而且是苦乐之源，使自我在其中大喜大悲，而这一切其实都是自我的执着所造成的，正是自我在感受这些苦乐，因此何不回归清静，少私寡欲！为了回归内在，就需要通过"心斋"的方式，虚空一切有为法；其次，由于一切的内向传播是基于意义又复归意义，而最新的意义，便是记忆意义。因为有意义世界便有"我"的意义世界的执念，因此，为了摆脱意义世界对人生的"桎梏"，庄子学派提出"坐忘"的手段来实现丧"我"现"吾"，即丧掉假我、俗我回到真我、道我。

何为"坐忘"？《庄子》曰："坠肢体，黜聪明，离形去知，同于大通。"意思是说消融自己的形体，使身如槁木一般，不为生息所执念；摒弃聪明之念，用心不纷，没有己见，也就是说支离了形体，除却了知见，如此达到与"大道"相通的化境。这一过程无非说的是主体在修道中控制意志、排除杂念做到内心清静的思维方法。庄子认为，"坐忘"首要的是要忘掉儒家所倡导的仁义，因为仁义是对身心的羁绊，将身心都社会价值化，而不得解脱；其次，要忘记与仁义相表里的礼乐，因为礼乐是等级的规范的表征，让人服务于外在的礼乐而不得自由。有了此前提，进而开始了深入的离形去知的"坐忘"功夫。如上论述可知，"坐忘"的对象有两方面：其一是忘形，要努力忘记基于生理的躯壳而滋生的欲望，不执着于形体了，就能少了干扰；其次是去知，就是改变日常生活中常以理性分析评判而在仁义等之中徘徊的状态，是谓去智，去智方可清静而生智慧。可以说，只有自我全丧失了，做到了忘我，才是真正得到了自我。显然，"坐忘"是达"道"的手段，是"吾丧我"的具体过程。"坐忘"之后的我就是"吾"，此时的"吾"是物自体意义的真我，与道是同一的，达道之人就是丧掉假我、俗我而呈现真我、回到道我的真人。此时的知才是真知。

何为"心斋"呢？《庄子·人间世》曰："若一志，无听之以耳而听之以心，无听之以心而听之以气。听止于耳，心止于符。气也者，虚而待物者也。唯道集虚。虚者，心斋也。"陈鼓应先生解释说："你心志专一，不用耳去听而用心去体会；不用心去体会而用气去感应。耳的作用止于聆听外物，心的作用止于感应现象。气乃是空明而能容纳外物的。只要你到达空明的心境，道理自然与你相合。'虚'（空明的心境），就是'心斋'"。[10] 心斋实质是心虚、虚心，就是要放下一切的先见、成见、偏见、我见。这是因为一般人很容易从自我出发来考虑问题，心用去计较，以我们的情感、自我的价值与利益作为评判事情的标准，使万物都成为为我之物，从而用自我的心意扭曲事物的真相。心斋，说到底是让主体的心能静下来，从虚到静、从静到明。心若澄明，宇宙万物皆在我心中，万物的真相无所遮蔽。

陈撄宁先生则是把"心斋"功夫进行了细致的推敲，进而分为五个步骤：第一步，"若一志"，"若"指你，"志"指思想或念头，"一"是思想要专一，不要有杂念；第二步，"无听之以耳而听之以心"，"无"即"毋"或"勿"，"之"指所听的对象，"听"不是用耳去听声音，而是用心去知觉鼻中呼吸之气，以此来牵引自己纷乱的思绪；第三步，"无听之以心而听之以气"，当听息的功夫达到心气不分时，气就不再是心的对象，故曰"无听之以心"；但这时尚未达到混沌境界，还稍有点知觉，继续做下去，很快就能达到完全无知觉，这其间的过程与其说以心听气，不如说以气听气，使心和气之间泯去裂痕，故曰"听之以气"，"听"是"听其自然"之听，这一阶段就是慢慢静心的过程，以至于听气忘心；第四步，"听止于耳，心止于符"，"听"的功夫下来是"止"的功夫，"听止于耳"是教人不要再着意于听，"心止于符"是达到无知无觉的混沌境界，自我听的意义也没有了，心与道合一了，随气流行；第五步，"气也者，虚而待物者也。唯道集虚。虚者，心斋也"，最后是"虚"的境界，是无知无觉以后自然得到的先天境界[11]。气的状态正是无处不在又似乎无所在，不执不滞，自自如如。这五步功夫换句话说就是通过"徇耳目内通而外于心知"的过程达到"未始有回"的"丧我"境界。从中我们即可看出，庄子主张的从内通到心知，无不反映出一种超脱的内省式思考状态。

综上所述，"坐忘"与"心斋"都是"吾丧我"的途径，也都是一种内省式思考的方式。不同的是，前者侧重于"离形"，不仅否定人的认识活动，而且排除人的生理欲望，是对人的感性生命、肉体生命的超越，重在"与道同一"，重在忘我。后者侧重于去知，消解感官与外物的接触和感知对自我的干扰，放下"心"的理性认识和逻辑思维，从而为产生悟性思维奠定基础。实质是对儒家所倡导的理性生命、精神生命的超越，重在"心虚"。心虚的要义在于虚，虚去外在，也虚去内在，内外相融无碍。从这个意义上讲，不管是"心斋"还是"坐忘"，体现的都是一种以忘我合道为目的的内省式思考过程，这使得道家的内向传播观更加明晰起来。

（四）"游"：道家内向传播的终极目的

上文，我们重点畅谈了道家"收视反听"的内向传播观，尤其是通过"心斋""坐忘"来达到"吾丧我"的状态。那么，"吾丧我"是否就是道家思想中追求的最高境界呢？答案是否定的。庄子心目中真正追求的自由是一种"游心于无穷"的自由，此种"游"也代表着整个道家思想体系的无上追求。

庄子在其行文中大量使用"游"这一概念，用"游"来表达精神的自由活动与形体的超脱。"游"是人从世俗功利场脱离而向自然寻求的自为行动，是主体主动性的外化行为，是乘物以游心最实际的实现。而"吾"与"我"之分也与"游"密切关联，因为世俗之"我"被外物裹挟且陷溺于角色的序列之中，自然是"游"不起来。而只有"吾"才能"游"，因为"吾"的"游"展示了一个自由自在的人生境界。也就是说人要先通过内向传播上升到"吾"，才能达到"游"的境界。因此，"游"可说是道家内向传播的终点，即目的。

庄子的"游"，是"逍遥"之游，是"无待"之游，是不依靠"外物"而因自我精神超越而达到的"随心所欲"的境界。其实，这种游是由精神返回肉体的身心俱适的游。甚至，精神能够控制肉体来实现对有形的超越，即有形也无法阻碍我的逍遥自适。庄子对游的渴望是基于"现实"各种束缚和约束的痛苦感受，也来自庄子对人类沉迷于自己建构的世俗意义世界而不自知的沉沦和堕落的反思。在世人看来，要摆脱"客观世界"对自身"行动"和"行为"的限制，似乎是完全不可能的。但在道的世界中，或者说圣人、至人、神人，则可以心想事成。当然，在"精神世界"中就更不在话下了。主体与万物圆融无碍，一切都可以成就自我，而不会限制或阻碍自我的实现，因而可以从容自由，可以无拘无束。

当然，世人常更多将庄子的"游"作为一种审美境界来看待，视为一种内向的精神操持过程。诚然，就一般的精神升华技艺而言，庄子的"游"是富有启示性的。"游"可以作为一种无碍自主的精神活动，敞开了一个广阔无垠的思想境界，从而实现对"精神自我"的"内观""内乐"或"内适"，此时的自我有人之形而无人之情，是谓"天人""道人"，即"精神自我"与道相"冥合"和"神契"，是谓"内游"。[12]"内游"就是在"内心"世界中实现"无所不适""无所不至""无所不观"的"至游"。因此，庄子的"游"，从根本上看，应当是服务于"内省"而实现的状态，通过上文所言的"坐忘"与"心斋"的精神升华术，实现自我对"道"的体认，体现为与道合一的"超越性"境界。在这种"境界"中，人是自由的、无待的，因为似乎涵摄了"道"这"绝对者"的无穷能力与智慧，消解了智障、情障，所以这种"游"是一种"内向性的神秘体验"。[13]

而要做到"游"的境界，陈鼓应则指出：一方面，人要培养"隔离的智慧"，让精神从现实的种种束缚下超脱出来；另一方面，要培养一个开放的心灵，使人从封闭的心灵中超拔出来。[14]从这里我们就能看出，"隔离的智慧"正是道家"收视反听"的内向传播观，而要培养开放的心灵，也正是通过"心斋""坐忘"来达到"丧我"状态，进入"游"的境界。"游"正是道家一切内向传播活动所追求的最高境界，也即最终目的。它是一种和谐、恬淡、无限及自然的境界，从这个角度来说，它也凸显了道家"至乐无乐"的内向传播目标。

结语

综上所述，我们通过对道家思想中内向传播理论的梳理，相对系统地提出了道家独特的内向传播观、主我客我观以及道家的内向传播途径与目的。我们认为，道家内向传播之道不仅体现了修身为本的内向传播起点，还凸显着至乐无乐的内向传播目标。希望本文能为推动道家内向传播思想的进一步研究提供有益的启示。

（作者：谢清果，博士，厦门大学新闻传播学院教授、博士生导师，主要研究方向为华夏传播。）

参考文献

［1］吴予敏.无形的网络：从传播学的角度看中国的传统文化［M］.北京：国际文化出版公司，1988：5.

［2］余晓莉.反传播还是愚民政策？——试论道家的传播观［J］.阜阳师范学院学报（社会科学版），2004（2）：107-109.

［3］陈红兵.庄子，荀子主体性思想比较［J］.管子学刊，2004（4）：31-35.

［4］李敬一.中国传播史论［M］.武汉：武汉大学出版社，2003：172.

［5］谢清果.新子学之"新"：重建传统心性之学——以道家"见独"观念为例［J］.人文杂志，2017（5）：14-24.

［6］萧萐父.吹沙二集［M］.成都：巴蜀书社，2007：190.

［7］陈静."吾丧我"：《庄子·齐物论》解读［J］.哲学研究，2001（5）：49-53+80.

［8］郭庆光.传播学教程［M］.北京：中国人民大学出版社，1999：65.

［9］陈清春.庄子"吾丧我"的现代诠释［J］.中国哲学史，2005（4）：55-62.

［10］陈鼓应.庄子今注今译［M］.北京：中华书局，1983：121.

［11］陈撄宁.道教与养生［M］.北京：华文出版社，2000：387-389.

［12］孔润年.伦理文化的人格透视［M］.北京：中国社会科学出版社，2010：165.

［13］毛峰.神秘主义诗学［M］.北京：生活·读书·新知三联书店，1998：72.

［14］陈鼓应.老庄新论［M］.北京：商务印书馆，2008：424.

国家视听话语体系的建构策略研究

陈汝东

[摘要] 21世纪以来，我国视听话语体系逐步完善并呈现新的发展态势。但同时也面临着技术发展与媒介应用之间的矛盾、信息生产和消费方式之间的矛盾、公共空间拓展与传播权利扩大之间的矛盾、社会结构发展与传统管理方式之间的矛盾、国家虚拟空间扩展与实体空间固化之间的矛盾，以及媒介文明演化与实体文明固化之间的矛盾等多重挑战。为此，我们不仅要继续支持新技术、新媒介、新的传播机制的发展，解放和释放新媒介技术发展带来的信息生产力的无限空间，还要拓展新媒介发展带来的公共空间，拓展公共意志表达、公共政策制定的渠道，赋予各级各类传播主体充分的传播权利，放宽社会阶层流动的媒介空间，同时要协调好国家虚拟空间与实体空间双重发展之间的关系。

[关键词] 国家传播　视听话语　媒介符号

人类媒介的发展经历了一个从视觉到听觉，又从听觉到视觉、视听觉以及综合感官的历史进程。新中国成立以来，我国的传播符号、传播形态不断发展演化，逐步建立起了由广播、电视和网络构成的国家视听传播话语系统。进入21世纪后，特别是近年来，我国的视听系统建构加速，逐步完善了以视听为主的传播话语体系，呈现出新的发展态势。梳理我国的国家视听传播话语体系发展态势，探讨我国的国家视听传播话语体系的繁荣策略，具有重要的理论价值和实践意义。

一、我国视听话语体系发展的新态势

"国家话语体系是一个国家政治、经济、文化、教育、科技、学术、外交、贸易等实力的媒介表达形态，是一个国家作为话语主体在国内外乃至全球行使国家主权进行国家传播的行为系统。……'中国的国家话语体系'是中国国家意志和国家价值在当代的重新表达，是中华文化和文明在全球语境下的话语表达系统，是中国国家治理能力、全球治理能力的重要实践和表达形式。"[1]因媒介的类型差异，国家话语体系呈现出不同的形态。国家视听话语体系是国家话语体系的一个重要方面，是国家话语体系在视听领域中的具体体现。我们此处特指新中国成立以来的视听话语体系，特别是21世纪以来建立起来的覆盖了视觉、听觉和视听觉等综合传播的话语体系。21世纪以来，特别是近年来，视听话语体系发展呈现出的新态势，主要包括以下方面：

（一）技术引领媒介空间发展，公共话语空间持续扩大

新中国成立以来，我国的视听话语体系不断发展，逐渐形成了以电话、手机、广播、电视、网络为基本构架的视听传播话语体系。这其中媒介技术是推动视听话语体系建构的核心力量。媒介技术的发展带来的不仅是媒介空间的拓展，还有公共话语空间的扩大。从广播、电视到网络，公共话语空间不断扩大，特别是进入21世纪以来，网络的发展和普及，形成了新的公共话语空间。这种空间是双向的、互动的，是全天候的。公共话语空间的形成和发展，为公共意志的表达、公共舆论的形成、公共政策的制定提供了巨大便利。从2003年"非典"时期的BBS（Bulletin Board System，电子公告板），到2011年"7·23"甬温线动车事故的微博，以至于后来的微信、直播等，网络公共话语空间逐渐由视觉传播发展到了视听

传播、综合传播。这些都为中国政治、经济、社会等的全面发展提供了强有力的舆论保障。

（二）社会结构方式不断变革，知识生产与消费途径持续演化

技术的发展促进了媒介空间、公共话语空间的拓展，也为新的社会阶层的形成，为不同社会阶层之间的人员流动提供了巨大机遇。在以报纸、广播、电视为主要媒介的时代，社会结构方式、建构方式和发展方式较为单一，其内部流动主要依靠行政和法律的力量。但是，20世纪末以来，随着网络媒介技术的发展和进步，社会的结构方式、建构方式和发展方式发生了翻天覆地的变化，形成了一系列新的社会阶层，比如以网络为形态的新兴社会阶层。21世纪以来，特别是近几年来，随着微信，特别是视听直播形式的出现，社会阶层的变革更加迅速。视听直播为新的社会阶层的涌现和发展提供了新的技术支撑。

人类媒介技术的发展始终催生着新的知识生产方式与消费方式的变革。从非语言时代的口耳相传，到文字时代的知识垄断，再到广播时代、电视时代的大众传播，再到数字网络时代的全民分享与共享，这些都有赖于新媒介的不断发展变革。传统的知识生产方式、传播方式、消费方式依然存在，新的知识生产、传播与消费的方式也不断涌现。如果说在传统媒介时代，学校、图书馆是知识的集散地、垄断地，那么，在数字媒介时代，在新的视听时代，网络、直播间将成为知识信息存储传播的新载体、新渠道。

此外，知识的形态也在不断演化。从最初的岩画到口头形式，再到陶器、青铜器、竹木简、莎草纸以及报纸、书籍、录音带、录像带，发展到了如今的计算机芯片、硬盘乃至"云端"。知识形态的变化为知识的传播和消费提供了新的便利。新的网络媒介，特别是视听新媒介，成为知识创新、分享、共享的新介质。学校、图书馆不再是知识垄断的高地，知识也不再是社会阶层分化的重要媒介。只要掌握了网络技术，人人都可以成为

新知识的生产者、传播者和消费者。

（三）国家实体空间不断收缩，媒介文明形态不断转化

随着媒介技术的发展，国家的实体空间不断收缩，虚拟空间持续扩大。如果说20世纪50年代以来广播促进了国家听觉媒介空间的压缩，那么，80年代以来，电视的普及则加剧了国家视听媒介空间的收缩速度。20世纪末期以来，随着网络的发展和普及，出现了国家虚拟媒介空间。近年来，视听技术和传播方式快速发展，国家实体空间在虚拟领域进一步收缩。而虚拟空间的发展，则促进了国家在网络媒介领域的持续延展。

随着媒介技术的发展，媒介的形态也在不断转化。我们认为，人类媒介经历了刻画文明、语言文明、印刷文明、电子文明和数字文明等五个时期。[2]目前，传媒文明或网信文明的媒介符号形态，正在从听觉文明走向视觉文明，从平面文明走向立体综合文明，从空间文明走向时间文明，从实体文明走向虚拟文明，从单时空文明走向全时空文明。[3]据第42次《中国互联网络发展状况统计报告》显示："互联网娱乐健康发展，短视频应用迅速崛起……视频行业构建起以内容为核心的生态体系，直播平台进入精细化运营阶段。"[4]因此，我们应充分重视和把握网络视听文明等媒介文明形态发展的历史趋势，占领网络信息管理的新高地。

简言之，我国的视听话语体系呈现出了新的发展态势，技术引领媒介空间发展，公共话语空间持续扩大，社会结构方式不断变革，知识生产与消费途径持续演化，国家实体空间不断收缩，媒介文明的形态不断转化。这些都为我国视听话语体系的进一步发展繁荣奠定了坚实基础。

二、我国视听话语体系建构面临的矛盾

新中国成立以来，我国的视听传播发展迅速，特别是近年来，视听传播领域迎来了前所未有的发展机遇，但也依然存在许多矛盾和挑战，需要

详加剖析。这主要包括以下方面：

（一）技术发展与媒介应用之间的矛盾

媒介技术的发展与普及为媒介的应用提供了巨大的物质支持，但是，新的媒介技术的推广和应用却不尽如人意。有的新媒介技术在应用中遇到了来自体制、机制、管理和受众等多方面的阻力，特别是一些新的视听传播技术应用。此外，有些受众特别是中老年受众，在掌握新的媒介技术应用软件时，还存在技术障碍，比如在电子支付方面，有些实体商店中的自助电子支付还需要专门人员的协助，有的受众还不适应电子支付，等等。

（二）信息生产和消费方式之间的矛盾

新的媒介技术为信息生产提供了更为便捷的条件，传播变得更为容易，但是新的视听信息的生产与消费领域也出现了一些新问题。比如，近年来出现的视听传播新方式——直播，目前存在较多问题。首先是信息生产的准入条件严格（2008年1月31日起实施的《互联网视听节目服务管理规定》，对从事互联网视听节目服务的条件作出了严格限制），缺乏由正式组织参与的专业服务，比如交通信息、气象信息、商品以及物流信息等领域，还缺乏快捷的直播服务。其次，信息生产主体的素质参差不齐，跟不上受众需求的发展，大部分直播服务还停留在娱乐层面。再次，人们的信息消费习惯还跟不上媒介技术的发展，亟待培育良好的受众群体，比如在直播领域，许多未成年人参与其中，缺乏足够的辨识能力，存在"乱打赏"等现象。

（三）公共空间拓展与传播权利扩大之间的矛盾

随着新的媒介技术的发展，我国公共空间有了巨大发展。在报纸、广播、电视等传统媒介时代，公共空间主要以党政媒体为主，受众的传播权利主要以信息接受为主。但是，随着网络技术的发展和普及，尤其是视听媒介的发展，受众在公共空间领域的信息生产与信息消费方面起了很大的作用。现在主流媒体信息生产中，受众参与度大大提高，但力度和广度还十分有限，尤其是信息生产与传播的权利还不够充分。在许多视听领域中，受众的信息消费依然是被动的。

（四）社会结构发展与传统管理方式之间的矛盾

新的媒介技术的发展与普及，改变了社会建构、结构、发展与解构的方式和方法。这一趋势在视听传播时代更为明显，比如在报纸、广播、电视时代，我国社会建构方式主要是建立在计划经济基础上的，但是到了网络时代，尤其是网络视听传播时代，社会的建构和发展速度大为提高。这种趋势与传统的社会管理之间构成了矛盾。媒介技术、传播方式发展迅速，但是相应的管理方式比较落后，相应的法律法规的发展滞后于媒介技术的发展，缺乏前瞻性。比如手机实名制的制定、网络直播的管理规定等，都是在这些新的传播方式发展后制定的，且跟不上新的传播方式的发展步伐，有些甚至制约了新的媒介技术的发展。

（五）国家虚拟空间扩展与实体空间固化之间的矛盾

国家虚拟空间的扩展与实体空间的固化之间也存在矛盾。媒介技术的发展，大大促进了我国视听空间的建构，尤其是网络虚拟视听空间的扩展，目前该领域正呈现出无限延展的发展态势。但是，与之相应的实体空间却停滞不前甚至出现了倒退。这在一定程度上阻碍了国家虚拟空间的扩展速度。国家虚拟空间是建立在实体空间基础上的，是实体空间的反映，同时也是实体空间的延展。因此，我国虚拟空间的扩展，需要突破实体空间的限制，需要实体空间的配合，否则，虚拟空间的发展将失去基础，丧失依托。解决国家虚拟空间扩展与实体空间固化之间的矛盾，是拓展我国虚拟与实体双重空间的重要举措，这需要切实提高国家空间建构和管理的水平。

（六）媒介文明演化与实体文明固化之间的矛盾

我国媒介技术的发展为我国媒介文明的演化提供了充分的技术保障。我国的媒介文明正在从传统的媒介文明向以网络视听以及综合传播为特征的智能文明发展。因此，很好地解决网络文明、智能文明与传统的实体文明之间的矛盾关系，也是当前促进我国媒介文明发展的重要任务之一。

总之，我国视听话语体系的发展还面临着多重矛盾和挑战。这包括技术发展与媒介应用之间的矛盾、信息生产和消费方式之间的矛盾、公共空间拓展与传播权利扩大之间的矛盾、社会结构发展与传统管理方式之间的矛盾、国家虚拟空间扩展与实体空间固化之间的矛盾，以及媒介文明演化与实体文明固化之间的矛盾。

三、我国视听话语体系建构的策略

我国视听传播体系的发展繁荣，不仅需要继续支持新技术、新媒介、新的传播机制、新的传播方式的发展，解放和释放新媒介技术发展带来的信息生产力的无限空间。还要拓展新媒介发展带来的公共空间，拓展公共意志表达、公共政策制定的渠道，赋予各级各类传播主体充分的传播权利，放宽社会阶层流动的媒介空间，同时要协调好国家虚拟空间与实体空间发展之间的关系，继续繁荣我国媒介文明发展的新形态，进一步完善我国的视听文明话语体系。

（一）释放技术发展带来的信息生产力增长空间

要推动媒介技术的发展繁荣，完善我国的视听话语体系，首先要释放技术发展带来的信息生产力的增长空间，支持网络信息生产力，特别是私营企业信息生产力的发展，给予其充分的发展权利、发展空间，提供充分的资金支持，使之享有与国有信息生产力平等的权利。在信息生产领域、消费领域，尤其是视听话语信息领域，使私营企业和国有企业享有平等待遇，不歧视、不偏废，使我国的视听话语体系得到充分的发展。

（二）拓展公共意志表达、公共政策制定的渠道

应给予公众充分的公共意志表达权利，尤其是视听表达权利，开放公共政策制定的舆论渠道，积极开发民智，促使公共意志表达更为充分，使公共政策的制定更为公平公正。近年来，我国视听传播途径的拓宽，使民意的表达更为畅通，民智的开发更为彻底，公共政策的制定拥有了更为通畅的民间意见表达渠道。比如2018年《中华人民共和国个人所得税法》的修订，就广泛征求了民意，个人所得税的起征点、征收办法更为合理。这些都离不开新媒介的发展，尤其是视听传播话语体系的完善。

（三）赋予各类传播主体更为宽松的传播权利

新中国成立以来，我国各类传播主体的传播权利空间越来越充分。20世纪末期以来，尤其是近几年以来，随着视听媒介话语体系的完善，国民的传播权利实施渠道更为多样，手机、网络更为畅通。当然，在有些方面，比如网络直播空间、国际传播空间等领域，还需要进一步放宽准入条件，需要进一步改革开放，需要进一步解放思想。这不仅是完善我国视听话语体系的需要，同时也是完善我国国家话语体系的需要，是提升我国国家形象的需要。

（四）放宽社会阶层流动的媒介空间

媒介技术信息生产力的解放，公共意志表达、公共政策制定渠道的拓

宽，各类传播主体传播权利的扩大，意味着我国社会阶层结构、建构和解构方式的转化，也意味着社会阶层流动空间的释放。改革开放以来，特别是20世纪末期以来，我国涌现了许多以数字信息生产为主的社会新阶层。当然，这一阶层的发展以及其他新阶层的产生，还有赖于新政策、新法律的诞生，有赖于国家对社会阶层流动空间的释放。

（五）协调国家虚拟空间与实体空间发展之间的关系

发展新的媒介技术，释放视听信息生产力，需要提高对新媒介的管理水平，尤其是对国家虚拟空间的管理水平，这是新时代我国网信治理的重点之一，也是提高我国软实力的方式之一。这就需要国家治理水平持续跟上，使国家对虚拟空间的治理比肩于对实体空间的治理，充分协调好国家实体空间拓展与国家虚拟空间建构之间的关系，更好地保卫国家安全，使国家话语体系，特别是视听话语体系更加完善。

（六）繁荣媒介文明的新形态

视听传播促成了媒介文明从单一媒介文明向综合媒介文明的发展。近年来，我国"传媒文明的形态正在从结构文明→建构文明，从静态文明→动态文明，从专业文明→业余文明"；正在从"传者文明→受众文明，从责任文明→权利文明，从集体文明→个体文明，从政党文明→公共文明"[5]。目前，我国的媒介文明正在从视听文明向智能文明发展。视听不再停留在传统的人工传播层面，正在向智能化发展。新闻信息的生产与消费，正在变成一种智能行为。我们应顺势而为，加速媒介文明的演化与转化，大力促进智能视听文明的发展。

综上所述，新中国成立以来，我国的信息生产技术持续发展，视听话语体系不断完善，呈现出许多新的发展态势，但是也面临着许多新的矛盾、新的挑战。为此，需要对此提出具有针对性的方法和策略。这包括进一步释放技术发展带来的信息生产力增长空间，拓展公共意志表达、公共政策制定的渠道，赋予各类传播主体更为宽松的传播权利，放宽社会阶层流动的媒介空间，协调好国家虚拟空间与实体空间发展之间的关系，不断完善我国视听话语信息生产和信息消费的体系，持续繁荣我国的媒介文明。

（作者：陈汝东，博士，北京大学新闻与传播学院教授、博导，全球修辞学会会长、国家传播学会会长。主要研究方向为修辞学、新闻传播学、语言学等领域的新兴交叉学科。）

参考文献

［1］陈汝东.论国家话语体系的建构［J］.江淮论坛，2015（2）：5-10+2.

［2］陈汝东.论国家媒介空间的建构：挑战与对策［J］.江淮论坛，2017（1）：140-145.

［3］陈汝东.新时代　新传播　新气象：传媒文明与网络强国［J］.人民论坛，2018（26）：126-127.

［4］中国互联网络信息中心.第42次《中国互联网络发展状况统计报告》［R/OL］.（2018-08-20）［2019-09-30］.http://www.cac.gov.cn/2018-08/20/c_1123296882.htm.

［5］陈汝东.新时代　新传播　新气象：传媒文明与网络强国［J］.人民论坛，2018（26）：126-127.

移动传播视阈下传统文化传播逻辑与策略

晏 青

[摘要] 在新的文化传播范式方兴未艾、移动传播成为大众传播未来最重要的形态背景下，缺乏有效动力机制和作用机制的传统文化面临被边缘化的风险。为实现其现代传承，传统文化必须改变传播逻辑和策略：一方面，要坚持碎片化生存和嵌入性生存，以多元化产品形态适应现代的移动化生活方式、以技术和符号等嵌入现代信息系统；另一方面，要通过对用户位置的感知、身份的管理、社交网络联系等进行用户接受传统文化产品行为分析，实现大数据视角下的传统文化产品的效能评估。

[关键词] 传统文化　移动传播　大数据　效果评估

在联合国教科文组织的定义里，传统知识是一种依赖于当地生态系统的知识形态，大多（有时甚至全部）的食物、药品、燃料、建筑材料和其他产品都依赖当地的物种。随着现代化工程的铺开，传统知识逐渐边缘化，人们大量接触（例如文化互动和形式化的学习）非传统知识或间接接触（例如电视和其他媒体）非本土价值观、态度、思维方式、制度等。这两种知识来源，成为人们理解周边世界意义的框架，现代知识也在不断更新或修订传统知识。在过去的一个多世纪里，中国的传统文化经历过类似的迷思。如今，传统文化重新成为现代中国人的文化选择之一。正如党的十九大报告指出的，深入挖掘中华优秀传统文化蕴含的思想观念、人文精神、道德规范，结合时代要求继承创新，让中华文化展现出永久魅力和时代风采。让传统文化成为弥补西方文化不足的重要文化资源，成为中国文化"走出去"的重要部分。

一、传统文化的移动传播之维

每种媒介形态都有与之相适应的文化形态和时空结构。移动互联网的重要地位日益凸显，智能手机、平板电脑等移动终端成为人们上网的最主要手段。国外学术界在2010年前后提出移动学（Mobilology）概念[1]，讨论移动传播对文化的影响。据第40次《中国互联网络发展状况报告》显示，截至2017年12月，我国手机网民超过7亿。移动传播影响深远，"新的移动计算技术不仅仅将电话功能加在小型电脑之上，它为应用软件带来一种全新的模式（应用），一个全新的设计和售卖应用软件的生态系统（应用商店），以及一个全新的人机界面体验（多点触控屏幕）。"甚至移动电脑将成为标准的全球通用的计算技术平台[2]。2013年5月，麦肯锡全球研究所发布研究报告，评出12项有望改变未来生活、商业和全球经济的颠覆性技术，排在首位的便是移动互联网。移动传播被认为是大众传播未来最重要的形态，其趋势不可阻遏，新的文化传播范式也因此产生。所以问题是，在这场传播变革中，中国传统文化的传播会遇到哪些新的挑战和机遇？它如何汇入新的传播秩序，实现移动化生存？关于传统文化的现代转化以及与大众传媒互动研究，主要有这样几个方面。一是中国传统文化的融合研究：各种文化形态融合研究。中国历史上儒、释、道、法家等思想的长期互动，形成了独有的融合历程与机制。同时，传统文化与现代文化形态的关系为学者关注。诸如现代建筑、网络游戏、时尚等与传统文化并非泾渭分明，而是相互转化的，传统文化是以另一种形式融入现代生活。二是从大众传播视角研究传统文化。第一个维度是从本体论角度，如孙旭培、邵培仁、谢清果、潘祥辉等学者研究华夏传播概念、华夏传播断代史、华夏传播媒介、华夏传播理论建构、民族文化传播学、诸子传播思想等。第二个维度是从方法论角度，研究传统文化如何促进媒介内容生产、作为渠道的大众媒介如何有效传播传统文化。但大众传媒对传统文化的消解之弊也为学界诟病。三是传统文化的移动传播研究：新兴媒介的文化研究。此研究认为移动媒体重构传统文化的现代结构。移动技术与移动终端对传统文化知识认知与传播深有影响。尽管在文化传承实践上已有一定成绩，但移动传播情境被忽视，造成大众传播某些重要维度也遭到漠视。正如有学者指出的，尽管移动传播已广泛使用，移动传媒的产业政策、制度规制等方面研究丰厚，但是文化维度没有得到应有关注[3]。要充分地理解多元文化流动性或者手机与当代文化的多样性关联度上还有很大的空间[4]。

笔者之所以认为要重视传统文化移动传播规律的研究，除了移动传播将成为传统文化传播的重要平台与重要语境，还在于移动互联网具有海量用户、即时传播、言论自由、互动性强等特点，为文化的生产和传播带来了范式革命。可是传统文化作为一个民族的精神基因，在以大众文化为基调的媒介文化系统中，缺乏有效的动力机制和作用机制，日益被边缘化。现代性的悖论已为人们所揭示，现代性以进步、发展之名，破坏传统文化原貌，原先所拥有的艺术意蕴和民俗文化心理在潜移默化中被置换成多重含义和多种可能性的文化产品，也颇受诟病。但是，一个时代有一个时代的文化及其传承方式与表现形式。尽管传统文化会弱化或异化，但也无法规避现代商业话语的规约。所以说，传统文化要汇入现代化进程，但最重要的一条道路应该是汇入现代文化流通体系，而其中不可忽视的莫过于大众传媒。在大众传播语言系统中，传统文化的时代错位性，使得它无法直接进入大众传媒语法，进行传统文化的传播话语转换。所以说，将传统文化与移动传播结合起来，能够有效改变其被边缘化的处境。从理论层面来看，将传统文化纳入移动媒体这一时代新课题，考察传统文化在现代大众媒介转型中的角色与处境、传播特征、生成机理与理论逻辑等问题，可以深化当代媒介文化研究，一方面阐释传统文化在移动时代的意义生成机制、意识运作模式；另一方面拓宽媒介文化研究视野，完善媒介文化研究生态。从实践层面上看，为传统文化在移动媒体时代的传播，探索可供操作的契合性方案。移动媒体对传统文化产业的影响是多维度、深层次的，从内容生产方式到文化产业的核心层，从业务流程创新到文化产业的外围层，从市场再造途径到文化产业的相关层。打破传统文化研究滞后的格局，立足于移动媒体的崭新视野，提出资源整合化、路径迂回、目标集聚、营销联动等传播策略，为传统文化的移动传播提供信息流、资金流与人才流联动的生存环境，拓宽传统文化的媒介化生存格局和路径。

二、传统文化的移动传播策略

传统文化的现代传播无法超脱世俗化、娱乐化的时代语境。波兹曼（Neil Postman）在论电视娱乐化问题时甚至说"娱乐是电视上所有话语的超意识形态"[5]。移动传播本身的娱乐现象是明显的。传统文化要面对泛娱乐化的传媒体系，并非要一味迎合娱乐话语而无底线地打破自在文化价值和结构，可根据文化类别、媒介的规定性积极应对时代变迁，为"体"或为"用"，或体用互用，进行不同程度的符号生成、文本再造和价值重组。因此，像《百家讲坛》《见字如面》《中国好诗词》等以传统文化为内核的电视节目，尽管在播出形式、传播者素养、经典解读、节目生产等方面对传统文化有一定的弱化或消解之弊，但是这些尝试都应当鼓励和宽容。在传媒媒介急速变迁的时代，传统文化传播若继续墨守成规，并非明智之举。

在泛娱乐的背景下，传统文化的媒介内容创作的重要之举是话语转化，"硬"价值加"软"形态是一种尝试。传统文化的哲学、伦理、话语逻辑偏于宏大或严肃，比如，"为天地立心，为生民立命，为往圣继绝学，为万世开太平"的胸襟、仁者爱人的伦理法则、"留取丹心照汗青"的民族气节等优秀民族价值，不能用灌输方式进行，除了考虑到因时代背景的差异带来的认知困境，还应当与现代传媒话语融合。总的来讲，传统文化的移动传播是认知话语和传承话语，怎样以轻松、快乐、感官等"软"形态，实现参与社会生产、传播社会主流价值观的"硬"价值尤为必要。在此基础上，提供个性化的内容生产，例如《汉字英雄》的成功在于立意、制作与受众定位是台网联动、深度互动。"爱奇艺作为《汉字英雄》的视频网播平台及节目主创方之一，对电视节目进行再加工、再生产，加入互联网思维，使之更适配于互联网的播出形态和传播规律"[6]。

传统文化的核心价值，除了与现代价值并存于移动传播之外，还可作为现代媒介产品的内核，成为移动传媒产品的价值内核。谈及传统文化的移动化生产，需要了解移动媒体的终端特性和文化表征模式。移动媒介与PC（Personal Computer，个人计算机）相比较，有其独特的终端特征，即重叙事，轻于奇观。以手机终端来看，手机具有通信、信息、娱乐等功能，是一种小屏幕的便携式、伴随性的终端。正是由于屏幕小、移动性、伴随性等技术特征，使其史适合叙事性作品，相反囿于手机终端技术的局限性，宏大场面、奇观特效在手机终端无法展现。另外，由于手机的伴随性，人们对手机的使用偏向碎片化的时间，在时间的间隙进行移动消费。

基于移动终端的这些特性，笔者提出移动媒体时代的传统文化内容生产的几条策略。一是陌生化内容生产与情境再造。21世纪以来，信息产品多样化和受众审美更显多元化，使得传播市场整体性态势被削弱。有研究者指出，广播电视注重"黄金时间"，移动消费行为共性的概念正在被打破，信息消费更多基于"碎片时间"。[7]形成碎片化现象的原因很多，比如少数媒体垄断转为多种媒体并存、权威的坍塌与自我意识的崛起，丰富多样的信息内容成为可能。碎片化语态对传统文化会造成一定文化损耗，但是传统文化无法回避碎片化的现实。克里斯·安德森（Chris Anderson）的"长尾理论"认为，传统意义上的主流商品是一个坚硬的头部，而海量的、零散而无序的个性化需求则形成了一条长而细的尾巴。将长尾上的个性化需求累加起来，就会形成一个比主流商品还要大的市场。移动媒体中的碎片化是海量的，对传统文化来说，这也是一片传播蓝海。当然我们不可能将所有传统文化碎片化，这需要辩证看待。我们要在保障意义完整的情况下将部分能够碎片化分割的传统文化进行转化生产，比如古代寓言故事、古代乐曲、唐诗宋词元曲、绘画等。二是多元嵌入现代信息传播系统。有了碎片化的内容，如何汇入结构化的信息系统进行传播？人的消费行动并不是脱离社会结构、社会关系原子式进行的，而是嵌入具体的、当下的社会结构之中的。嵌入形式主要有以下几种：

（1）技术嵌入。围绕移动终端出现的技术是传统文化传播的新现象。将传统文化融入各种技术，实现移动传播的技术化发展。例如App（Application，应用程序），它是智能手机的第三方应用软件，利用App，以搭载移动互联网虚拟文化信息传播。当下电视台及其所属机构、栏目等推出多种App，常见的有"央视新闻"客户端、重庆电视台App"辣椒圈"、东方卫视"哇啦"等，它们以互动性、社交性等新技术形成并进入传播序列。

（2）价值嵌入。"传统文化为适应时代语法，去除（或弱化）其意识、思想、观念等内涵，而化约为现代知识"[8]。促使传统文化这场知识转向的重要推手便是娱乐。很多古代精神传播、价值理念如不加转化便编码到现代传播体系会显得呆滞、严肃。优秀的传统文化融入现代价值体系是一个热点问题。尤其在移动传播的碎片化语境中，传统文化的整体性价值更具挑战。

（3）符号嵌入。在移动互联网设计中，以中国传统文化内涵为切入点，将传统文化视为符号组成的系统，把传统文化符号应用到手机设计的节目构思、元素构成中，尤其更重要的是运用到移动内容生产当中。

进一步分析移动媒介终端特性、消费方式，进而分析传统文化产品生产带来的契机。手机无缝覆盖人的时空，已全息化、结构性地再造人们接收信息的方式，这一转变带来接受形态的碎片化、信息消费的娱乐化、关注焦点趋同化等信息消费方式的转变。消费方式转变，意味着产品形态由内而外需要更新编码方式。这就意味着，传统文化的移动化生存就要碎片化生存，多元化产品形态，以适应现代生活节奏；嵌入性生存，"混搭"入其他信息产品，以汇入整个信息结构。[9]用现代技术形式，将传统文化编码到现代信息系统。

三、文化消费数据下的传播进路

大数据时代是一个海量、开放、共享、交换充分的"数据社会"。移动传播中云计算将无处不在。在手机、平板电脑等移动设备的驱动下，数据市场需求将获得进一步增长。"利用数据资料开发应用，并且促进文化经济发展已经是不争的事实。文化经济越来越倚重由数为导向的管理。"[10]"大数据"改变了文化传播的游戏规则，提炼出文化有效传播的时间、空间[11]。大数据改进了传统文化传播的评估范式。因此，它的"核心就是预测，它将为人类的生活创造前所未有的可量化的维度"[12]，将传统文化中那些含混不清、欲言又止的人文精神量化、可视化。传统文化的移动传播两个节点或环节受大数据的作用：用户规模与行为、效果评估。一是文化消费行为数据的分析。在移动互联网时代，用户不仅是所谓的媒体受众，"他们更可能是网络上的一种节点。他们最基本的属性是作为网络社会的一个成员"[7]。用户在移动互联网中成为持续生产数据的节点。互联网也积极尝试新技术监测用户行为，例如语音交互识别入口、屏幕触控交互体验等，以符合用户体验、以用户为中心理念打造出最优的信息传播平台，以注重用户理念。用户测量之所以重要，是因为移动设备对用户主体影响甚巨。移动性、便携性更容易聚集碎片化的时间和注意力，促成全息化的媒介化生存，移动传播的随身便携性，实现永恒的"交流的到场"。由于移动互联网对人现实生活的无缝记录，人的生活被大众媒介包裹，人类的媒介使用会留下大量踪迹，这些踪迹中隐藏着用户各方面数据。比如穿戴设备，可以全方位地记录人的衣食住行，对日常生活的数据记录有助于分析出人的活动范围、性格特征、社会交往等。移动设备全方面地呈现各种状态、情境下的用户行为，同时重塑人的总体生活。用户的传播行为和社会状态被广泛记录，被提取、整合与分析。每一个文化产品的购买者、欣赏者、传播者都可以通过多渠道、多角度地实施接收、反馈、传播行为。通过对用户位置的感知、身份的管理、社交网络联系等，实现用户接受传统文化产品行为分析，并预测人的信息接收行为，从而实现大数据视角下的传统文化产品的效能评估。例如，通过对《舌尖上的中国2》微博用户的大数据分析得知，从年龄段来看，该节目的观众平均年龄24岁左右，多处于19到30岁的年龄区间，主要关注人群是"70后""80后"。从地域来看，微博提及率北京用户最多，占62.75%。同时受众观看此纪录片后的行为也能呈现。据"淘宝数据"，该纪录片开播后5天，584万多人登录"淘宝"找零食特产，搜索次数达471万次，有2005万人浏览过美食相关页面，成交729余万件。还拉动了烹饪器具的销售，用于传统烹饪的蒸锅、砂锅、石锅等成交量涨幅最大，均超过30%。《舌尖上的中国2》的成功，让我们看到在大数据分析下用户营销的电视与电商相结合的契机。

二是文化传播效果评估带来文化传播的新引擎。传统媒体因终端特性、接受模式差异形成了各自产品的价值评估方式。发行量是纸质媒体的评估标杆；收视率是电视媒体价值评估的重要工具；播放量和用户量是网络视频评估的重要指标。移动终端因受网速、流量及屏幕尺寸等现实问题限制，传统的评估方式捉襟见肘。移动网络尝试探索新的评估方式，比如移动视频网络的收视行为调查，尝试利用网络爬虫技术、内容植码技术、网络嵌码技术等监测方式。随着大数据技术发展，传统文化产品传播的效能评估路径得以拓宽。云计算技术已具备融合各方面数据，优化传统文化内容制作、存储、分发流程，提升数据处理等能力，为内容生产和传播提供强大支撑，通过统计数据节点感知层获取数据。由于大数据对整体性数据的挖掘，使得移动传播中的数据空前丰富。可以整合多方数据，比如报社、广播电视台等传统电视媒体；"百度""新浪""腾讯"等"数据硬件"单位；专业的传媒行业大数据监测单位（如泽传媒）；还可以整合用户的移动数据，形成一种"总体性资源"。这些数据都将成为移动传播的重要依据，传统文化传播状况将更为清晰。也正由于对数据的广泛占有，对人的最大化洞察，传统文化营销可能变成"多元化营销"，从而形成以快乐营销为核心、多元营销方法为手段的全方位的、非线性的覆盖，开放的模式。真正实现在云媒体集群平台中实现立体、纵深、复合生产平台与营销机制。在"传统文化→媒介编码→市场解码→当代文化"链条中，实现传统文化的现代转型。

（作者：晏青，文学博士，暨南大学新闻与传播学院教授，博士生导师，主要研究方向为娱乐理论、媒介文化和传媒艺术。）

参考文献

［1］ANDREJEVIC M. Media and mobility［M］// VALDIVIA A N. The International Encyclopedia of Media Studies. New York: John Wiley & Sons，2012.

［2］塞勒.移动浪潮：移动智能如何改变世界［M］.邹韬，译.北京：中信出版社，2013.

［3］GOGGIN G.Cultural Studies of Mobile Communication［M］// KATZ J E. Hand book of mobile communication studies. Cambridge: The MIT Press，2008.

［4］BERRY C，MARTIN F，YUE A. Mobile Cultures: New Media in Queer Asia［M］. London: Duke University Press，2003.

［5］波兹曼.娱乐至死［M］.章艳，译.桂林：广西师范大学出版社，2004.

［6］中国广告网.《汉字英雄》网络传播状况监测与分析简报［EB/OL］.（2013-08-27）［2018-04-10］.http://www.cnad.com/html/Article/2013/0827/2013082710453825.shtml.

［7］彭兰.新新媒体时代的三个关键词及其影响［G］//王求.移动互联时代的广播发展研究.北京：中国广播电视出版社，2014.

［8］晏青.中国传统文化的媒介化生存：知识转换、国家认同与政治合法性［J］.内蒙古社会科学（汉文版），2014，35（4）：144-150.

［9］晏青，郭盈伶.去他者化：传统文化的传播偏误与规避反思［J］.重庆邮电大学学报（社会科学版），2014，26（5）：129-133.

［10］林青.大数据应用与文化发展趋势：《大数据大文化》研究报告述评［J］.江西社会科学，2014，34（3）：247-255.

［11］赵婀娜.大数据时代寻找新的文化传播路径［N］.人民日报，2014-08-21（17）.

［12］舍恩伯格.大数据时代［M］.周涛，译.杭州：浙江人民出版社，2012.

具身认知视阈下的主流价值传播创新

杨婧岚　欧阳宏生

[摘要] 新技术浪潮下身体对于传播的重要价值亟待学界重估。从认知传播学视角出发，运用具身认知这一当代认知科学的核心概念重新检视传播的基本特征和内在逻辑，将会发现，传播是具身的，即体认性的、根植于具体时空情境的，以及"交互耦合的动力系统"模式的。新技术背景下的主流价值传播应超越大众传播时代的离身传播范式，载入具身传播框架，从接受界面、内容生产、环境交互三个方面开启创新：激发认知主体感官运动系统整体的沉浸式体验和互动身体实践；通过"共情"与"共境"深度嵌入认知主体所处具体情境；满足认知主体的现实需求、建立强互动社交链接、整合动员社会资源，从而深度融入认知主体的生活世界，助力其积极应对外部环境的挑战。

[关键词] 认知传播学　具身认知　具身传播　主流价值传播

在媒介技术剧烈变革和媒介融合大背景下，主流价值传播面临严峻的挑战，主流价值传播如何创新策略、提升传播效果，不断扩大主流价值影响力版图，是亟待解决的重大课题。受众认知是主流价值传播实现效果提升的关键环节，作为"从'认知'的视角切入，对人类传播现象的深入解读和科学评估"，聚焦"人在传播活动中人脑和心智工作机制规律"的学科[1]，认知传播学汇聚认知科学、神经科学、心理学、传播学等多个学科的思想资源和最新发展成果，其跨学科的广阔学术视野和以受众认知为基本切入的考察路径，有助于传播学者开辟新的研究领域，也为深化主流价值传播研究提供重要启示。

其中，作为当代认知科学最令人瞩目的范式转型，具身认知理念对人类认知的本质特性和基本发生机制有着与过去迥然不同的解读，势将推动认知传播学对传播的基本特质和内在逻辑等元问题的再认识。以这些认识为基础，我们将深入检视新技术背景下主流价值传播的理论与实践，并对主流价值传播在新的时代背景下的范式和策略创新进行深度思考。

一、具身认知：当代认知科学的核心概念

进入21世纪以来，以生命科学、认知科学、计算机科学和纳米技术的四大汇聚为特征的科学技术形态，正在对人类的整体文明进程产生深刻影响。其中，旨在研究人类心智本质的认知科学（cognitive science），"正在与新技术联手逐步揭示人类的日常认知和科学认知、自我认知和社会文化认知的多重机制"[2]，所取得的许多重大突破对当代知识体系认识世界以及人自身的总体框架形成了前所未有的冲击。

一个最具全局意义的突破是具身认知（embodiment，或称涉身认知）观逐步成为认知科学的主流。"自20世纪50年代'认知革命'发生以来，认知研究经历了一次深刻的范式转变，即从基于计算隐喻和功能主义观念的'第一代认知科学'向基于具身心智（embodied cognition）观念的'第二代认知科学'的转变。"[3]具身认知观简言之就是，人类的认知不是脱离身体而独立存在的抽象的符号表征及计算，而是深植于人的身体结构及身体与世界（环境）的相互作用之中，体现为一系列活的身体体验和身体实践。自此观念提出以来，多个学科都开始向身体及其经验回归，认知神经科学、人工智能的蓬勃发展更与此直接相关。

（一）具身认知观念的提出

具身认知观念的提出源于第一代认知科学离身认知观（disembodied cognition）的困境。受柏拉图（Plato）理念世界高于感性世界、笛卡尔（René Descartes）"我思故我在"等西方源远流长的理性主义哲学传统的影响，第一代认知科学建筑在身心对立的二元论上，把人类认知活动归结为可以脱离人的身体而独立存在的符号及其表征，乃至在此基础上"按某种程序（算法）对符号进行的操作（计算）"[3]。这一观念虽然推动人工智能在早期取得丰硕成果，但随着其深入发展，越来越多的人认识到人类智能的真正奥秘在于人的"身体"。德雷弗斯（Hubert Dreyfus）指出："数字计算机由于无身而导致的局限性，比由于无心而导致的局限性更大。""在对机器进行编程的努力过后，人们会发现：把人与机器区别开的东西（不管机器建造得多么巧妙），不是一个置身局外的、一般的、非物质的灵魂，而是一个置身局内的、自主运动的、物质的身体。"[4]

具身认知观得到了哲学、心理学、人工智能和神经科学的广泛支持。从海德格尔（Martin Heidegger）的存在主义、皮亚杰（Jean Piaget）的认识发生论、梅洛 - 庞蒂（Maurice Merleau-Ponty）的知觉现象学到拉考夫（George Lakoff）和约翰森（Mark Johnson）开创的具身哲学概念，再到德雷弗斯的人工智能身体观，上述理论在不同领域的共振和合围推动着离身认知观的式微，也推动具身认知成为当代认知科学广为人知的核心理念。学界的既有成果从概念的隐喻性、特定基础概念的形成等方面富有说服力地阐明了认知的具身性，指出认知源于身体的生理结构及其与环境（世界）的相互作用：构成我们理性概念范畴的基本隐喻系统都来自身体的感觉经验，而各种基础概念如基本层次概念、空间关系概念，包括"基本的力量动力学图式（如推、拉、支撑、平衡等）、容器图式以及源—路径—目标图式也都是基于身体进行并通过身体来理解的"[3]。此外，关于镜像神经元在人的动作知觉和动作执行阶段皆被激活的重要发现，更为具身认知观提供了神经生物学的证据。最新探索还证明，甚至在对抽象概念的理解等高级认知过程中，认知都有赖于以镜像机制为基础的大脑运动皮层的体验和模拟[5]。

（二）具身认知的基本特征

关于具身认知的基本特征，当代认知科学有纷繁复杂的说法，但学者们在以下三个方面基本形成了共识：

第一，认知是具身的（embodied）。即作为全部感觉和运动系统整体、具有各种感觉运动能力的身体在认知活动中起首要作用，认知根植于人的整个身体以及身体与世界相互作用的体验中。首先，身体是认知的生物学基础，认知有赖于身体之生理的、神经的结构和活动形式；其次，身体对于认知的重要意义超越生物学层面而进入实践层面：认知是一种主体主动适应环境的身体体验、身体实践，是一种"体认"。

第二，认知是情境的（situated）。即所有的认知都是情境认知或者与情境有关的。"一切心智都被认为是'活着的心智'（mind on the hoof），即心智不能脱离鲜活的主体而存在，而鲜活的主体又是须臾不能与生存的环境相分离的。"认知围绕主体为适应环境的行动而展开，同时又是在与环境实时相互作用的压力下开展活动的，因此"必须把认知工作下放到环境中"，"嵌入于（embedded in）一个更广泛的生物的、心理的和文化的情境中"[3]。正如人工智能科学家意识到的，模仿人类智能的难点和关键点"不在于模拟智能的内在运作，而在于人与变动环境的交互"[4]。

第三，认知机制是一种"与环境相耦合的（coupling）"动力系统模式（dynamic）。这一观点，简言之，是指"认知不是一个孤立发生并局限于头脑中的事件，而是一个由多因素构成的系统事件。从最宏观的'身（脑）—心理—环境'的关系而言，具身心智的认知活动是与环境相耦合的，动力系统研究这种耦合情况下的认知发展的动力机制"。何为耦合关系呢？就是两种元素之间互为因果和相互决定、相互塑造的关系，而不是简单的单向线性因果关系[3]。根据上述观点，认知、身体（包括脑）与环境在最宏观的层面上构成基本认知系统，它们之间是数学的动力系统理论所描述的变量之间的关系，认知就是身体实践与环境相互影响、相互依赖、相互塑造的结果，因而处于永恒的发展变化和动态演化中。

二、具身的传播：从认知生成过程看传播的内在逻辑

认知科学从离身到具身的范式转变，引发多个学科的深度关注，对人工智能、神经科学、语言学、心理学、教育学等学科的范式革新产生基础性推动。然而这一观念在新闻传播领域得到的关注还不够，亟须得到更多重视。以具身认知观深化对传播过程中受众认知"黑匣子"的认识，有助于弥补既有理论对传播的基本特性和内在逻辑的阐释力不足，并为新传媒技术及实践背景下传播学的拓展提供新的空间。

（一）实践的推动：从离身传播到具身传播

持续更迭的媒介技术的巨大变革，推动传播学者觉察在认知科学领域发生过的第一代向第二代的范式转换。不难发现，在技术飞速发展的推动下，媒介与传播演进的总体趋势越来越清晰：如果把麦克卢汉（Marshall McLuhan）所说的面对面口语传播作为具身传播的理想范型，那么传播的发展在总体上呈现为一个以完全"身体在场"的面对面传播为起点，随后向不同程度的"身体缺席"过渡，进而再向更高层面的"身体在场"回归的过程。整个传播的发展史正是辩证法所揭示的，围绕具身传播展开的一个"否定之否定"的辩证历程。

纵观传播发展史尤其是整个大众传播发展史，身体都被视作一种障碍和要被努力克服的对象。跨越"身体的有限"和"时空的障碍"，正是传播尤其是大众传播发展的巨大动力。传播学者凯瑞（James W. Carey）指

出，反映大众传播实践的"传递观"把传播聚焦于信息内容跨越空间的远距离扩散，认为信息要借助符号和媒介才能实现传播，而这些符号与媒介必须外在于身体，才能进行远距离的传递。这一根植于西方久远理性主义传统的理念在认识论上预设了离身认知的立场，认为传播的主体是理性意识主体，传播是一种精神交往，身体在传播中无关紧要。从书写和印刷技术到电报、电话、广播与电视等电子媒介的传播发展嬗变，正是这样一个以离身传播为立场，把身体作为全部感觉运动系统的丰富整体拆分为支离破碎的感官，进而与相应媒介连接，以此来超越有限之身体和作为障碍的时空的过程。通过外在于身体的媒介，离身的传播把身体在具体时空中的丰富存在缩减为抽象程度不同的各种符号与信息，专注于信息内容的传递和精神的交往，取得了大众传播时代的巨大成就。然而，身体作为与外界不断交互、具有全部感觉运动能力的活的认知主体，也在不同程度地被遮蔽。相较于身体完全参与、以相互交流为目的的口语传播，在离身传播的实践中，身体从根植于情境互动的感觉运动系统的整体退回到被"断章取义"剥离情境关联、远离感官统合的"体验"、聚焦于信息"传递"的意识主体；身体也从传受一体、本质上关涉主体间性的复合整体，被割裂和分化为分据媒介两端、具有"传者"与"受者"限定性的"单向度"的身体。

身体在传播尤其是大众传播实践中被割裂和被遮蔽的现象，在传播学中有充分的反映。学者们指出，长久以来，身体问题在传播学中缺席，传播学"失去了身体"。失去身体的传播学遮蔽了许多重要的面向，例如：关注信息内容忽略媒介；将传播剥离出具身关系场景；褒扬理性拒斥非理性；遮蔽空间、地理元素；将身体肢解为分离的器官，并与不同形态的媒介对接，等等。这一遮蔽相应地带来一系列隐含的问题：主体与情境的关联性，感性、体验、感觉器官所特有的传播力量，以及身体在交流中的能动性与生产性力量等身体在传播中的重大价值被长期忽略。[6]

21世纪以来，互联网络技术尤其是移动网络、社交媒体、人工智能、虚拟现实（VR）乃至增强现实（AR）等新型技术掀起浪潮，为传播活动在各个面向的身体实践创造了崭新可供性：移动网络技术让传播日益与身体在具体时空中的位置和场景相联系；社交媒体作为各类媒体的底层架构，让传播从传者中心真正走向传受双方平等交流，让受者真正成为富有创造力的认知主体；传播符号从文字符号为中心加速向图像、视频等更加回归身体感官的符号转向，5G、VR/AR等技术更为受者创造了崭新的全身心沉浸的感性体验，等等。当前，传播活动更频繁地与作为感觉运动系统整体的身体体验相联系，向富有创造力和主动性的、与外界密切交互的身体实践靠拢。随着新兴技术在身体面向上的继续拓展，身体将在传播中扮演更为突出、更为主动的角色，传播也将越来越成为具身性的。

在此语境下，从认知传播学视角切入，完成具身认知向具身传播的理论迁移，具有重要的意义。正如暨南大学教授晏青所说，认知传播研究可以分为符号认知与具身认知两个阶段，"身体在认知传播中的潜能被挖掘出来，认知传播研究有了新的范式"[7]。

（二）理论的迁移：从具身认知到具身传播

具身认知观启发我们，既然具身认知是认知生成的本质特性，有效的传播活动必然要遵循认知发生这一内在机制和规律，因而也必然是具身的。欧阳宏生、朱婧雯提出："在当代媒介社会化、传播情境化格局下，认知研究的本体、载体都无法脱离媒介（技术）支撑下的'具身'传播实践与情境建构，这一逻辑取向既与传播学研究一脉相承，又与哲学技术现象学和认知语言学等跨学科认知转向逻辑殊途同归。"[8]

与具身认知观一脉相承，我们可以从体认性、情境性、交互性三个层面去把握传播的基础特征：

第一，传播以促成受者感同身受的"体认"为归宿，它承载和激发活的身体体验。一方面，在传播过程中作为信息接受的受者，并不是信息和符号的被动接受端，而是具有全部感觉和运动能力，对环境实时能动反应、主动协调的活的生命体，是以能动的身体实践去认知客观世界的认知主体。另一方面，既然认知根植于具有全部感觉和运动能力的身体以及身体与客观世界相互作用的体验，传播活动当然以促成认知主体的这种活的体验为基础"界面"，在受者终端体现为受者从感官体验出发的一种自然隐喻和体认。在大众传播背景中"媒介"与"亲身体验"是一对矛盾，但在社交媒体、移动传播、虚拟现实等新媒介技术语境中，传播被赋予前所未有的真实性和交互性，传播的体验性日益增强：它是从亲身所"感"出发、趋向调动身体全部感觉行动能力的，而非以理性意识和信息传递为中心的；传播在本质上已从一种话语实践回归到以体验、体认为中心的身体实践。

第二，传播应当根植于具体情境，嵌入认知主体所处的具体时空存在及体验。认知的情境性提醒我们，认知是嵌入环境的、受认知主体生存的环境所约束和"养育"的。因此传播必然不能脱离受者或认知主体所处的情境，要与身体在具体时空的体验密切相连。一方面，从传者的内容生产上看，传播的内容不能与内容诞生的时空情境相割裂，而要回归具体情境，力图还原信息内容所关涉的不同主体在具体时空中真实流动的身体实践和内在肌理。另一方面，从内容到达上看，传播也要匹配受者所处的具体环境及其与环境互动的特殊行动和情态等。认知的环境给予性（affordance）理论告诉我们，环境在约束认知产生之外也是认知的支撑，它不是一个自在环境，而是与认知主体的知觉—行动协调直接相关、相"匹配"的。"给予性是由智能体的身体结构、能力、技能与环境本身的相关于行为的特性之间的'匹配'决定的。"[9]因此对受者而言，传播所构建的信息和符号环境，必然要匹配受者所处的特殊情境，主动适应和服务于受者作为一个充满创造力的生命主体与外界互动的内在需要。唯此，正向的传播效果才会发生。

第三，在传播活动中，传播与认知之间的关系不是线性决定的简单模式，而是"相互耦合的动力系统"模式。根据具身认知观，认知、身体（包括脑）与环境在最宏观的层面上构成基本认知系统，这一系统是三个要素之间相互耦合的动力系统模式，认知是身体与环境这两个变量持续不断地相互影响、相互依赖、相互塑造的结果，并非由这两个变量中的某一个一劳永逸地决定的。因此，传播作为构成认知主体外部信息和文化环境的重要力量，对认知主体的特定认知不具有单向决定的作用，它仅仅作为环境变量的一个子项来发生作用，既要参与认知主体以身体实践的方式应对现实挑战、解决现实问题，同时也被认知主体的身体实践所影响、推动、塑造。这有两个深刻意涵：一方面，它说明传播是一种传受双方相互影响和相互塑造的活动，因而本质上是一种平等的交流、交往，传统传播学根植于主客互动关系对传播者和接受者的区分其实是一种"妄念"，正如林克勤所揭示的，传播是一个"主主互动"的过程，"人人都是传播者，人人都是接受者，多种因素互为主体"[10]；另一方面，它启发我们认识到，传播活动是否取得效果、能否在受者一方促成符合传者意图的认知，还要看传者是否能通过传播有效融入认知主体与环境的积极互动、能动地助力认知主体应对现实挑战。

三、具身传播框架下主流价值传播的范式创新

从具身认知到具身传播的理论迁移，将帮助我们以新的维度检视传播乃至主流价值传播，推动我们对新媒介技术语境下主流价值传播面临的挑战与现实策略等问题获得新的认识。

当前，一波又一波传媒技术浪潮推动传播生态发生深刻变革，大众传播时代形成的主流价值传播模式遭遇危机。在人人都有麦克风的时代，传播的技术壁垒几可忽略，茁壮成长的各类自媒体和社交媒体逐步削弱专业媒体搜集和发布事实性信息的"文化权威"，新闻与舆论传播呈现去中心化、去权威化新格局。作为主流价值传播的主要推动者，主流媒体在大众传播时代依赖传播技术高壁垒而享有的自上而下的优势已一去不返。相较

于媒介这一曾经稀缺的资源，受者的注意力成为更为珍贵的资源，主流媒体已与自媒体站在同一起跑线抢夺注意力资源。与此同时，受网络技术变革推动，公众参与舆论发声和价值表达的积极性被充分释放，网络传播空间中价值文化日益多元化，多元价值观念竞争、冲突的局面逐渐形成，对主流价值地位确立形成严峻挑战。在这一背景下，大众传播时代形成的与中心化的传播格局相适应的离身传播范式已无法承担起新时代背景下主流价值传播的任务，呼唤主流价值传播的范式和策略实现深刻转型。新的时代背景下，主流媒体如何回应传播生态和思想文化总体格局的重大变革，从受者认知层面出发促进主流价值传播创新，让主流价值在受者心中实现价值认同，从而更好地凝聚共同意志、凝聚社会共识？这是我们必须面对的问题。

载入具身传播框架，主流媒体对主流价值传播的范式创新可以从接受界面、内容生产、环境交互三个层面展开。

（一）启动认知主体感官运动系统整体的身体实践

主流价值观作为一种以整合和凝聚社会为旨归，在多元化的价值观和社会思潮中发挥导向和引领作用的价值形态，在传播中要真实地融入受者的价值世界，具身传播的框架相较于离身传播具有更高的效能。在离身传播的范式中，主流价值传播主要围绕以理性意识和信息传递为中心的话语实践展开；在具身传播的视阈中，主流价值的传播超越了上述话语实践，向激发认知主体进行身体体验与实践转型。因此，主流价值传播要充分释放媒介技术手段的可供性，在接受界面上，把受者作为具有全部感觉行动能力的认知主体，以充分激发受者感性体验、促成互动参与的身体实践方式来进行"包装"。

1. 激发受者沉浸式感性体验

当前，处于"大智云移"总体媒介技术变革背景下，特别是5G、VR

技术在传播中的逐步应用为传播活动在各个面向的身体实践创造了崭新可能，受者在传播活动中的感性体验品质上升到一个前所未有的高度。因此，主流价值传播在具体的内容生产和传播分发各环节都要告别以信息传递为主导的模式，充分调动受者全部感官系统进行全身心"沉浸式"的感性体验。一方面，在内容生产的符号修辞策略上，要推动主流价值传播摆脱相对严肃的刻板形象，从传统的理性话语向"有温度"、有亲和力的感性修辞进一步转型，提升传播的冲击力、感染力和艺术性。另一方面，主流媒体要积极运用新型技术，更具创造性地打造升级化的感性体验。2020年全国两会期间，新华社首次利用5G网络传输和全息成像技术，推出了5G全息异地同屏系列访谈，让主持人和全国人大代表即使远隔千里也如同实时"面对面"交流，开创了5G时代远程同屏访谈的先河，让用户感觉远方的人物仿佛与自己置身于同一空间，任意变换距离视角，对方的肢体语言都清晰可见。升级化、沉浸式的视觉体验，增强了主流价值传播的影响力。

5G之外，快速发展的VR技术倚仗其完美再现真实情境和与场景交互的能力，构建了令人全身心沉浸的"临场"体验，成为席卷全球新闻业的重大技术创新。2018年，美国普利策新闻奖颁给采用VR技术的关于美墨边境墙的解释性报道。VR技术以其"以假乱真"的感官体验和强大的说服力为主流价值的传播提供了全新的可能，亟待得到深入开发和探索运用。

2. 激发互动参与的身体实践

除升级化的感性体验之外，还要积极运用和开发H5动画、主题游戏、表情包以及多种触动身体互动体验的小程序软件等来激发用户互动参与，推动认知主体对主流价值宏大叙事的认知从抽象的知觉层面转向更有代入感的身体体验。关于镜像神经元的近期研究发现，对于物体的知觉依赖于知觉者的动作可能性，即知觉者对一个物体可以做什么会直接影响对这个物体的知觉。[5]这一发现启发我们认识，让认知主体对传播内容饶有趣味地"做点什么"，将有效提升对主流价值的好感度和"卷入"度。近年来，《人民日报》陆续推出富有体验性的主流价值融合传播内容产品，在这一方面展开了许多探索。如中华人民共和国成立70周年之际推出的"爱国STYLE"H5趣味换装小程序，网友只需一张个人大头照即可一键体验身穿56个民族服饰的乐趣。这个小程序一经推出就迅速成为刷屏微信朋友圈的"爆款"，短短几天即合成照片超7亿张。此前在庆祝中国人民解放军建军90周年之际，《人民日报》"我的军装照"互动H5小程序也取得十多天浏览破10亿次、分享近5000万次的巨大成功。《人民日报》还推出"家国梦"融媒体手机游戏，巧妙地把宏大主题和政治导向切入玩家的游戏场景，让受众参与传播、在互动中接受传播、在体验中共同完成传播，进而认同其中承载的主流价值[11]。

（二）以"共情""共境"嵌入认知主体所处情境

根据具身认知的情境性框架，在主流价值传播中，要推动认知主体对主流价值的认同和信服，传播必须建筑在认知主体自身所处的具体情境之上，与认知主体作为能动的生命主体与环境的互动协调活动相匹配。所谓情境，作为"境"与"情"的复合，一方面包括认知主体所处的具体时空环境，另一方面更涉及认知主体与环境互动时所持的基本情感、情绪、态度以及内在需求、动机等心理性要素。因此，主流价值传播在内容生产上对认知主体具体时空情境的嵌入分为两个维度：传播者对认知主体内在欲求、情感、动机等心理因素的及时"共情"；国家层面的宏大叙事与认知主体微小生命场景之间无缝连接的"共境"。

1. 共情：促成价值认同的认知前件

"信息进入知觉阶段，接受主体的动机、需要、喜好、情绪、期待等心理因素将对信息传递有重要影响。"[12]动机、需要、喜好、情绪等心理因素是认知形成和态度转变的前置性条件，因此，作为对对方情绪、需求等心理因素的接纳和认同，共情在沟通中具有关键作用；在沟通或传播中，只有在接纳和认同受者情绪、动机、需要等心理因素的基础上，才能进行下一步说服和引导。以新冠肺炎疫情期间主流价值的传播为例。面对疫情期间各类非理性社会情绪应激爆发的舆论环境，主流价值传播能有效地完成对舆论的正面引领，把各类负面舆论和社会情绪成功转化为同心抗疫的中国力量和对"中国道路"的自信，非常重要的一个因素就在于疫情期间的主流价值传播较好地实现了对民众复杂应激心理的共情。

例如，在李文亮医生去世后，互联网上悲痛、愤怒、质疑等负面情绪泛滥，《人民日报》第一时间报道了国家监察委员会派出调查组全面调查李文亮事件的消息，并刊发《全面调查李文亮事件，让正义抵达人心》的评论文章，其新媒体平台也推出以一豆烛光"送别李文亮医生"的海报。主流媒体权威代表所采取的一系列站在百姓角度的共情式表达，极大地抚慰了公众的伤痛，疏解了愤怒与不满。针对民众对相关地方政府作为的质疑和不满情绪，主流媒体还积极运用舆论监督武器直击疫情防控痛点，如中央广播电视总台对黄冈卫健委干部"一问三不知"事件的报道有效地消弭了情绪隐患，发挥了"为疫情敲警钟、为国家聚人心"的作用。对社会情绪和需求的体察和共情，为新冠肺炎疫情期间主流媒体实现舆论正面引导和主流价值传播打下了扎实的基础。

2. 共境：让传受二者无缝连接

在内容的具体呈现上，主流价值传播要获得价值认同，必须要创造一个能容纳传者与受者共同在场、符号能见的场景。让国家层面的宏大叙事与认知主体微小生命场境之间无缝连接，这样的宏大叙事对于认知主体个体才有意义、有归属感；覆盖的不同群体特有情境范围越广，宏大叙事就越有说服力。

新冠肺炎疫情期间主流价值传播的成功除了主流媒体的有效共情之

外，还在于其通过塑造多层面"群像"的手法，把各个社会群体在疫情期间的微观叙事有效融入了中国人民同心战"疫"的宏大主题。例如，中央电视台纪录频道与中央广播电视总台新闻中心、湖北广播电视台，以及快手、二更等短视频平台合作推出融媒体系列短视频《武汉：我的战"疫"日记》，拍摄者分别是医护人员、普通市民、外地援助者等疫情亲历者，他们从不同侧面、通过第一视角向观众讲述了武汉抗击疫情的真实情况。疫情期间，各大主流媒体勠力合作，报道建构了一个由微小个体情境海量聚合的中国人民同心抗疫、迎难而上的群像：无论是以钟南山院士为代表的民族脊梁、"逆行"一线的普通医务人员，加班加点的社区工作者、外卖小哥等，还是在大后方积极复工复产和花式"宅家"的各界民众，全都成为疫情期间主流价值传播"强信心、暖人心、聚民心"的鲜活载体。这一让亿万微情境同时在场的传播手法，有效地凝聚了亿万人心，汇聚了同心抗疫的磅礴力量。

（三）深度融入并推动认知主体的现实生活世界

在传统的离身传播实践中，主流价值传播以自上而下的信息传递为中心，信息到达后就完成传播使命，传者虽然重视传播效果，但囿于传受二者的割裂与事实上的传者中心，传播效果以及受者反馈对于传播的重要意义难以真正彰显。在具身传播的视野中，传播、认知主体、环境三者处于相互耦合、相互塑造的动力系统模式，是有着紧密内在联系的"命运共同体"；传播是否取得效果，是否达到传者预期目的，取决于它能否融入受者或认知主体的生活世界，是否能够助力其应对与适应外部环境。因而，主流价值传播必须更为密切地与认知主体的生活世界连接在一起，更加注重对认知主体真实生活的连接、交互和现实推动。

1. 满足认知主体现实生活需求

只有围绕认知主体现实生活的多种需求提供高质量认知和价值体验，

主流价值传播才能走出"边缘化"的阴影，获得广泛的群众基础，真正形成价值认同。正如一位学者指出："究其根本，主流意识形态的整合传播最终是在做有关'人心'的工作，而'人心'或意识形态的形成并非仅仅源自人们在资讯接受中的认知与思考，更形成于其在现实生活中的利益满足与情感结构。"[13]

美国政治学者加布里埃尔·A.阿尔蒙德提出，社会成员形成政治态度和政治行为即政治社会化的过程是通过"明示"和"暗示"两种不同途径来展开的。明示的或直接的政治化指公开交流有关政治对象的信息、价值观念和情感，比如由政治机构和职能部门进行的宣传教育；暗示的或间接的社会化指借助种种非政治手段对非政治态度和观念的传递。阿尔蒙德甚至认为，最重要的政治社会化是在暗示而非明示的途径中完成的[14]。上述观点启发我们把主流价值传播的主战场进一步扩展，更加重视贯穿各类生活实用信息服务和体验的暗喻性价值传播。事实上，信息的实际效用始终是用户最为关心的。研究显示，在医疗、理财、职业发展、婚恋关系等生活的方方面面提供实用建议的文章更容易长期占据热门文章排行榜，甚至引发"病毒式"传播[15]。"学习强国"客户端持续的用户黏性，其中一个突出原因正是它鲜明的"实用"体验，在新闻传播、理论学习、教育科普、文化欣赏等多个方面满足用户的高质量信息"刚需"，能有效地吸引和保持流量。因此，主流价值传播的内容领域要大大扩展，除了充分发挥新闻传播与舆论引导主阵地的作用之外，还要瞄准用户生活需求，更多地借助文化消费、娱乐游戏、生活服务等多种"实用"的内容形式吸引流量，进而对用户进行潜移默化的价值引导。

2. 以强互动的社交链接融入生活日常

社会化媒体崛起的时代，社交属性成为一切媒体赢得影响力、公信力的底层构架。主流媒体在大众传播时代依赖媒介壁垒获得的优势不复存在，必须积极适应社交媒体的传播规律，实现大众传播范式向关系传播范式的转型，借助关系传播的优势更深入地融入认知主体的日常生活。

近年来，以《人民日报》、央视新闻、新华社等媒体为代表的主流媒体在社交媒体平台快速布局，入驻微博、微信、抖音、快手等多个社交平台并迅速成为头部媒体，赢得大量粉丝，呈现主流媒体"重夺麦克风"的趋势[15]。这为主流价值有效传播、重塑影响力版图提供了良好基础。但受大众传媒思维惯性影响，社交平台上的主流媒体账号对内容生产关注更多，对用户互动和运营推广的重视还不够，存在诸多提升空间，比如对用户留言的回复率低、互动方式单一，对粉丝缺乏用户关系管理和深度社群化运营等。实际上，被互动有效激活的用户不仅是重要的关系资源，还是一种内容资源。例如，新华社微信公众号推出的《刚刚，沙特王储被废了》，凭借编辑与用户的幽默互动，短时间就获得近800万阅读量。用户互动还会影响传播内容的公信力，多位研究者发现互动性是衡量网络消息可信度的重要变量，"在社交媒体上互动性越高（与粉丝大量互动）的记者越可信"[16]。在这方面，相当多的自媒体已走在主流媒体的前面，这制约着主流媒体影响力公信力的长久发挥，也影响主流价值对用户的深度渗透。主流媒体亟待深入探索，加速向关系传播深度转型，提升用户的卷入度和忠诚度，建立强互动的社交链接。

3. 动员与整合社会资源

主流媒体具备动员协调国家和社会资源的特殊优势。首先，主流媒体作为专业传播机构，在对社会整体发展脉搏和走向的把握、对社会公共利益的担当、对新闻传播和舆论动员艺术的驾驭等多个方面都是各类自媒体难以媲美的。此外，主流媒体还有着政府的优质资源和长期形成的良好联络网络。因此，主流媒体能够利用舆论动员的武器，"进一步融入社会，主动地、积极地与社会发展形成良性互动，最终成为推动社会发展的加速器"，发挥整合社会的功能[17]。

在这方面，主流媒体在大众传播时代曾经进行过诸多成功实践。比如以制播了"南京零距离"为代表的地方电视台对民生新闻、公共新闻的探索，把正面引领与舆论监督、服务群众相结合，把主流价值的传播有效地融入帮助老百姓解决实际问题的过程中；再如《华西都市报》等媒体在准确把握社会发展脉搏的基础上，找准宣传中心与人民利益的结合点，通过强有力的新闻策划和舆论引导，调动社会各方力量发生"共振"，从而推动现实问题的解决，促进社会发展。在媒介生态发生巨大变革的当前，主流媒体要积极发扬这一优良传统，大胆探索新时代背景下媒介整合社会的新方式，帮助百姓解决现实问题，加速推动社会发展，从而进一步提升主流媒体的"四力"——传播力、引导力、影响力、公信力，弘扬主流价值。

结语

对于人类主流知识体系来说，长久以来身体被认为是一种障碍，处于被贬抑、被边缘化的位置。20世纪50年代"认知革命"以来，身体"归来"，具身认知观念已对多个学科领域产生基础性影响。将具身认知观引入传播，显然比大众传播时代的离身认知框架更逼近客观真相，对当前的传播实践也更具阐释力。告别离身框架，以具身认知观透视传播，我们发现，传播在本质上不再是一种以"知"（信息传递）为核心的话语实践，而转向以"体"（体验、体认）为中心、以身体全部感觉运动能力为基础的一系列身体实践。其次，传播也不再是大众传播时代可以脱离受者情境的规范化标准化活动，而成为根植于受者情境的、在地的，受者个体生命所处现实场景以及内在欲求、情感、动机等心理因素在对特定传播内容的认知过程中扮演重要角色。最后，传播与认知、环境处于"相互耦合的动力系统"式关系中，因此传播是"主主互动""传受一体"的，并不能被割裂为能动的传者与被动的受者；传播还是置身于认知和环境耦合互动、密切交往的复杂网络中的，只有有效融入认知主体与环境的积极互动，传播活动才能产生真实的影响力。

上述在具身认知视阈下对传播的基本特性和内在逻辑的再检视，为主流价值传播范式创新、积极回应新技术浪潮背景下传播生态和思想文化的深刻变化提供了新的启迪。因此笔者借助具身认知框架，围绕主流价值传播的范式创新，从接受界面、内容生产、环境交互三个方面试作探索，抛砖引玉。具身认知的思想资源，还将在哪些层面深化对传播以及主流价值传播基本特性和内在规律的认识，从本体论、认识论、方法论层面对传播与主流价值传播带来怎样的新推动？这些问题尚待学界同人共同研究推进。

（作者：欧阳宏生，四川大学教授、博士生导师、新闻传播研究所所长，研究方向为新闻学理论、广播电视理论、电视文化、电视批评理论；杨婧岚，四川大学新闻学系学生。）

参考文献

［1］欧阳宏生，朱婧雯.意义·范式与建构：认知传播学研究的几个关键问题［J］.现代传播（中国传媒大学学报），2016（9）：14-20.

［2］刘晓力.哲学与认知科学交叉融合的途径［J］.中国社会科学，2020（9）：23-47+204-205.

［3］李其维."认知革命"与"第二代认知科学"刍议［J］.心理学报，2008，40（12）：1306-1327.

［4］於春.传播中的离身与具身：人工智能新闻主播的认知交互［J］.国际新闻界，2020，42（5）：35-50.

［5］叶浩生.镜像神经元的意义［J］.心理学报，2016，48（4）：444-456.

［6］孙玮.交流者的身体：传播与在场——意识主体、身体–主体、智能主体的演变［J］.国际新闻界，2018，40（12）：83-103.

［7］晏青.认知传播的研究取向、方法与趋势［J］.南京社会科学，2020（5）：97-108.

［8］朱婧雯，欧阳宏生.认知传播的理论谱系与研究进路：以体认、境化、行动的知觉－技术逻辑为线索［J］.南京社会科学，2020（5）：109-115+124.

［9］李恒威，黄华新.“第二代认知科学”的认知观［J］.哲学研究，2006（6）：92-99.

［10］林克勤.体认传播观：后大众传播时代的一个核心概念［J］.编辑之友，2016（7）：64-69.

［11］郭雪岩.打造系列融媒体产品，拓宽主流价值影响力：以人民日报“家国梦”系列融媒体产品为例［J］.青年记者，2019（36）：68-69.

［12］欧阳宏生.认知传播学［M］.北京：科学出版社，2020：107.

［13］张志安，汤敏.论算法推荐对主流意识形态传播的影响［J］.社会科学在线，2018（10）：174-182+2.

［14］阿尔蒙德.比较政治学：体系、过程和政策［M］.曹沛霖，译.上海：上海译文出版社，1987：117.

［15］方可成.社交媒体时代党媒“重夺麦克风”现象探析［J］.新闻大学，2016（3）：45-54+148.

［16］张洪忠，石韦颖.社交媒体兴起十年如何影响党报公信力变迁［J］.新闻与传播研究，2020，27（10）：39-55+126-127.

［17］夏虹，沈淮.整合型媒介传媒发展的新境界：《华西都市报》总编辑席文举访谈录［J］.新闻界，2002（1）：3-5.

第二部分

社会演进中的认知传播

认知传播视阈下广播的质态回归

——从"离身"到"具身"

符 雪

[**摘要**] 认知传播学是基于认知科学和传统传播学两大学科之上的，随着认知传播学研究的不断深入，学者们逐渐认识到了该领域是关于全人类传播活动的本质性的探讨。认知传播学，一方面对发端于哲学中的具身概念做了更为"具身"和量化的考察，另一方面不断反思传统传播观念中延续存在的"离身"预设。广播作为电子传播时代占据领头地位的媒介形式，经历了物质技术、社会形态、传播环境的重新建构，从传统传播学中的离身预设形态到现今的具身认知视阈下的不断创新，实现了对其本质形态的回归，同时也是面向"身体"及其经验的回归。

[**关键词**] 认知传播 广播 具身认知 离身预设

经过技术和互联网的影响，这里所指的"广播"早已不是传统意义上的通过无线电或有线电向广大地区传输声音的特定的大众传播媒介，而是涵盖了所有的单一声音传播或融合声音传播的产品。[1] 我们现在通过手机等电子设备所听到的"广播"，实际已经脱离了它的原始意义，但是我们还是用广播这个词来代指我们常见的声音媒介，一方面源于"广播"这个词作为大众传播媒介在长时间的传播效用中所占据的经典地位，另一方面，在观众认知中，广播可以代指所有的电子声音媒介，广播的内涵变了，但认知惯性依然存在。因此本文中的"广播"，不局限于传统意义上的广播，而是探讨变化中的"广播媒介"。

一、离身预设下的广播认知形态

纵观传播发展史尤其是整个大众传播发展史，身体都被视作一种障碍和要被努力克服的对象。跨越"身体的有限"和"时空的障碍"，正是传播尤其是大众传播发展的巨大动力[2]。在这种离身预设的传播学思想范式中，广播同其他媒介一起共同被视作脱离于身体的传播形式，根本上由人发出的声音被抽象为经由电子传播的符号和信息，紧接而来的是对这些符号和信息的深入研究，特别是对传播效果的研究，即对人有何种程度的影响。可以看到，通常意义上的传播最初来源于人体，并且最后作用于人体，但却在离身预设的传播学研究范式中脱离于人体。历史思维延续和社会变迁造就了一定时期的离身认知研究，但是毫无疑问，这种研究范式的诞生和当时主力媒介的地位及强势作用有着千丝万缕的联系。最具感染力的科技突袭，使得千百年来人类所期盼的"顺风耳"一时之间成为现实，机器受到追捧的背后是对人本身的忽视。因此，我们可以看到这样一种媒介与媒介研究的互动关系：媒介研究的离身预设将身体从传播过程剔除，实践中媒介的发展和延续也在不成熟的阶段有意无意地回应着这种离身预设。离身预设下广播的声音越来越远离身体，身体被剥离情境，取而代之的是电子信息与符号，人体发声的器官一时间被忽视为空洞的存在，广播在克服人体局限性的同时也远离了人体和人的感官系统。

（一）传播主体占据强势地位

广播的实践与理论发展历程一定程度上也是对传播理念的认知发展过程，同时也是各方主体的地位沉浮历程与认知过程。早期的广播是国家权力的象征，其认知传播主体本质上就是国家，它代表了国家意志，是传播国家主流意识形态的专门机构或部门。毫无疑问，这一时期的广播认知主体就是广播内容的生产方，生产方决定了广播信息传达的内容和时间，传播主体占据了传播链条中的首发地位和强势地位，而受众相对成为下游的被动的信息接收者，他们难以选择自己接收何种内容，成为被"注射"的大众，他们也无法左右自己在何时接收信息。广播频道的增多、广播广告的播出，促使广播向产业化发展，这是对广播接受主体认知的一次大变革，即广播接受主体不只是听众，也是消费者。[3]这时的广播形式和内容注重受众作为消费者的地位，但是传播主体的强势地位依然没有被动摇，广播媒体机构依然是广播内容的初始生产者，在广播内容的传播中起主导和决定作用，作为强势主体，他们既是内容生产者又是内容的监管者。

（二）机械化和无差别的管道传输

广播中人们通过媒体技术将声音与原始语境分离，这个过程赋予声音新的媒介意义。[4]在新的媒介意义之中，科技性大于自然性，管道式的信息传输大于人本身具有的信息传输和感性流动，理性冲动在媒介领域压制感性冲动。以印刷工具的出现为代表，人类在技术工具的操作中尝到了技术工作带来的便利和高效率，特别是随着广播、电视等大众媒介的出现，传播学研究更是陷入了对"新兴事物"的解读狂潮之中，将注意力集中在研究技术工具对信息传播带来的革新。且不说这种狂潮在一定程度上没有将科技的发展放置于人类的整个历史进行适度考量，而正是这种狂潮，将传播学带离了人类本身，呈现为既忽视人又针对人的机械化和无差别的管道式信息传输。经典广播，即传统意义上的广播，一方面脱离了语言的原始环境，经由电子塑性的符号化、主题化和对象化，传播似乎可以"离身"了；另一方面，听众从某一发声设备收取信息，信息送至，无论是螺旋式的植入还是"使用与满足"的受众选择，都被放置在身体之外进行研究，人体本身被本能地排斥在外。从声音被编排为符号化开始到接近受众，这是一段时间固定、受众差别难以细化、不受改变的信息的机械传输过程。

（三）受者呈现为被支配的"大众"

传统的传播学理论无论是议程设置论、意见领袖论还是魔弹论等，传播者始终是高高在上，手握话语权，占据着绝对的传播主导权，传受主体双方的地位是极不平等的。[5]受众地位在传播实践中的不平等，随之而来的是在传播研究中的不平等，首先表现出来的便是对受众主动选择权的忽视，将受众看作是被动的无条件受到信息影响的"被注射者"，皮下注射理论这一有关媒介具有强大效果的观点，它的核心内容是指传播媒介拥有不可抵抗的强大力量，它们所传递的信息在受传者身上就像药剂注入皮肤一样，可以引起直接速效的反应；它们能够左右人们的态度和意见，甚至直接支配它们的行动。[6]广播的受众成为被忽视了能动性和主体性的人，在此基础上，鲜活存在的他们被下放到无意义的认知从属地位。传播研究难以摆脱长久以来的离身观的预设，广播传输机器在很多时刻凌驾于身体之上，甚至为了迎合广播电子声音的传播，"身体"乃至"人"被分解为支离破碎的接受碎片。

拒斥身体的认知范式影响下的传播研究一开始就将身体看作单纯的血肉存在，而没有重视这一存在的外在性关联，对广播的研究也专注于符号的加工与意义的深度诠释，离身预设这一认知范式中的传播研究将广播的传播看作是可以完全脱离受众身体的符号式精神交往。

二、互联网环境下广播媒介的音频化

数字技术的发展颠覆了无线电广播的领头地位，取而代之的是音频化的大浪潮，广播成为音频传播的一员，我们现在所说的广播，乃至广播剧、博客等概念的内涵对比以往都有了不同程度的革新。广播媒介在互联网时代的音频化代表了一定程度上的广播面向声音介质的回归，也是面向人的回归，因为在互联网的影响下，广播不再局限于一个接收声音的"黑匣子"，可以发出音频的载体可以是一部智能手机、一个手环、迷你的耳机，受众不用再跟随广播载体进行移动，而是声音跟随用户进行服务。因此，在具身认知范式之下谈论广播的具身，我们无法忽视互联网给广播带来的巨大影响，正是互联网的出现使得广播不再局限于传统意义的"广播"，也使我们针对广播传播的新的认知范式研究在此实践的基础上有了灵感与意义。

声音不断靠近用户，融入用户生活，贴近用户身体，因此广播声音在互联网时代的"具身"表征首先体现在贴身性，广播变得可以随身携带了，无须视觉媒介绝对的感官注意，成为想听就听的贴身性媒介，而且随着收听设备的日益精小，隐匿性更高，例如在日常生活中用耳机接收声音，既不干扰别人，还保证了自己收听内容的隐私性。其次伴随性强化了广播音频的贴身收听的功能，远距离传输收听仿佛是一种零距离的实时交流，同时广播声音的内容也更加分众，广播进化为"窄播"，伴随性使广播成为贴心媒介伙伴，强化了广播声音的亲密感、归属感，同时，这种伴随使音频以潜移默化的方式改造着个体，以听觉实践活动为基础的认知形态也在无形中形成与发展。除此之外，伴随着场景的深化和拓展，各类媒体将逐渐成为人机交互的重要载体。[7]在人机交互的过程中，交互性则是未来广播媒介传播的关键节点，媒介系统由不同的交互界面构成，广播声音以看不见的声波作为基本介质，比起其他交互界面，声波更具有渗透进身体或日常生活空间中的特性，成为广播媒介具身性的一种可行性研究。

以音频传播为核心的广播媒介在互联网的加持下，受众转变为用户，流程性广播转变为服务性广播。"声音"不单是作为人自身的感官生理需求而存在，同时也积极作用于人的日常社会参与，建构着不同时代的声音景观。[8]近期活跃于海外的"多人实时在线语音群聊"应用软件——Clubhouse，在强调音频实时互动的媒介模式的同时，找准了更专注于人与人即时交流的定位，Clubhouse上的所有内容是无法保存的，不能打字，没有图片和视频，同时群聊房间不会保存任何录像，听后即焚，那也就意味着不存在内容的沉淀。因此可以发现，比起关注内容，高效率的声音传达和圆桌式的交流使Clubhouse更关注人本身，同时用户想要注册使用必须拥有已注册用户给予的邀请码，有限的邀请制也增强了声音传播的社群属性，一定程度上构建了人类最开始的社群化交流景观。可见互联网影响下的广播声音传播已经渐近声音景观，广播声音的重要性突破视觉欣赏的浪潮逐渐凸显，广播声音凭借自身的不可替代性找回了自己的主场，听觉文化也迈入了新的阶段。

三、具身认知下广播的质态回归

新冠肺炎疫情突袭全球，再结合国内外以前发生大规模灾害时媒介的地位，我们会发现特殊时期的社会总会使得人们更加依赖广播声音的抚慰，尽管灾害造成大量基础设施失效，声音媒介依然可以即时传播，疗愈人心的苦痛。因此声音媒介不断得到一次次的重视，包括它的各种外延也得到了拓展，但是传统的经验现象分析已经无法满足当代媒介社会化的环境现实，更无法合理解释使用主体在认知、情感和行为等各方面的综合效果。广播在新媒体环境下的革新是前所未有的，离身预设下的认知传播研究范式无法满足广播发展的现实境况，更重要的是无法解释广播声音传播中主体的具身认知过程，包括潜在的情感、想象、本能和情境等知识体系。

除此之外，大部分广播声音已经进驻音频平台，借助互联网进行传播，具有了贴身性和伴随性等特征，呈现出前所未有的亲和力和现场感，在此基础上，广播声音又可以借助推广化平台，特别是手机应用软件在智能、互动与服务方面的优势，带来听众的感知变化，听众潜在的想象力、感悟力、理解力以及场景交互感被相对激发。具身认知观认为"传播"是"具身"的，即传播过程离不开主体全感官的身体参与实践。[9]这与广播媒介在新的传播环境给受众所带来的感官实践不谋而合，"新广播"脱离了早期概念后，逐渐回归声音介质这一本质形态，并且不断引导和强调受众的感官参与，因此广播声音的传播过程在具化和量化的层面都离不开主体的身体参与实践。

（一）广播回归"声音"形态

围绕以"人"为本质核心的理论体系，广播电视理论重构要打破媒介"单体化"的思维局限，以融合的思维重建广播电视的"大视听语境"。[10]让"广播"回归"声音"形态，符合"人"生理和心理信息接收形式的介质形态，之所以用"回归"这个词，首先是因为广播原本就是以人发出的声音作为本质和起源的，只是科技热带来的内涵填充，使科技性喧宾夺主，抢占了"声音"的内涵地位，其次是传播学研究的符号专注于意义深究，广播离"声音"越来越远。具身认知概念的兴起使得我们从认知的立场意识到了广播的回归，专注于广播的形态研究终于也回归到了对"声音"这一本质形态的重视。

具身研究使我们无法忽视传统意义上的广播出现之前的"声音"，最早的声音虽然传播范围十分有限，但无须外力，通过简单介质即可存在和传播，简单朴实却能唤起人类的通感，并与外界世界相联系，进而影响人的认知活动和生命体验。声音的出现不仅仅是为了方便人对周围环境的理解和人的生存，声音更是一种身体的认知体验，从耳膜感受到声波的振动开始，人体内进行了一系列复杂的生理活动，同时这种生理活动伴随着不同个体认知基础上的心理活动，产生不同的认知体验。例如从中国文化的听觉传统来看，麦克卢汉很早就注意到了中国人在集体无意识的认知中具有的听觉偏向，相对于"视觉优先"在西方的较早出现，我国在很长时间内一直保持着听觉社会的诸多特征，中国古代文化中存在着对听觉感知的高度重视，强调用"听"来指涉更为精微的感知以及经常用听觉来统摄其他感觉方式。[11]可见声音的发出与接收是贴近身体的认知体验，广播面向声音这一本质形态的回归，一方面是对广播传播的概念从专业化、学理

085

化的角度做进一步的革新和分析，另一方面回应了以"人"为核心的主体认知机制与规律的探索。

（二）通过声音激发身体的认知反应

从广播声音的热潮出发探析听觉空间的回归，可以发现对声音的再度重视来源于人们从"听"获取到的乐趣，声音进入听者耳朵，不同于视觉形象的表面交互，受众感觉到更近距离的更深入的体验，发声器官发出的声音不仅仅是一种声波，在广播音频化之后，我们更能感受到这是生命体的呼吸，而且即使未使用明确表意的语言，声音也可以通过语气传递人体的感知，例如痛苦和欢乐、厌恶与渴望。在此基础上，很多人更是将广播声音看作是一种能够有效让人暂时脱离现实世界、单纯专注自身体验的解压方式。

ASMR（Automomous sensory meridian response，自发性知觉经络反应）的出现是通过声音激发身体的认知反应最好的例证，其在世界上有着较大的受众群体，接受度从小众走向大众化，逐渐成为全球性流行文化。ASMR通常翻译为"自发性知觉经络反应"，通过声音接收让人在颅内、头皮、背部或身体其他范围内产生一种独特的、令人愉悦的刺激感。这是受众无意识地利用自身的联觉迎合其他感官，特别是迎合由听觉引导的与其他感官相联系的身体感觉——"一种感官刺激引起的另外一些无直接关联的感官知觉心理过程。"[12]声音引发的身体的认知反应不仅仅是心理层面的思想、情感或者理性认知，很多时候还可以带来不同于其他感官的不自觉的生理认知感觉，广播在一定程度上脱离无线电噪音后走向互联网上的用户私我媒介，更加逼真地再现"声音"，特别是人声和自然音效，声音更具有立体感，拉近了和耳朵的距离，在建构独特听觉文化的同时，也更加接近身体。

（三）声音交流的身体在场与意向在场

麦克卢汉认为"媒介是人的延伸"，在传统意义的广播出现之前，除了电话的直接关联者之间的交流，大部分声音的传播还未得到媒介的充分"延伸"，声音既无法跨越时间被保存下来，也无法横跨空间，只能在有限的范围进行传播。这时的声音传播交流十分强调"身体的在场"，强调传者和受者处于相对较近的空间，互为在场，脱离了身体的在场，没有了"面对面"的交流，声音便失去了传播效力。而在广播这一大众媒介出现之后，"身体的在场"就不是充分有效的声音传播的必要条件了，声音的传播不断跨越时空，越走越远。

随着技术的进步，人们似乎可以愈发忽视身体进行"交流"，但同时这种身体的"缺席"也引发了焦虑，随之而来让人产生这样的联想：似乎只要通过身体在场的面对面交流，我们就能够克服网络传播中由符号表征带来的隔阂。[13]然而身体的在场也不能保证能带来心与心的交流，因为身体所具有的个体性，使得我们永远无法得知其他个体如何从具身交互中获得意义，这就是"交流的无奈"来源于"感同身受"的困难。同时身体的缺席似乎加重了这种无奈，广播传播认知研究的主体——"人"，这些人，无论是传者还是受者，经常分别处于不同的时间和空间，国别、民族、性别、年纪、性格和学历等都有差异。既然不能拥有身体的在场，缓解无奈只能希冀"意向在场"，即身体通过意向性与世界和他人达成的一种实践过程，所谓意义、理解和沟通都奠基于这种实践过程。[13]

具身概念的关键与身体是否在场没有必然的联系，身体在场只是声音交流中处于同一空间中的情景，即使是身体在场的交流，我们也会用身体本身的排外性将体验对象化、主题化。因此，广播声音的质态回归，也不是完全意义地回到了最初的"声音"，即人最早不借助外在科技媒介的在场声音，而是成为在交流无奈的根本矛盾的基础上、期待意向在场的"声音"。互联网环境中的广播声音传播，看似不在场的身体，依然可以通过一种意向性的呈现方式奠定符号化行为的意义，与他人共鸣，与世界和解。

（作者：符雪，成都大学硕士研究生，主要研究领域为新媒体艺术传播。）

参考文献

［1］吴生华，方永彬.音频产品的融入、延伸和再线性化：新时代广播的变化和延展［J］.中国广播，2021（4）：28-30.

［2］杨婧岚，欧阳宏生.具身认知视域下的主流价值传播创新［J］.湖南师范大学社会科学学报，2021，50（3）：65-73.

［3］许建华，欧阳宏生.人民广播认知传播理念的发展及其影响研究［J］.中国广播，2019（12）：17-22.

［4］李建刚.多样化音频传播：新时代广播数字化的范式转移［J］.中国广播，2021（3）：33-37.

［5］许建华.认知传播视域下广播内容生产与传播创新研究［J］.中国广播电视学刊，2020（5）：31-34.

［6］马子涵.从“第三人效果”视角出发再议“魔弹论”［J］.传播与版权，2019（2）：115-116.

［7］梁刚建，许可.聚焦场景化、交互化与智慧化：未来广播创新的可能性选择［J］.中国广播，2021（1）：16-19.

［8］高贵武，丁慕涵.从广播到音频：听觉文化里的声音生态［J］.青年记者，2021（11）：60-63.

［9］朱婧雯，欧阳宏生.认知传播的理论谱系与研究进路：以体认、境化、行动的知觉-技术逻辑为线索［J］.南京社会科学，2020（5）：109-115+124.

［10］朱婧雯.新媒介语境下广播电视理论研究的路径重构：基于认知传播理论体系之探讨［J］.中国广播电视学刊，2020（5）：8-12.

［11］傅修延.为什么麦克卢汉说中国人是“听觉人”：中国文化的听觉传统及其对叙事的影响［J］.文学评论，2016（1）：135-144.

［12］曾佳思.ASMR声音传播的探索性研究：受众需求的视角［J］.传媒坛，2021，4（5）：83-84+87.

［13］芮必峰，昂振.传播研究中的身体视角：从认知语言学看具身传播［J］.现代传播（中国传媒大学学报），2021，43（4）：33-39.

共情理论中的健康传播路径

——以医疗类纪录片《人间世》为例

何海翔

[摘要] 新媒体技术改变的信息传播方式，引发健康传播新范式转向。共情理论作为健康传播的效应维度，对健康传播的范式转向提供新的媒介路径。共情理论的健康传播路径为"情绪传染""观点采择"和"共情关注"。基于共情传播的路径，通过文本分析法和内容分析法，以医疗类纪录片《人间世》为典型样本，为健康传播提供一种可行的媒介策略。

[关键词] 健康传播　共情　纪录片　路径　《人间世》

2017年，党的十九大报告提出实施健康中国战略，强调人民健康是民族昌盛和国家富强的重要标志，要坚持预防为主，倡导健康文明生活方式，预防控制重大疾病。作为健康中国战略媒介表达方式的健康传播也逐步成为当下新闻传播学研究的热点，其中以《人间世》《生命缘》《急诊室故事》《中国医生》等为代表的医疗类纪录片的涌现更是引发全民关注。医疗类纪录片是以真人秀、纪录电影等形式进行全天候跟拍，采用全纪实手法呈现的实景影像，它以医院为场景，关注医患关系，通过医疗故事展现情节，客观真实地再现医生、患者及家属的媒介形象，可以"对大多受众的同理心及共情理解发生积极效果，同时激发受众产生自我反思，引发认知和情绪反馈"。[1]本文以上海广播电视台和上海市卫健委联合拍摄的

《人间世》为典型案例，基于共情理论，探讨医疗类纪录片的健康传播路径，为健康中国战略传播提供一种可行的媒介策略。

一、健康传播的媒介路径

美国发展传播学大师埃弗雷特·罗杰斯（E.M.Rogers）认为"凡是人类传播的类型涉及健康的内容，就是健康传播"。[2]这就意味着健康传播学是涉及多学科交叉的学科范式，它以健康问题为导向，属于应用传播学的理论范畴，指涉传播学、社会学、心理学、医学等多学科体系，研究内容复杂多样，如美国著名健康传播研究学者马萨·佐恩认为的"健康传播作为一个专业研究领域已经有近半个世纪，而作为大规模研究领域是近20年的事情，但研究学者们并没有对健康传播的具体研究问题达成共识，依然按照自己的兴趣建构自己的研究路径，各不相同"。[3]但总体来看，发端于美国的健康传播学研究一直主导健康传播研究的国际格局，世界其他国家的健康传播学研究依然延续的是美国研究范式，有学者通过梳理西方健康传播学的研究文献，建构了健康传播学的研究模型（见图2-1）。[4]健康传播模型图显示，虽然健康传播学的研究对象相对宽泛，但核心对象则是医生与患者以及相关延伸的关系，医患关系的媒介互动是健康传播的核心要素，媒介宣传影响健康传播的公众趋势，在公众健康认知方面扮演重要的角色。美国健康传播学者劳伦斯·瓦莱科（Ladash Wallack）在其著作《媒体宣传与公众健康：预防的力量》（*Media Advocacy and Public Health: Power for Prevention*）中认为媒体宣传是推进和实现公众健康的战略步骤，有利于倾向公众健康的政策出台。[5]

相比较美国的健康传播发展路径，中国健康传播则存在研究起步较晚和传播学范式研究缺失的问题，中国健康传播在2003年"非典"之前一直作为公共卫生的研究路径而开展，主要偏重于公共健康教育，更多的是健康观念与健康知识的科普。健康传播模式也主要以灌输式的单向传播为主，很少涉及传播学话语中的健康传播探讨，因此传播学语境下的健康传播缺失也使得我国在健康传播效果方面不够显著。但是随着健康中国战略的实施，新媒体技术推动健康传播的范式转向，健康传播在中国取得迅速发展，尤其是2014年9月中国首部反映医患关系的医疗类纪录片《医》开播，以及后续开拍的《人间世》《中国医生》《生命缘》《本草纲目》等反映健康传播效果、重点关注医患关系、聚焦医疗社会热点的医疗类纪录片迅速引发全民关注与追捧，有力地推进了中国健康传播的发展。有学者通过文本分析法和深度访谈的方式，对四部公众比较关注的医疗类纪录片《人间世》《生门》《急诊室故事》和《生命缘》的研究，也得出类似美国健康传播学者劳伦斯·瓦莱科的结论，即医疗类纪录片构建了医者职业身份之外立体饱满的个人化媒介形象，也呈现了带有家庭、个人属性的多元化的患者媒介形象，医疗类纪录片拓展了公众对医者形象的认知，其科普医学与医疗过程对改善医患关系有重要作用。[6]

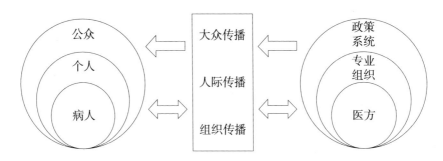

图2-1　健康传播模型图

二、共情作为健康传播的效应维度

医疗类纪录片虽然能够有效达到健康传播效果，引导公众新的价值取向，引发公众共情，但是作为健康传播的理论维度依然是需要深入探讨的问题。首先，作为多学科交叉的健康传播研究，医疗类纪录片如何引发受众共情，其元认知的维度如何，依然是需要破题的内容。其次，新媒体技术驱动的媒体融合趋向，虽然呈现了多媒体形态的多元健康传播方式，有利于公众获得知识科普，建构符合大众传播趋势的健康传播知识图谱，但是多元化的新媒体技术取向也在一定程度上消解了健康传播的媒介公信力，受众容易在信息富裕的网络世界中误读或误解健康传播的知识谱系。再次，新媒体技术引发的后真相信息传播方式，导致信息传播在客观真实的基础上，同时也具备了信息传播者的态度和情绪，甚至在极端的情况下，信息传播者的态度和情绪会替代信息传播的客观真实，因此也需要重新认知后真相时代健康传播的信息本质。

同时，有学者梳理当前国内外健康传播研究的理论路径，发现基本上是围绕健康传播的效应维度和社会维度两个层面展开。[7]健康传播的效应维度包括健康信息的认知与接触、健康观念的形成与变迁、健康行为的养成与强化三个方面。健康传播的社会维度包括微观层面的个体性因素、中观层面的群体性因素以及宏观层面的社会性因素等三个方面对健康信息加工与传播的影响。然而对于健康传播的理论框架和常用理论模型则比较宽泛，比如健康信念模型、社会认知理论、理性行为理论、创新扩散模型等，在健康传播理论研究中尚未形成主导性的研究框架及模型。当前新兴信息技术如大数据、人工智能、物联网等的兴起，信息传播方式趋向智能化传播，加之新媒体技术引发的后真相信息传播方式，认知、态度和情绪引发的信息传播行为越来越影响传播效果，基于媒介心理学的共情传播逐渐获得关注与应用，[8]成为应用传播学的重要理论场域，作为应用传播学的重要范畴，健康传播越来越倾向于从效应维度的层面使用共情传播理论观察社会现象。

共情（Empathy）最初是德国哲学家罗伯特·费舍尔（Robert Vischer）用德语（Einfühlung）首先创造使用的美学概念，是指人们在欣赏艺术作品时引发的情绪。从起源上看，共情并非是描述人际关系的心理学术语。直到英国心理学家爱德华·铁钦纳（Edward Bradford Titchener）用英语单词Empathy替代德语并引入心理学领域后，共情逐步成为解释人们心理现象的术语，此后美国人本主义心理学代表人物卡尔·罗杰斯（Carl Ranson Rogers）赋予共情以理论性建构："共情指个体体验他人的精神世界如同体验自身精神世界一样的能力，包括换位思考，进而因为换位思考所产生的情感和非情感反应。"[9]美国哈佛大学媒介心理学家亚瑟·乔拉米卡利（Arthur Ciaramicoli）认为共情不仅仅是情感反应能力，更是一种行为能力，"共情是理解他人特有的经历并相应地做出回应的能力"。[10]而且共情作为能力是人类与生俱来的，"共情能够让一个人对另一个人产生同情心理，并做出利他主义的行动。一般认为，共情是人类根源于基因的一种天赋：共情不是一种情绪，也不是一种感受，而是人类与生俱来的一种能力"。[11]同时共情是客观的，是一种人们在沟通中形成的感知和行为能力，"共情是一个人在深思熟虑之后做出的响应，而不是一个泛化的、普遍的由推论得来的当即反应"。[12]当前共情也成为媒介心理学的重要关注对象。浙江大学传播学者吴飞教授认为当理解受阻，共识难达时，人类应该首先建立一种与他者共在的理念，并努力发展共情的关爱，建构人类命运共同体，"通过沟通提升共情力"。[13]

信息沟通构成人们日常生活的互动仪式链，相互关注与情感连带是人们日常生活的基本仪式。在很长的历史时期内，因为地理环境导致的交通阻碍，其涵盖了器物、制度和文化层面的交通阻碍，社会交往在语言、传播技术等多方面都处于隔绝的状态，这种隔离造成人们在社会习俗、意识形态、宗教观念、政治制度以及行为习惯等方面都存在非常大的差异，容易导致信息沟通和传播的"恐惧、敌视、偏见和误解"。[14]当今新媒体的迅猛发展打破物理世界的时空界限，一定程度上缓解了因为物理环境隔绝引发的信息传播偏见，这同样也对健康传播带来新范式的转向。一是冲击中国传统健康传播重知识科普宣讲、政治色彩偏浓和单向传播的特征，使之呈现为多元化、立体化、可视化的交互对等的传播形态。二是改变健康传播的知识图谱重客观事实、轻情感偏向的传播方式，转为情感共频和体悟的共情传播。事实上信息传播并非纯理性的，恰恰是与社会性的情感、偏好以及情绪紧密相依的，而新媒体技术引发的后真相信息传播更是放大信息的情感驱动力。按照美国著名未来学家杰里米·里夫金（Jeremy Rifkin）在其畅销著作《同理心文明》中解答的，新媒体驱动情感的"第一个动力便是一种具有共情作用的归属感，现代人（智人）正让步于同感人（共情人）"。[15]医疗类纪录片的涌现、兴起与发展，归根结底也是纪录片以共情叙事引发社会同理心，通过个体的故事化叙事产生换位思考，引发共情并扩展为群体的共鸣，如《人间世》总负责人周全导演在采访中强调的"《人间世》不仅是一部医疗纪录片，同时还通过医疗故事讲述中国人的情感关系和处世之道"。[16]三是新媒体技术驱动的社交化媒体转向引起的健康传播风险。技术驱动的新媒体引发了新的健康传播范式，使得健康传播效果更胜以往，但在充斥着海量信息的社交媒体时代，信息孤岛效应则成为健康传播的风险之一，健康信息的生产与发布有时会淹没于信息海洋中，导致受众无法及时关注有效信息，信息注意力被消解和稀释，健康传播面临信息主体"虚化"、信息内容"泛化"和信息效果"弱化"的困境。与之相反的是以往过于强调传播效果的恐惧传播策略成为健康传播的另一风险。健康传播在策略上是一种说服策略，社交媒体引发的多信息源和信息繁杂导致"注意力信息"盛行，为了实现较好的传播效果，即使是高度依赖专业权威的健康传播在传播策略上也经常采取恐惧传播的策略，通过恐惧性心理诉求、警示性话语标识、夸大性视觉传达的方式实现传播效果。然而在一定程度上忽视共情的恐惧传播虽然会产生效果，但容易触发受众的防御性逃避机制，甚至会对健康传播的信息采取消极抵抗和故意漠视的态度。总之，新媒体环境中的健康传播需要重塑传播范式和策略，需要以共情的视角，以真实的故事化场景，客观真实地记录环境及真人真事，引发情绪共情。如《人间世》（第一季）成立了8个摄制组，在上海的22家医院蹲点两年进行实况拍摄，使得镜头语言中的医患关系清晰完整，细节流程到位，采用平视对等的旁观者视角，医患关系立体真实，有血有肉。

三、共情视阈中的健康传播路径

作为媒介心理学的重要关注领域和健康传播的效应维度，共情传播逐步成为重要的理论分析框架。除了新媒体技术引发健康传播范式转向这一因素之外，科学也证明了人类的共情是一种无意识的心理活动。美国心理学家马丁·霍夫曼（Martin Hoffmann）称之为"情感共情"，是一种不由自主的共情，是"当一个人感受到另一个人的痛苦时，这一过程往往不是有意识选择的结果"。[17] 瑞典心理学家乌尔夫·丁伯格（Ulf Dimberg）相信这种共情并非"我们'决定'要他人感同身受，而是'自然而然'地感同身受"。[18] 美国伦理学家迈克尔·斯洛特（Michael Slote）认为共情是无法取消的，它是一种习以为常的、长期的、在某种程度上不由自主的状态，"这种不由自主的共情在他的道德情感主义中起着最重要的作用"。[19] 这种情感共情，科学家认为是人类的"镜像神经元"（Mirror Neuron）在起决定性作用。镜像神经元提供内在的模仿网络，可以重构心理和情绪的场景。美国神经科学家马尔科·亚科博尼（Marco Lacoboni）认为："得益于大脑内某一小群被称为镜像神经元的特殊细胞，令我们在精神上、情感上与其他人相互联结。毫无疑问，镜像神经元有史以来第一次为复杂的社会认知和互动提供了看似可信的神经生理学解释。"[20] 人类"镜像神经元"引发的无意识性共情行为，意味着在新媒体技术发达的社交媒体环境下，健康传播如果可以找寻到有效的媒介路径和载体，就可以产生显著的传播效果。2014年以来医疗类纪录片的兴起、发展和广受关注与好评，显然为这一媒介进路提供了分析样本。本文以现象级医疗类纪录片《人间世》为典型文本，该纪录片播放以来深受关注，热度不减，豆瓣评分持续维持9.6的高分。本文通过纪录片研究常用的文本分析法和内容分析法，对2016年开播的《人间世》（第一季）、2019年开播的《人间世》（第二季）和2020年开播的《人间世》（抗击疫情特别节目）进行样本分析，沿着共情传播包含的"情绪传染"（Emotional Contagion）、"观点采择"（Perspective Taking）和"共情关注"（Empathic Concern）三个部分的路径，探讨共情视阈中的健康传播路径问题。

健康传播的情绪传染路径。情绪传染是个体感知他人情感处境和情绪状态时，会不由自主产生情感的唤醒，并形成相似的情绪体验。美国社会心理学家丹尼尔·巴特森（Daniel Batson）认为情绪传染是属于"对他人内心状态的了解"和"可以感受他人的感受"这两种共情现象。[21]医疗类纪录片《人间世》对于情绪传染主要通过平列与渐进串联的叙事结构和"沉浸式"的叙事方式呈现效果。叙事结构是纪录片叙事的具象表达，是创作者呈现审美感知和情感效果的主要方式，常用的纪录片叙事结构主要是平列式叙事和渐进式叙事两种方式，平列式叙事强调故事板块化，渐进式叙事强调故事逻辑关系。《人间世》则采用了两种叙事方式串联的叙事结构，如《人间世》（抗击疫情特别节目）总共6集，以上海援鄂医疗队的百名医护人员与新冠肺炎病人的救治故事展开，内容情节以板块为单元，各板块之间虽然相对独立，但实际上都围绕医患之间抗击疫情这个中心，形成密切的共生逻辑关系。从宏观上看《人间世》采用了平列式叙事结构，但实际上在微观层面，作品围绕不同角色展开的故事由不同片段拼接，形成各个小单元，各单元之间也形成线索关系，呈现出故事渐进式的叙事结构。这种串联的叙事结构不仅在故事广度上得以延伸，在故事深度上也更加立体，从而引发受众的延伸性感知和情感共鸣。"沉浸式"叙事方式是《人间世》共情传播的另一特征，纪录片通过医生、病患在医院的真实场景再现，营造真实和沉浸的临场感。《人间世》（第一季），摄制组4位导演组成8个制作小组，在上海22家医院蹲点拍摄2年，以沉浸式的拍摄方式24小时追踪记录医患生活，以田野调查的方法真实记录及剪辑。《人间世》（第二季）采取同样的方式，利用2年的周期，9个摄制组50多名工作人员跟踪记录216小时的素材，记录200多个发生在医院真实的人物和故事。《人间世》（抗击疫情特别节目）更是在新冠肺炎疫情期间，摄制组团队冒着极大的风险蹲守在武汉金银潭医院、雷神山医院等抗疫重点区域进行跟踪拍摄，第一时间展示了上海援鄂医疗队百余名医护人员鲜活的抗疫故事，体现出显著的临场感和贴近性。这种以实景空间医院作为故事生成场所的影片，完美地承载作品价值和意义，使受众特别容易感同身受，就如丹尼尔·巴特森理解的"共情能搭建起自己同他人之间的情感体验以及与他人幸福感的普遍联系，它是助人行为的源泉。个体的共情水平越高，其帮助、分享等利他行为就越多"。[22] 就像《人间世》（第二季）导演秦博理解的，把镜头对准医院及医患关系，抛开医生和病人的身份，他们都是人，医院是寻找人性故事最好的地方。

健康传播的观点采择路径。观点采择也称换位思考，是自我从他者的角度或者他人所处的情境认知、想象、猜测或者理解他者的情绪和态度的心理过程，是一种设身处地的共情认知方式。按照丹尼尔·巴特森对于共情现象的区分，观点采择属于"可以站在他人的角度想象他人的感受""想象如果自己处在别人的视角上会产生怎样的感受""可以与身处痛苦中的人产生共鸣，是一种他人取向的感受"的共情现象。[23] 观点采择引发的换位思考，使得"理解"成为医患关系的共情认知。如《人间世》（第一季）第一集邹磊家属表现得非常理解医生，积极提供病史信息，主动与医生沟通，在同期声里一直对医生表达"一切听你们的"，"有什么好药尽管使"，就算最后病人还是离开人世，依然对医生表达了理解和感谢。这有利于消解媒介对医生进行"脸谱化"和"污名化"报道所带来的负面影响以及纠正病患及家属"暴力者"或"受害者"的片面形象。此外，本文采用内容分析法，对《人间世》（第一季）全集10部作品中表达医患关系情感态度的词语和词频进行了编码：医生表达情感态度的词语计32个，如顾虑、救命、为难、尽力、信心、感谢、理解、无奈等。通过对词频的统计分析发现（见表2-1）："理解""希望"和"感谢"是医生最想表达的情感，当然"风险"和"困难"也是医生表达的情绪，这也说明当前医患关系确实还是一个等待深入解决的问题。

表2-1 《人间世》（第一季）医生表达情感态度多频词统计表

情感态度	词频／次	情感态度	词频／次
救命	5	风险	9
拼搏	3	希望	7
尽力	4	努力	6
求信任	3	信心	3
压力	2	机会	6
感谢	7	理解	10
困难	6	成就感	2

　　患者及家属表达情感态度的词语计36个，如不后悔、希望、救命、保佑、相信、感恩、抱怨等，通过对词频的统计分析发现（见表2-2）："感谢"和"希望"是患者及家属最想表达的情感，这也显示了其实医患关系在观点采择路径上其实都是换位思考、设身处地的，从另一层面也展示了共情作为健康传播路径的价值。

表2-2 《人间世》（第一季）患者及家属表达情感态度多频词统计表

情感态度	词频／次	情感态度	词频／次
不后悔	3	救命	3
希望	14	回家	6
相信	7	痛苦	8
信心	4	感谢	25
坚强	5	担心	3
紧张	4	难过	4
勇敢	3	理解	2
开心	6	不满	1

健康传播的共情关注路径。共情关注是指个体有帮助他人的心理动机。丹尼尔·巴特森认为共情关注是"动作模仿，即采取与他人的姿态或表情相匹配的动作以相回应"的共情现象。[24] 共情关注对于健康传播而言就是要抓住当前社会在健康信息生成和发布上的关注点，能够引发社会的共鸣与探讨，进而产生回应动机。因此，议题选取是共情关注的基础要素，只有通过精准化的选题挖掘，以社会普通认知和能够感同身受的议题作为故事素材，才会在内容生产上达到事半功倍的效果，进而引发社会热议和共鸣。《人间世》就是通过选取深刻多元的社会议题，以医患关系为主题，利用故事化叙事的结构和方式，把社会广为人知的、贴近日常生活的病症作为议题选取的主线，通过情感化的语言表达引发共情关注。如《人间世》（第一季）10集，十个主题，包含：救命、理解、团圆、告别、选择、信任、新生、坚持、爱、回到起点。《人间世》（第二季）依旧是十个主题，包含：烟花、生日、呼吸、命运交响曲、抗癌之路、笼中鸟、往事只能回味、儿科医生、浪潮、暴风雪。《人间世》（抗击疫情特别节目）6集，以抗疫为核心主题，包含：红区、相逢、雷神山纪事、脸庞、武汉来信、防线。就如制作方负责人上海广播电视台副台长、上海广播电视台融媒体中心主任宋炯明强调的《人间世》"我们想表达的东西始终是一致的，就是有温度、有情感、有善意，在传达痛苦的时候给人以希望"。[25]

结语

信息技术驱动中的新媒体环境，使得信息传播趋向社交媒体化，产生后真相的信息生产方式，情感和态度成为信息传播的基本属性之一，基于媒介心理学的共情传播去观照健康传播的发展路径，显然是当前健康传播重要的效应维度。当然共情作为健康传播的效应维度并不意味着情感和情绪变成了健康传播的唯一路径，或者说共情传播就像为健康传播找到了一个天然的认知圣杯一样，一劳永逸地解决了健康传播的路径问题。事实上，共情传播只是为健康传播找到了一种媒介进路而已，只是提供了一种传播策略。首先，共情并不是一成不变的，它因对象和情境而变化。就像加拿大著名认知心理学家史蒂芬·平克（Steven Pinker）理解的："共情，作为道德意义上的同情心，不是我们大脑中镜像神经元的机械动作。共情像装有开关一样，可以被开启，也可以被关闭，甚至可以转变成反向共情，即看到某人受难而感到高兴，或看到某人高兴而感到难过。"[26] 其次，健康传播也并非仅仅是通过共情实现传播效果。从本质上讲，健康传播是科学传播的重要组成部分，它更多强调的是专业知识的大众化传播，对真理和科学知识的坚守才是健康传播的基本规则。中国人民大学传播学者胡百精认为："健康传播的合法性、对话的价值首先来自其科学性。"[27] 健康知识脱离科学本质，而仅仅通过话语修辞、情绪等方式建构是不符合健康传播本质意义的。最后，健康传播的经典模型KAP模型依然是解释健康传播的经典理论。"知识-态度-行为模型"（KAP Model）是英国著名健康教育家柯斯特提出的经典理论，认为"健康知识和信息是人们形成积极、正确的健康信念和态度的基础，而正确的健康信念和态度则是行为改变的动力。"[28] 因此"知识传达"到"态度改变"再到"行为达成"的顺序构成健康传播的理论路径。虽然信息技术引起的媒介环境变迁对经典模型的解读造成一定的局限，但并未在根本上改变经典模型的解读路径，其依然是健康传播的经典路径，共情传播的"情绪传染""观点采择"和"共情关注"路径只是提供一个必要的补充。

（作者：何海翔，教授，博士，浙江越秀外国语学院网络传播学院院长，主要从事网络政治与影像传播、网络舆情处置与引导、传媒教育与管理的教学和研究工作。）

参考文献

[1] KUMAGAI A K. A Conceptual Framework for the Use of Illness

Narratives in Medical Education［J］. Academic medicine: journal of the Association of American Medical Colleges, 2008, 83（7）: 653-658.

［2］张自力.健康传播研究什么：论健康传播研究的9个方向［J］.新闻与传播研究，2005（3）: 42-48+94.

［3］ZORN M.Health Communication: A Review of Books Since 1990 ［J］.Communication Booknotes Quarterly, 2001, 32（3）: 149-170.

［4］王积龙.健康传播在国际学界研究的格局、径路、理论与趋势 ［J］.上海交通大学学报（哲学社会科学版），2011, 19（1）: 51-58.

［5］WALLACK L, DORFMAN L, JERNIGAN D, et al. Media Advocacy and Public Health: Power for Prevention［M］. Newbury: Sage Publications, 1993: 266.

［6］吴红雨，江美仪.重塑中的医生与患者媒介形象对公众医疗认知的影响：以《人间世》等四部纪录片为例［J］.新闻大学，2020（1）: 86-100+128.

［7］喻国明，潘佳宝，Gary Kreps.健康传播研究常模：理论框架与学术逻辑——以"HINTS中国"调研项目为例［J］.编辑之友，2017（11）: 5-10.

［8］吴飞.共情传播的理论基础与实践路径探索［J］.新闻与传播研究，2019, 26（5）: 59-76+127.

［9］MEANY J, ROGERS C R, DORFMAN E, et al. Client-Centered Therapy: Its Current Practice, Implications and Theory［J］.The American Catholic Sociological Review, 1951, 12（2）: 127.

［10］乔拉米卡利.共情力：你压力大是因为没有共情能力［M］.耿沫，译.北京：北京联合出版公司，2017: 3-4.

［11］乔拉米卡利.共情力：你压力大是因为没有共情能力［M］.耿沫，译.北京：北京联合出版公司，2017: 3-4.

［12］乔拉米卡利.共情力：你压力大是因为没有共情能力［M］.耿

沫，译.北京：北京联合出版公司，2017：3-4.

［13］吴飞.共情传播的理论基础与实践路径探索［J］.新闻与传播研究，2019，26（5）：59-76+127.

［14］吴飞.与他人共在：超越"我们"/"你们"的二元思维——全球化时代交往理性的几点思考［J］.新闻与传播研究，2013，20（10）：5-20+126.

［15］里夫金.同理心文明［M］.蒋宗强，译.北京：中信出版集团，2015.

［16］田玲玲.热播纪录片《人世间》导演：生命以痛吻我，我却报之以歌［N］.南方都市报，2019-01-23（14）.

［17］HOFFMAN M L. Empathy and Moral Development: Implications for Caring and Justices［M］.Cambridge: Cambridge University Press，2000：278.

［18］德瓦尔.共情时代：一种机制让"我"成为"我们"［M］.刘旸，译.长沙：湖南科学技术出版社，2014.

［19］SLOTE M. Moral Sentimentalism［M］.London: Oxford University Press，2010：17.

［20］希科克.神秘的镜像神经元［J］.食品界，2017（1）：91.

［21］陈立胜.恻隐之心："同感"、"同情"与"在世基调"［J］.哲学研究，2011（12）：19-27+124.

［22］BATSON C D, BATSON J G, TODD R M, et al. Empathy and the collective good: Caring for one of the others in a social dilemma［J］. Journal of Personality & Social Psychology, 1995, 68（4）：619-631.

［23］陈立胜.恻隐之心："同感"、"同情"与"在世基调"［J］.哲学研究，2011（12）：19-27+124.

［24］陈立胜.恻隐之心："同感"、"同情"与"在世基调"［J］.哲学研究，2011（12）：19-27+124.

［25］澎湃新闻.《人间世》第二季元旦开播：记录痛苦，传达希望

［EB/OL］.（2018-12-28）. https://baijiahao.baidu.com/s?id=1621072367593057274&wfr=spider&for=pc.

［26］平克.人性中的善良天使：暴力为什么会减少［M］.安雯，译.北京：中信出版社，2015：366.

［27］胡百精.健康传播观念创新与范式转换：兼论新媒体时代公共传播的困境与解决方案［J］.国际新闻界，2012，34（6）：6-10+29.

［28］张自力.健康传播学：身与心的交融［M］.北京：北京大学出版社，2009：40.

疫情危机倒逼中国制造供应链精益化与数字化的协同创新

——系统动力学的视角

白冰峰　刘　音　方　丽

[摘要] 改革开放40多年来，中国主动顺应经济全球化，坚持打开国门搞建设，实现了从封闭、半封闭到全面开放的历史性转折。然而，伴随着进出口贸易不断扩大所带来的经济增长红利，我们面临的全球化危机和风险也随之增大。2020年伊始，新冠肺炎疫情全球性暴发的背景下，世界各国纷纷采取封城、停业、停学等非常规手段，使得供给端和需求端遭受双重打击。全球旅游、餐饮、航空、教育等多个行业在此次疫情中都经受了巨大冲击，中国制造行业也未能幸免。后疫情时代，探讨并正确回答诸如"中国制造企业如何自救？'世界工厂'是否能够逆风翻盘？如何把疫情化危机转化为中国制造的发展动力甚至转型机遇？"等问题显得尤为重要。基于此，本文以供应链精益化与数字化协同创新为立足点，从系统动力学的角度为中国制造业化解当前困境并长足发展提供一定思路。

[关键词] 疫情危机　供应链数字化　供应链精益化　协同创新　系统动力学

引言

突如其来的新冠肺炎疫情危机致使全球企业遭遇重创，半数以上的中小企业受到生产威胁，大批企业破产倒闭，中国制造行业也受到剧烈冲击。面对疫情，作为制造企业的核心运营流程，供应链管理在传统人治的管理模式下，效率水平低下，尤其是在数字化创新能力发展不足的前提下，我国制造业的前途危机重重。因此，欲求破局必须加速推动制造行业的供应链创新改革力度。2020年4月，国家发改委对新基建的解读在全面助力中国经济复苏和发展的同时，也为制造企业的数字化创新按下加速键[1]。随着中国制造产业发展和世界制造业格局的改变，数字经济一方面将改变生产和管理过程，成为新的经济增长点，另一方面也将在科技创新等方面面临更大的机遇和挑战。

一直以来，制造企业围绕成本、效率和运营流程展开，精益化理念未曾深入人心。面对百年未有之大变局，面对美国等发达国家制造技术的封锁与围堵，面对后疫情时代的形势变化，在数字化创新的趋势基础之上，重提供应链精益化理念，恰逢其时。基于此，本文从制造供应链的精益化与数字化、供应链精益化与数字化的协同创新两方面入手，结合联想集团的案例分析，探讨疫情危机倒逼中国制造供应链精益化与数字化的协同创新问题[2]。

一、文献回顾

（一）供应链精益化的数字化特征

随着经济全球化进程的推进，全球产业分工发展迅速，全球供应链应运形成。然而，疫情之下，如何解决资源的有效供给并优化资源配置以对抗危机，是各国面临的共同问题。面对疫情的不确定性和复杂性，中国制造企业重提精益供应链理念，具有重大的理论与现实意义。精益供应链的本质，正是通过企业组织结构、人员管理、运行方式和市场供求等方面的变革，使运营系统能更快地适应客户需求变化，从而精简运营过程中一切无用、多余的东西，最终达到包括市场供销在内的各方面最优的一种管理方式。供应链精益化并非孤立的、片面的、静态的思想，而是运用系统观点，联系地、全面地、动态地考虑人员、流程、物流与信息的协调作用，将正确的信息在正确的时间传达给正确的对象。简而言之，精益供应链就是降本增效，在需要的时候，按需要的质、量生产所需产品。

在新冠肺炎疫情这样的公共突发危机事件暴发之前，制造企业对于供应链精益化管理的着力点在于成本的优化，数字化创新只被视为"锦上添花"的降本增效工具。然而，疫情压力彻底扭转了这一重大误区，数字化创新"雪中送炭"的效应凸显，甚至直接关系到行业和企业的存亡。而把握供应链精益化的数字特征，对于实现制造供应链的创新至关重要，其集中体现在精益供应链的信息数字化、系统数字化、流程数字化三方面。

1. 信息数字化

信息在供应链管理过程中不断流动，信息共享是影响精益供应链的主要因素，结合数字化技术实现制造业的流程改造，需要把握精益供应链的数字化特征。其中，供应链系统的物流管理①业务是推行精益供应链数字化改造的根本立足点，主要特征是库存、信息、计划过程中的数字化创新。以零库存模式举例说明，零库存的物流管理模式是供应链精益化的核心体现，随着中国制造由粗放式的野蛮生长转向内生性的精细管理，数字化背景下的零库存需要整个供应链的协调。供应商按照核心企业的需求按时按量发货，核心企业根据市场需求和销售信息的反馈制订生产计划，销

---

① 物流管理业务是指广义物流管理，即供应链环节物料的流动管理。

售商反馈销售信息和售后服务信息，通过市场需求拉动生产，从而降低库存至零，进而提高供应链反应速度。

2. 流程数字化

精益化供应链的流程主要包括供应链的全流程管理、生产计划与控制以及质量管理三个方面，共同形成相互交叉作用的精益化数字化体系。其中，供应链的全流程管理包括供应商管理、供应链物流管理、订单管理和销售管理；生产计划与控制包括产品设计、生产计划、现场优化、看板管理以及人员设备的管理和调配。大数据时代下，精益供应链要求上游的供应商、核心企业和下游的销售商在实现信息协调共享的基础上，更进一步力求数字化、智能化，从而实现上下游的无缝衔接。对于中国制造而言，精益供应链离不开生产计划的控制，这就要求科学合理地组织企业内部的生产活动，包括快速的产品设计和计划排产、柔性化的设施规划、看板式生产和仓储物流优化，并需结合供应链管理实施JIT（Just In Time，准时制），以最优品质、最低成本和最高效率对市场需求做出最迅速的响应。

3. 系统数字化

制造行业的供应链系统以核心制造企业为主体，采用C/S结构[1]开发供应商管理和评价模块、产品开发和生产管理模块、订单跟踪模块、销售分析管理模块，并实现与供应商的生产计划与库存模块、企业的生产库存模块和分销商的仓储模块数据的集成和交换。供应链各节点企业可通过供应商关系管理（SRM）系统、生产过程执行系统（MES）、运输管理系统（TMS）查询相关信息，其企业资源计划（ERP）系统信息的变更也会自动映射并更新对应系统的信息。企业级别的数字系统以企业精益生产活动

---

[1]　C/S结构是一种软件系统体系结构，服务器-客户机，即Client-Server(C/S)结构。C/S结构通常采取两层结构。服务器负责数据的管理，客户机负责完成与用户的交互任务。这种结构是将需要处理的业务合理地分配到客户端和服务器端，可以大大降低通信成本，但是升级维护相对困难。比如我们手机中安装的微信、qq、王者荣耀等应用程序就是C/S结构。

为立足点，在企业内充分构建其精益生产所需要的数字网络以满足信息需求，使精益生产所必需的信息在任何时候任何地点都能及时准确地获取。精益供应链的数字化网络是以 ERP 系统为中心，由多个信息子系统通过数据集成共享而构成的环形网络，信息子系统根据精益生产的需要以模块的形式开发，根据需要与 ERP 适度集成后实现某一特定功能及信息的交互。ERP 系统，本质来讲是一种管理思想，即通过标准化的作业流程，统一管理企业资源，提高业务处理能力，从而减少重复的人力和时间浪费，这与精益生产的思想是一致的。

（二）精益供应链的数字化实现

将精益供应链的数字化需求通过系统实现，使精益供应链需要的信息在数字化网络中得到交互和处理更新，实现信息快速准确地传达至用户，从而有力支持库存、缺陷的最小化和柔性最大化。根据精益数字化需求的不同特点，建立供应链级别和企业级别的两层数字化系统网络。其中，供应链级别的管理是一项复杂的系统工程，需要供应链上的相关企业紧密合作和长期协调运作，以建立供应链统一调度的优化平台，再利用精益信息的共享实现供应链信息流的快速更新、流动和查询，实现供应链整体物流成本最小。按照精益供应链的拉动式思想，以顾客的个性化需求为驱动，将需求和销售信息反馈到核心制造商，制造商将需求快速转化为生产计划，并根据供应商可用库存选择供应商发出订单，供应商得到订单后即刻组织生产。

精益供应链的数字化体系，以供应链管理（SCM）为平台，将供应链上各节点企业的 ERP 系统或其他相关系统进行数据集成，从而共享供应链节点企业的生产计划、可用库存、需求库存和市场需求等信息，推动需求、订单、计划、库存等精益信息在 SCM 平台上的无滞流动。同时，为了减少停机损失，采用全面设备维护系统加强生产设备的日常使用和维护。ERP 系统是 SCM 的核心模块和立足点，是企业级信息系统的平台，因此要构建精益生产的信息体系，则需做到ERP系统先行。待供应链各节点企业ERP系统的关键模块成功上线后便可开始开发SCM系统，并在开发过程中充分考虑供应链上主要供应商和分销商的数据集成问题。

此外，制造企业可以充分发挥产品生命周期管理（PLM）系统，通过对产品生命周期的分析来实现产品信息的创建、管理、分发和使用，来集成和管理相关的技术与应用系统，使用户可以在产品生命周期过程中协同地开发、制造和管理产品。客户关系管理（CRM）系统通过满足客户个性化的需要以提高客户忠诚度，实现销售周期的缩短、销售成本的降低、收入的增加、市场的拓展以及企业赢利能力和竞争能力的全面提升。同时，CRM可以通过客户反馈的销售信息分析市场最新的需求变化，以抑制牛鞭效应，达到在源头上控制无用库存最小化的目的，最终能及时获得市场最需要的订单。

二、方法论与建模思路

（一）方法论：系统动力学

系统动力学（SD）强调反馈系统的多回路、多阶段、非线性特征，"能够组织描述性信息，保留真实过程中的丰富性，并建立在管理者经验知识基础上，能够揭示不同政策选择后的各种动态结果"，因而能为管理模型提供有效的思维体系，并被作为理解复杂系统结构和动态行为特征的有效方法与手段。[3-4]企业可持续竞争优势决定企业成长潜力，其演化遵循自身内在的成长逻辑，具有生成性特征。[5]系统动力学的独特优势在于：模型的结构以反馈环为基础，当系统存在多重反馈时，系统行为模式对大多数参数并不敏感，此时数据不足虽然给参数估计带来困难，但只要估计的参数落在模型的宽度范围之内，系统行为仍然表现出相同的模式。[6]

（二）建模思路

制造企业运营数字化实施的过程即精益供应链再造的过程。实施数字化建设之前需要做大量的需求调研工作，通过价值流图分析企业的价值流向。在这个过程中，信息的迂回流动、臃肿的组织结构、复杂多余的工作流程及大量非增值活动就会暴露出来。

我国现阶段的大部分供应链体系仍处于传统状态，受限于传统经济思维、认知和知识的制约而陷入协同阻滞。其根源就在于，传统供应链协同大都依赖于"供给驱动—需求驱动"，而技术创新驱动相对不足。普遍的观点认为，这是一种外源性、诱致性驱动，具有被动性特点。因此，如何破解和消除传统供应链协同阻滞，必须促进驱动转型，也就是由外源性供求驱动向内源性数字经济驱动转型，用数字化赋能引领传统供应链变革。这也是实现供应链精益化、数字化协同创新的根本路径。建模思路如下（见图2-2）。

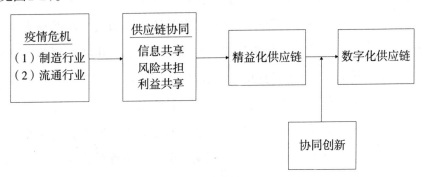

图2-2 基于数字化特征的精益供应链演化过程建模思路

三、供应链精益化与数字化的协同创新

2015年5月8日，国务院正式印发《中国制造2025》，推行数字化、网络化、智能化制造。[7] 而要实现这一十年规划目标，必须依托精益化与数字化供应链，建立供应链协同。同时，要做到与时俱进、因地制宜，不断推动精益化与数字化协同创新。本文认为，实现精益供应链的数字化协同创新是一个阶段性的进化过程，是从制造行业供应链协同到精益供应链协同的创新，再到供应链精益化与数字化的协同创新，最后达到"三步走"战略的稳健迭代。

（一）供应链协同

供应链协同是供应链中各节点企业实现协同运作的活动。供应链管理打破了企业的边界，将供应链上的各个信息孤岛连接在一起，形成完整的业务链，供应链协同则加强了企业间的合作关系，建立了企业间一种双赢的业务联盟，以共同追求利润的最大化。

供应链协同有三层含义：①组织层面的协同，由"合作—博弈"转变为彼此在供应链中更加明确的分工和责任"合作—整合"；②业务流程层面的协同，在供应链层次即打破企业界限，围绕满足终端客户需求这一核心，进行流程的整合重组；③信息层面的协同，通过互联网技术实现供应链伙伴成员间的信息系统集成，实现运营数据、市场数据的实时共享和交流，从而实现伙伴间更快、更好地协同响应终端客户需求。数字化创新技术为供应链各节点企业之间的信息沟通、业务协同提供先进的技术平台。企业内部通过数字化平台进行信息处理，实现各项业务之间的协同，企业之间通过电子商务实现供应链业务流程的协同。只有实现了供应链协同，整条供应链才能够实现更快的响应速度、更具有前向的预见性，也才能更好地共同抵御各种风险，以最小的成本为客户提供最优的产品和服务。

（二）精益供应链协同的创新

供应链协同创新是一个开源、开放、敏捷、融合的创新体系，即对供应链体系中的各个分形系统进行空间、时间、功能、结构以及流程等重组重构，实现"同步—关联—合作—竞争—协同"的溢价增值作用。供应链管理过程中，一些人工的非标准工作也因数字化的创新而被要求进行标准化工作，所以数字化进程始终伴随着企业流程的重组（BPR）而进行，许多平时不易发现的企业浪费也被数字化的优化过程挖掘出来并消灭[8]。而工艺流程的标准化细分将降低人工培训成本。精益供应链将每一个流程分解细化为更简单的标准操作规范，工序通过细化的标准操作更柔性化地组合，以达到劳动力和设备的柔性。与此对应，数字化体系的构建也是管理思想的变革，企业应以数字创新工作为契机，向员工传递供应链精益化与数字化协同创新的思想。基于精益思想的供应链数字化工作带来的不是工作流程基本的简化或优化，而是使员工的工作最有效和最高效。坚持不懈地消灭浪费，就是不断地盈利。每一个员工都处于质量生成的质量螺旋环中，应意识到自己的工作对产品质量所产生的影响。

疫情之下，供应链协同价值凸显。疫情将迫使企业调整供应链模式，由原来的单一供应链转变为多维供应链，而集中采购也可能变成分散和小批量采购，以增加供应链的抗风险能力和柔性化。本文认为，建立与完善供应链应急机制，关键是要提升供应链协同能力。此外，建立与完善供应链应急机制必须要具备全球视野，要立足于全球供应链的现状。另外，数字化是建立供应链应急机制的一个重要工具，因此应加快供应链数字化的升级步伐。这次抗击疫情的成功经验就充分体现出数字化供应链响应的重要性，关键能在紧急情况下第一时间找到货源、及时采购并及时供应。

（三）供应链精益化与数字化的协同创新

随着数字技术的迅猛发展，供应链数字化趋势正在重塑企业商业模式。精益化、数字化协同并非简单的线性作用过程，而是一个具有严密逻辑体系、内涵丰富、有序演化的复杂系统性过程。数字经济驱动的本质特征就在于通过"互联网+""人工智能+"为供应链协同创新赋能，不断增强面向现代复杂性经济的敏捷性、适应性和协调性。因而，实现供应链的精益化与数字化协同创新，就需要从新技术迭代、知识构建、管理变革、平台支撑、有效治理等方面共同发力（见图2-3）。

第一，疫情危机→数字化平台建设→系统数字化→加速供应链响应程度→供应链运作效率→实现供应链精益化管理目标。

第二，疫情危机→数字化平台建设→信息数字化→提升供应链信息透明度→资源调配最大化→实现供应链体系精益化→提升供应链整体效益。

第三，疫情危机→数字化平台建设→流程数字化→提升仓位预测准确度→应对突发事件能力提升→增加企业防范风险能力→产业价值链升级。

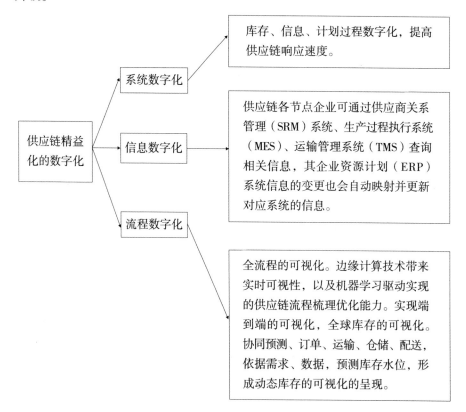

图2-3　基于数字化的精益供应链系统因素关系图

四、案例分析

国内的制造业数字化自20世纪80年代起步，共经历了4个阶段，分别是20世纪80年代初到90年代初的准备阶段、1993年3月至1997年4月的启动阶段、1997年5月至2000年10月的展开阶段以及2000年11月至今的发展阶段。这期间，我国经历了最初从国企、军工领域开始，重点发展十二项应用系统工程，到现在推广至各行各业、各种资本性质企业的演变，且信息系统也随之深化，逐步迈向精细化。

联想集团成立于1984年，主要生产台式电脑、服务器、打印机、主板等产品，目前已经成为一家在通信产业内多元化发展的大型企业集团，是全球电脑市场的领导企业之一。但1990年底联想曾遭遇困境，由于业务发展较快，原有粗放、线下的管理方式令CEO柳传志一度力不从心。当时，国内企业信息系统的应用刚刚起步，缺少成熟的产品，也没有太成熟的经验可以借鉴，只能是"摸着石头过河"。联想在信息化进程的初期，其信息系统可以用"分散、孤立"来形容，业务部门根据各自的需要陆续建立了40多个系统，但是各系统之间缺乏信息交互，供应链管理数据并没有及时、有效流通，使得信息孤岛严重，难以实现集成化。

疫情之下，面对困境，联想集团拿出了置之死地而后生的勇气，决定彻底打破原来的信息化建设模式，实施精益化供应链（见图2-4），重塑数字化管理。具体而言，联想实施以ERP系统为控制中心的数字化建设，对现有系统进行全面升级改造。经历了坎坷的改革之路后，以ERP系统为控制中心的数字化系统逐步替代了联想原来的信息系统，并打通了信息孤岛，使信息系统的应用达到了管理的高度。随着数字化系统的深入应用，联想收获丰厚。供应链数字化与精益化的建设效果，不仅提高了效率，更重要的是通过信息收集、数据分析，减少了供应链决策中的不确定性和风险，提升了风险防范能力。在推进以ERP系统为控制中心的数字化系统后，联想的平均交付周期、存货周转天数、集团财务月结周期等都大幅降低。随之而来的是企业运营成本的降低以及利润的大幅增长。总而言之，以信息、流程与系统为核心，推动供应链精益化与数字化的协同创新建设，为联想的发展和业绩的可持续增长奠定了坚实基础。

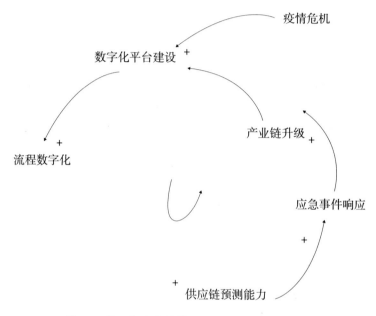

图2-4　基于数字化的精益供应链系统因果关系图

近年来，我国提出大力发展"新基建"，多省市也由此出台了地方版"新基建"投资方案。而"新基建"与联想的3S战略和"端—边—云—网—智"技术架构恰好契合。在"新基建"所包含的七大领域中，联想的业务就覆盖了5G、人工智能、数据中心和工业互联网四大核心技术。数字化的布局不仅给联想带来了巨大的商业利益，也让联想在此次疫情危机下逆势增长。2020年5月20日，据联想集团公布的截至2020年3月31日的19/20财年全年和第四财季业绩数据，联想全年总营收3531亿元人民币，与上一财年同处历史最高水平。税前利润70.9亿元人民币，同比增长19%，创历史新高；净利润高达46.3亿元人民币，同比增长近12%。

五、结论与展望

新冠肺炎疫情下，中国制造企业面临着国内经济动荡、外部需求暴跌、资本流动逆向以及大宗商品暴跌的多层次危机，各种不确定性风险凸显。而企业想要成功逆袭，数字化是必然之路。并且，我国正在大力推进供应链协同创新与应用，企业转型的核心在于促进供应链管理精益化与数字经济的全面融合，即在现有供应链精益管理模式基础上实现数字化协同创新。从发展趋势分析，这应是当前及今后较长时期内供应链变革的根本方向。基于此，本文以精益供应链的主要特征为立足点，分析了企业推行精益生产所需的信息及信息流动的方式，并根据其信息需求建立了精益供应链的两级数字化需求模块。同时，本文还结合当前企业数字化技术和企业应用实际提出了精益供应链的信息网络结构和构建方法，以指导企业精益生产的数字化发展工作。

（作者：白冰峰，上海大学管理学院博士研究生；刘音，淮南师范学院经济与管理学院助教；方丽，南昌大学经济管理学院讲师。）

参考文献

［1］陈琛，林雪萍.疫情会撕开中国制造供应链的防线吗？［J］.中国经济周刊，2020（Z1）：115-118.

［2］黄群慧，贺俊.中国制造业的核心能力、功能定位与发展战略：兼评《中国制造2025》［J］.中国工业经济，2015（6）：5-17.

［3］刘海军，李晴.新基建加速制造业转型升级［J］.当代经济管理，2020，42（9）：26-31.

［4］苏勇.精益制造推进企业流程再造及管理提升案例分析［D］.成都：西南交通大学，2015.

［5］FORRESTER J W. System dynamics: the next fifty years［J］. System Dynamics Review, 2007, 23（2/3）: 359-370.

［6］GREENE K, FORRESTER J W . System Dynamics and the Lessons of 35 Years［J］. Springer US, 1993.

［7］COLLIS D J. Research note: How valuable are organizational capabilities?［J］. Strategic Management Journal, 1994, 15（S1）: 143-152.

［8］齐丽云，汪克夷，张芳芳，等.企业内部知识传播的系统动力学模型研究［J］.管理科学，2008，21（6）：9-20.

传统性别观念、信息传播与女性生育意愿*

——一项基于育龄女性的量化问卷调查

黎 藜 熊 宣 李凤萍

[摘要] 本文旨在探究传统性别观念和不同渠道上的信息传播如何影响适龄女性生育意愿，以及信息传播的不同方式是否会影响传统性别观念与生育意愿之间的关系。本研究于2021年7月对486名适龄女性进行了问卷调查，多元阶层回归分析的结果表明，传统性别观念认同与女性生育意愿呈显著正相关。在信息传播渠道中，人际交流和女性生育意愿呈正相关，而新媒体平台上的新闻关注与生育意愿呈负相关。此外，虽然女性在传统媒体平台的新闻关注与其生育意愿未呈现直接关系，但调节效应分析显示，传统性别观念和传统媒体上的新闻关注对女性生育意愿存在着交互作用。具体而言，对于低传统媒体新闻关注的女性来说，传统性别观念对其生育意愿的影响不是很显著；而对于高传统媒体新闻关注的女性来说，传统性别观念对其生育意愿的影响较大。

[关键词] 女性 生育意愿 传统性别观念 媒体关注 人际交流

近年来，我国生育水平的下降，一定程度上加速了人口老龄化步伐，进而对国家经济、政治、文化、军事等多个领域带来严峻挑战。为了解决

---

* 资助项目：本文系国家社会科学基金项目"西部农村地区健康传播效果与需求研究"（20CXW021）阶段性成果之一。

人口结构失衡的问题、提高生育率，我国从2016年开始正式全面放开二孩政策。但遗憾的是，全面二孩政策在提高生育率上并未达到预期的效果。[1] 2016—2020年我国的人口出生率依旧呈逐年下降的趋势。[2] 第七次全国人口普查数据显示，2020年出生人口数为1200万人，达新中国成立以来除1961年以外最低。[3] 为促进人口长期均衡发展，2021年5月31日中共中央政治局会议决定进一步优化生育政策，部署实施三孩政策。[4] 关于三孩政策在未来的具体走势还尚不明确，但是单纯地放开生育限制可能并不能有效解决生育率下降这一难题，要想了解其背后的原因就离不开对生育意愿的探究。

生育意愿作为预测生育行为的关键指标，指的是人们对于生育子女的态度与期待。[5] 根据计划行为理论（Theory of Planned Behavior）所述，个体行为的发生很大程度上取决于其是否具有实施该行为的意愿。[6] 也就是说，个体实施某项行为的意愿越强，这个行为发生的可能性就越高。因此，对具有较高生育决策权的育龄女性进行生育意愿的研究对于未来的人口战略和政策制定都有着至关重要的意义。[7] 既往研究显示，人们的生育意愿虽然会受到刚性生育政策的影响，但随着社会的发展，生育政策已经不是影响生育意愿的决定因素。[8] 研究发现，影响女性生育意愿的因素还包括生育成本过高带来的家庭经济压力，[9-10] 养育子女过程中的照料负担，[11] 养育子女的教育负担，[12] 晚婚晚育带来的育龄女性规模下降，[13] 传统性别观念发生转变，[14] 养老观念的变迁，[15] 生育对时间和工作的挤压等因素。[16]

总的来看，现有研究主要从人口学、社会学角度出发来研究个体生育意愿，传播学视角存在一定的缺席。在当下信息传播时代，各种各样的社会传播方式（如大众传播、人际传播）都会对人们的认知、观念、态度以及行为产生重要的影响。[17-18] 因此，本研究从传播学的理论视角出发，旨在通过量化的研究方法来探究传统性别观念和不同渠道上的信息传播方式（如传统媒体新闻关注、新媒体新闻关注、人际交流）与适龄女性生育意愿之间的关系。更重要的是，本研究还将在此基础上，进一步探讨这些信息传播的方式是否会对传统性别观念与生育意愿之间的关系产生影响。本研究一方面可以扩展传播效果研究的维度，另一方面也可以从传播学角度对我国生育遇冷现象做出解释，为将来的相关生育政策导向提供借鉴。

一、文献综述

（一）传统性别观念与生育意愿

在我国传统社会，为了巩固男性话语霸权的父权制地位，形成了"男主外，女主内""男尊女卑""男主女从"的传统性别角色观念。这种刻板角色定位使得女性在两性中作为一种附属存在，"贤妻良母""相夫教子""生儿育女""传宗接代"成为衡量中国女性身份的最标准的形象，给女性生育意愿带来了根深蒂固的影响。既有研究证实，女性对传统性别观念的认可度越高，女性的生育意愿越强。比如，麦奎兰（McQuillan）等人研究发现，更传统的性别态度与女性想要生育孩子的数量有关。[19] 胡荣、林彬彬的研究也表明传统性别观念与女性的生育意愿呈显著正相关。[20]

随着男女平等基本国策实施、女性受教育水平提高、女性独立意识增强，传统的性别观念正逐渐让位于现代性别平等观念，在是否生育上，女性拥有了更多的自主决策权。[21-22] 莱斯塔奇（Lesthaeghe）研究发现，提高女性独立性和自主性会降低女性的生育意愿。[23] 维塔利（Vitali）等人的研究也显示，以事业为导向的女性比以家庭为导向的女性的生育意愿更低。[24] 正如马森（Mason）所言，不断变化的观念以文化图示的方式对生育意愿、生育行为产生影响，最终推动了生育率的变化，观念的变化可能比它们所关注的现实更慢或更快。[25] 在我国现有研究中，虽有少数学者关注到性别观念对生育意愿的影响，但总体还不多见。因此，研究女性性别观念变化对于解释我国生育率下降现状具有积极意义。基于既往研究结果，本文提出研究假设：

H1：传统性别观念与育龄女性的生育意愿呈正相关。

（二）新闻关注与生育意愿

信息传播时代，大众传媒已经渗透个体生存的方方面面，成为个体与社会连接的重要纽带。在三胎议题传播过程中，大众传媒不仅承担着议程设置、政策宣传与解读功能，更是公众表达意见、参与政策协商、进行媒介实践的重要场域，影响着公众的认知、态度和行为。国外既有研究显示，大众传媒使用与人们的生育意愿、生育行为存在一定的关系。比如，巴勃（Barber）等人发现长期接触媒体曝光的尼泊尔女性更喜欢小的家庭规模；[26]詹森（Jensen）和奥斯特（Oster）发现，印度有线电视服务的进入将农村地区妇女怀孕的概率降低了4个百分点；[27]高蒂（Guldi）等人通过研究互联网接入与美国青少年出生率的关系发现，信息获取的增加会降低青少年出生率；[28]费拉拉（La Ferrara）等人对巴西肥皂剧的研究也发现电视节目能够降低生育意愿；[29]在孟加拉国，传统大众媒体电视、广播、报纸通过提高普通民众计划生育认知影响生育。[30]

梳理发现，这些研究多关注特定传播渠道对生育的影响，其中又以互联网、电视为主。然而，据《2021数字新闻报告》数据显示，35岁以下年轻人最倾向于通过社交媒体来获取信息，其次是通过网站或者应用。[31]因此，仅仅将研究视角聚集于某一特定渠道是有失偏颇的，忽略了其他信息渠道的作用，尤其是在社交媒体影响日益增加的当下。此外，传统媒体和新媒体在传播方式、受众定位、角色定位等方面有所不同，带来的媒介效果也有较大差异。[32]基于以上研究实践，本文将分别探究传统媒体和新媒体平台上的新闻关注对女性生育意愿的影响，现提出以下研究问题：

RQ1：传统媒体平台上的新闻关注与育龄女性的生育意愿是否存在关系？

RQ2：新媒体平台上的新闻关注与育龄女性的生育意愿是否存在关系？

（三）人际交流与生育意愿

人作为一种社会存在，其对社会的认知更多是基于关系的认知，这种关系认知在解释个体行为上具有关键作用。[33] 既有研究表明，人际交流能够对个体的行为倾向及具体行为发挥重要作用。例如，有研究发现，人际交流在帮助青少年处理其性行为和避孕行为方面有重大影响。[34] 在生育意愿上，人际传播也发挥了重要影响，主要来自家人、朋友等。Bühler等人研究发现人际交流过程与生育决策相关，社会支持会促进女性生育意愿；[35] 靳永爱等人研究也发现父母的干预能够提高女性生育可能性。[36] 茅倬彦和罗昊研究则认为考虑亲友、邻居、朋友的看法的女性倾向放弃自己的生育意愿。[37] 关于人际交流到底对女性生育意愿发挥怎样的影响目前还存在争议，因此，提出以下研究问题：

RQ3：人际交流与育龄女性的生育意愿是否存在关系？

（四）调节作用

目前，我国正处在传统性别观念向现代性别观念逐步过渡的重要阶段，现代性别观念超越了传统性别角色分工，强调两性平等，对于构建和谐两性社会具有正向作用。在这个过程中，信息渠道通过传播男女平等观念、女性技术赋权等手段来助推性别观念转变，推动了性别平等社会实践。有研究发现，新媒体接触在一定程度上能够促进两性平等关系，实现对女性的技术赋权；[38] 韦斯特维克（Westerwick）则发现媒介曝光通过对女性社会角色的描述来弱化或者强化性别角色。[39] 还有学者对农村女性性别意识研究发现，当女性参加社团以及同外村人进行人际交往时，有助于提高其性别意识现代化。[40] 根据以上研究发现，媒介接触和人际交流某种意义上有可能会弱化传统性别观念对生育意愿的影响。为了弄清楚信息渠道在传统性别观念与女性生育意愿关系中究竟扮演什么角色，本文提出如下研究问题：

RQ4：信息传播（传统媒体新闻关注度、新媒体新闻关注度和人际交流）是否能够调节传统性别观念与女性生育意愿之间的关系？

二、研究方法

（一）数据来源

本研究以适龄未育女性作为调查对象，采用网上问卷的方式进行数据收集。整个数据收集的过程在问卷星在线调查平台（https://www.wjx.cn/）上进行。通过滚雪球抽样的方式一共获得了539份问卷，剔除问题样本后，最终获得的调查样本量为486人。被调查人群的平均年龄为24.66岁，近一半属于独生子女（48.80%）；学历水平主要为大学本科（60.70%），其次为研究生以上学历（26.30%）和大学本科以下学历（13.00%），总体被调查者的学历水平普遍较高；从婚姻状况上来看，大部分受访者处于未婚状态（84.80%）；从被调查者的收入水平来看，超过一半的受访者（53.50%）平均月收入处于3001~9000元，25.10%的受访者平均月收入低于3000元。

本文的问卷调查主要包含了五个方面的内容：（1）生育意愿的情况，（2）性别观念的情况，（3）在不同媒体上对生育相关新闻的关注情况，（4）围绕生育问题进行的人际交流的情况，（5）个人基本情况。调查紧紧围绕生育意愿、传统性别观念、媒体关注和人际交流这类本文研究中的核心变量进行测量，因此对本研究具有很高的适用性。

（二）变量测量

1. 因变量

生育意愿。对于生育意愿的测量，本研究借鉴了周国红的量表，[41]

设计了三个题项，分别是"您愿意生育孩子"；"您愿意建议您的亲朋好友生育孩子"；"您愿意支持您的家人生育孩子"。让被调查者针对上述3种陈述进行1~5分制的打分，其中1分表示完全不同意（该观点），5分表示完全同意（该观点）。三个题项得分的平均值作为生育意愿高低的最终指标（Cronbach's Alpha=0.79，均值=3.34，标准差=0.86）。

2. 自变量

（1）传统性别观念。本文对传统性别观念的测量主要参照了曾远力和闫红红设计的量表，[42] 设置了四个题项。分别是"女性比男性更应该照顾家庭"；"男主外，女主内的分配模式是合理的"；"男性比女性应该承担更多的养家的责任"；"家庭最重要的决策应该以男性意见为主"。让被调查者针对上述4种陈述进行1~5分制的打分，其中1分表示完全不同意（该观点），5分表示完全同意（该观点）。四个题项得分的平均值作为传统性别观念认同度高低的最终指标（Cronbach's Alpha=0.85，均值=2.38，标准差=0.93）。

（2）传统媒体新闻关注。为了测量个体在传统媒体上对生育相关新闻的关注度，本文参照埃德蒙（Edmund）等人测量乳腺癌相关新闻关注的量表，[43] 设置了三个题项。让被调查者针对报纸、广播、电视三种媒体上的新闻关注度进行1~5分制的打分，其中1分表示从未关注过（该媒体上的相关新闻信息），5分表示紧密关注过（该媒体上的相关新闻信息）。三个题项得分的平均值作为传统媒体新闻关注度的最终指标（Cronbach's Alpha=0.84，均值=2.32，标准差=0.88）。

（3）新媒体新闻关注。为了测量个体在新媒体上对生育相关新闻的关注度，本文依旧参照埃德蒙（Edmund）测量乳腺癌相关新闻关注的量表，设置了两个题项。让被调查者针对互联网和社交媒体上的新闻关注度进行1~5分制的打分，其中1分表示从未关注过（该媒体上的相关新闻信息），5分表示紧密关注过（该媒体上的相关新闻信息）。各个题项得分的平均值作为新媒体新闻关注度的最终指标（Cronbach's Alpha=0.92，均值=3.63，标准差=0.92）。

（4）人际交流。本研究参照雪利（Shirley）测量人际讨论的量表，[44]结合中文语境，本文设计了三个题项来对人际交流变量进行测量。让被调查者针对3类对象（家人、朋友、同事）交流讨论生育相关问题的频率进行1~5分制的打分，其中1分表示从不讨论，5分表示常常讨论。最终，三个题项得分的平均值作为人际交流程度高低的最终指标（Cronbach's Alpha=0.69，均值=2.95，标准差=0.74）。

3. 控制变量

人口统计学变量能在一定程度上影响个体的行为意向，因此本研究中将年龄、学历、月收入、独生子女状况（1=是独生子女，2=不是独生子女）、健康状况（1=不好，2=一般，3=好）作为控制变量处理，以控制这些变量对本研究结果的影响。

三、分析结果

在数据分析的过程中，本研究将女性生育意愿作为因变量，将年龄、学历、月收入、独生子女状况以及健康状况作为控制变量，传统性别观念和信息渠道（传统媒体新闻关注、新媒体新闻关注和人际交流）作为自变量，传统性别观念*传统媒体新闻关注度、传统性别观念*新媒体新闻关注度、传统性别观念*人际交流作为交互变量进行多元阶层回归分析。

分析结果如表2-3显示，在控制变量中，女性的健康状况和其生育意愿呈显著正相关（β=0.09，p<0.05），即健康状况越好的女性拥有越强的生育意愿。对于自变量来说，传统性别观念（β=0.36，p<0.001）和生育意愿呈显著正相关，从而证明了假设H1。也就是说，女性对于传统性别观念的认同度越高，其生育的意愿也就越高。在信息渠道中，在新媒体上的新闻

关注（β=-0.13，p<0.01）和生育意愿呈显著负相关，人际交流（β=0.10，p<0.05）和生育意愿呈显著正相关，而在传统媒体上的新闻关注和生育意愿并没有显著关系。也就是说，个体在新媒体平台上对相关新闻的关注度越低，与他人关于生育有关的交流越多，其生育的意向也就越高。因此，回答了研究问题RQ1、RQ2和RQ3。传统生育观念和信息渠道能够解释因变量总变差的18.40%（p<0.001）。

表2-3　预测女性生育意愿的多元阶层回归分析结果

变量	模型1 β	模型2 β	模型3 β	模型4 β
组1：控制变量				
年龄	0.12**	0.10*	0.08	0.08
学历	−0.18***	−0.09*	−0.08*	−0.08
月收入	−0.01	−0.04	−0.04	−0.03
独生子女	0.08	0.04	0.04	0.04
健康状况	0.15**	0.10*	0.10*	0.09*
R^2（%）	6.40%***			
组2：传统性别观念				
传统性别观念		0.43***	0.40***	0.36***
R^2（%）		17.00%***		
组3：信息传播方式				
传统媒体新闻关注			0.02	0.02
新媒体新闻关注			−0.12**	−0.13**
人际交流			0.11*	0.10*
R^2（%）			1.40%*	

续表

变量	模型1 β	模型2 β	模型3 β	模型4 β
组4：交互变量				
传统性别观念 * 传统媒体新闻关注度				0.10*
传统性别观念 * 新媒体新闻关注度				0.07
传统性别观念 * 人际交流				0.01
R^2（％）				1.90%**
整合R^2（％）				26.70%***

注：N=486，β表示第1、2、3组和4组的标准化回归系数。* 表示p<0.05，** 表示p<0.01，*** 表示p<0.001。

此外，数据分析的结果显示，在传统媒体上的新闻关注虽然和女性的生育意愿没有直接关系，但它和传统性别观念对生育意愿存在显著的交互作用，而传统性别观念与新媒体新闻关注和传统性别观念与人际交流之间均不存在显著的交互作用。为了进一步厘清传统媒体新闻关注度如何调节传统性别观念在生育意愿上的影响，本研究借助以下调节作用图（见图2-5）加以阐释。图2-5显示了传统性别观念与传统媒体新闻关注之间的具体交互方式。具体而言，对于低传统媒体新闻关注的女性来说，传统性别观念对其生育意愿的影响不是很显著；而对于高传统媒体新闻关注的女性来说，传统性别观念对其生育意愿的影响较大。以上分析回应了本文的研究问题RQ4即信息渠道（传统媒体新闻关注度、新媒体新闻关注度和人际交流）是否会影响传统性别观念和生育意愿之间的关系。

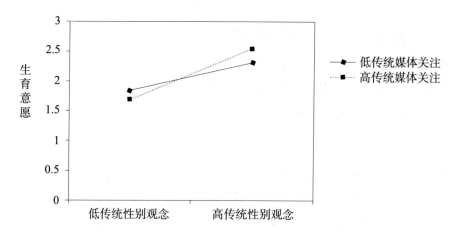

图2-5 传统媒体新闻关注度对传统性别观念与生育意愿关系的调节作用图

注：Y轴表示生育意愿估计值（该值已控制所有人口统计和自变量），比例范围仅部分显示在y轴。

四、研究结果分析与讨论

男女平等是我国的一项基本国策，性别观念是反映国家性别平等现状的重要指标，传统性别观念向现代性别观念的转变有助于打破传统性别角色分工，促进两性平等。[45] 随着社会现代化进程的发展，性别观念研究成为一个重要议题，受到学者们的关注。本文以三胎政策部署作为研究背景，探讨传统性别观念和不同信息渠道（传统媒体新闻关注、新媒体新闻关注、人际交流）怎样影响女性生育意愿。根据数据分析结果，女性的健康状况与生育意愿呈显著正相关，也就意味着身体健康状况越好的女性生育子女的意愿越强。这和陈建新等人的研究结果是相一致的，但同阳义南、卢海阳等人的研究不一致。[46-48] 之所以不一致，是因为既有研究认为身体状况越好的女性，出于机会成本的考量，更愿意去追求事业和个人价值，而在本研究中这种健康状况更多与女性的生育感知控制行为相关，好的身体素质能够为女性生育提供保障，因此在本研究中健康状况会促进生育意愿。

从不同信息渠道对女性生育意愿的影响来看，分析结果显示，传统媒体上的新闻关注与女性的生育意愿之间没有显著关系。具体来看，可能是受到以下三个方面的影响：首先，信息获取方式的偏好转变使得年轻人对传统媒体上的新闻信息关注越来越少。匡文波等人对网民新闻阅读研究发现，以纸媒、电视为代表的传统媒体逐渐旁落，抖音、微博、微信等新媒体渠道成为网民获取新闻信息的主阵地。[49]其次，新闻失实带来传统媒体信任危机，降低了人们对新闻内容的信任度。一次不真实的信息传播，其恶果不仅是损害媒体本身的公信力，更是逐渐耗费公众的信任，当公众对媒体的信任度降到一定程度时，真实新闻也成了假新闻。最后，其他信息渠道消解了传统媒体新闻关注对女性生育意愿的影响。随着公众信息触角的进一步丰富，公众对某个事物的认知可能来源于多个信息渠道。对于传统媒体提供的新闻信息，公众可以通过新媒体渠道和人际交流渠道来对这些信息进行补充、检验、修正，形成更为立体的认知图景。

与传统媒体相比，新媒体上的新闻关注对女性生育意愿呈负相关关系。当女性在新媒体上接受的媒介曝光越多，女性生育子女的意愿越低。该研究结论和国外研究相吻合。结合当前中国的实际情况，这种负向生育意愿可以从两个方面来理解。一方面，新媒体新闻关注强化人们的生育风险感知。相较于过去生育信息获取的有限性，新媒体极大丰富了女性对生育风险和生育效益的感知。其中生育风险感知主要指女性对生育小孩带来的客观风险与成本的判断，在新媒体上表现为女性对家庭经济、子女教育、婚姻状况、分娩风险、产后抑郁、产后容貌、生活质量等风险的认知和判断。事实上，适当关注生育风险、生育成本能够帮助女性获得更多关于生育的信息，消除和缓解不确定性感知，但话题过度的曝光不仅不利于消除不确定性，甚至会强化和夸大既有风险感知，降低女性生育意愿。比如，之前微博话题#朋友建议我以后生孩子一定要剖腹产#，随着话题的讨论，女性分享个人生育经历让更多女性了解分娩过程、分娩风险的同时也加剧了部分女性恐婚恐育想法。另一方面，新媒体推动女性性别意识觉醒。除了传统文化在性别构建方面发挥作用以外，媒介世界也是性别关系构建的重要场域。随着新媒体的兴起，媒介传播为性别平等、女性性别意识觉醒带来新的契机，女性成为新媒体性别传播的主体，女性议题颠覆了传统的单一叙事，不断为推进性别平等做出努力。[50]考虑到女性对于新媒体上的新闻关注对生育意愿的负向作用，建议政府和媒体对新媒体新闻关注施加干预，就相关生育话题进行积极科普、积极引导，同时从政策层面对女性密切关注的生育议题及时做出回应，充分借助新媒体来开展生育议题传播，提升女性生育意愿。

另外，研究发现人际交流与女性生育意愿呈正相关。当女性同周围家人、朋友、同事进行的生育交流越多，女性生育子女意愿越强，这可能是因为同周围人的讨论能够让女性更加客观理性地认知生育的风险和效益。此外，该结果之所以与茅倬彦与罗昊等人研究不一致，是因为既有研究讨论的是周围人一胎现象对女性生育二胎意愿的影响，而此次问卷的研究对象多为未婚未育女性，因而在生育决策上更容易受到周围人的影响。[51]基于人际交流对生育的正向促进，相关工作部门应该积极进行议程设置，鼓励女性就生育议题在人际间开展讨论，增强女性生育意愿。

就传统性别观念对女性生育意愿影响来看，本研究发现传统性别观念与女性生育意愿呈显著正相关，表明传统性别观念是影响女性生育意愿的重要因素。该研究结论和既往国内外的研究相符。不难理解，传统性别观念形塑了女性性别角色，部分女性将"男尊女卑""男性赚钱养家，女性相夫教子"等观念作为个体遵循，个体在这种主动与被动中不断强化自身生育意愿。此外，研究结果显示传统媒体上的新闻关注和传统性别观念对女性生育意愿存在显著交互作用。也就意味着在那些传统性别观念较强的女性群体中，提高传统媒体上的新闻关注可以促进传统性别观念对女性生育意愿的正向影响。虽然之前的数据分析结果显示传统媒体新闻关注与女性生育意愿之间无显著关系，但根据调节效应反映，传统媒体可以通过调节作用影响女性生育意愿。因此，在提高女性生育意愿上不能忽略了传统媒体的作用。具体而言，可以通过在传统媒体上传播国家生育政策、社会福利政策、生育知识等信息，引导女性关注生育信息，进而提高女性的生育意愿。值得注意的是，传统媒体传播生育信息的前提是扩大传统媒体的影响力和公信力，这也要求传统媒体进一步深化媒介融合转型，不断提升自身的核心竞争力，力求在新媒体百舸争流之中寻得一方乐土。

五、研究意义与反思

首先，本文从传统性别观念出发研究女性生育意愿，是对当前生育研究视角的一次补充。研究发现，传统性别观念作为阻碍男女平等国策实施的重要因素，通过作用于女性生育强化不平等观念，这也为将来的性别平等研究提供研究视野。其次，作为生育政策传播、解读、协商工作中的重要一环，本文从传播学视角切入，明晰了能够从传播学角度促进女性生育意愿，提高了对不同信息渠道影响女性生育意愿的认知水平，更为重要的是发现了新媒体新闻关注、人际交流对女性生育的重要意义，以及传统媒体新闻关注在传统性别观念与女性生育意愿之间的调节作用。最后，此次研究结果能够为将来政府和媒体的生育政策传播、生育议题设置提供参考，共同助力我国提高人口出生率，应对人口老龄化。

值得反思的是，本文也存在一些不足。首先，本文各项因素整合后共同解释了女性生育意愿26.70%的变化，由此可以发现还有一些影响女性生育意愿的因素没有被考量到。这就需要在将来的研究中纳入一些其他可能会影响女性生育意愿的因素（比如，女性对生育风险感知和生育效益感知等）。其次，生育意愿变量的测量应该是从多维度来进行考虑，包括生育时间、子女性别、生育数量，本研究主要测量的是女性是否愿意生育的程度倾向，因此在接下来的研究中可以通过丰富这一变量测量维度来进行补足。最后，受到研究条件制约，此次研究对象是通过滚雪球抽样获得，整体趋于年轻化、学历偏高，在代表性上有所欠缺，因而未来的研究应当尽可能使用随机抽样方法来获取研究对象。

（作者：黎藜，云南大学新闻学院副教授，博士，硕士研究生导师；熊宣，云南大学新闻学院硕士研究生；李凤萍，云南大学新闻学院讲师，博士，硕士研究生导师。）

参考文献

［1］闫玉，张竞月.育龄主体二孩生育焦虑影响因素的性别差异分析［J］.人口学刊，2019，41（1）：20-30.

［2］国家统计局.第七次全国人口普查主要数据结果新闻发布会答记者问［EB/OL］.（2021-05-11）. http://www.stats.gov.cn/tjsj/zxfb/202105/t20210511_1817274.html.

［3］国家统计局.第七次全国人口普查主要数据结果新闻发布会答记者问［EB/OL］.（2021-05-11）. http://www.stats.gov.cn/tjsj/zxfb/202105/t20210511_1817274.html.

［4］人民网.中共中央政治局召开会议［EB/OL］.（2021-06-01）. https://baijiahao.baidu.com/s?id=17013122833221168688&wfr=spider&for=pc.

［5］胡荣，林彬彬.性别平等观念与女性生育意愿［J］.求索，2020（4）：142-148.

［6］AJZEN I. The theory of planned behavior［J］. Organizational Behavior & Human Decision Processes，1991，50（2）：179-211.

［7］穆滢潭，原新."生"与"不生"的矛盾：家庭资源、文化价值还是子女性别？［J］.人口研究，2018，42（1）：90-103.

［8］风笑天.从两个到一个：城市两代父母生育意愿的变迁［J］.南京大学学报（哲学·人文科学·社会科学），2017，54（4）：74-87+159.

［9］郑真真，李玉柱，廖少宏.低生育水平下的生育成本收益研究：来自江苏省的调查［J］.中国人口科学，2009（2）：93-102+112.

［10］蔡玲."成本"视角下购房对家户生育行为的影响研究［J］.南方人口，2018，33（3）：25-42.

［11］梁宏.从生育意愿到生育行为："全面两孩"政策背景下二孩生育决策的影响因素分析［J］.南方人口，2018，33（2）：1-13.

［12］李婷，袁洁，夏璐，等.中国网络大众生育态度倾向变迁：兼论舆情大数据在人口学中的应用［J］.人口研究，2019，43（4）：36-49.

［13］陈卫，刘金菊.近年来中国出生人数下降及其影响因素［J］.人口研究，2021（3）：57-64.

［14］胡荣，林彬彬.性别平等观念与女性生育意愿［J］.求索，2020（4）：142-148.

［15］吴寒，曾珂.基于养老观念变迁视角的二孩生育意愿影响机制分析［J］.统计与决策，2021，37（15）：65-68.

［16］李婷，袁洁，夏璐，等.中国网络大众生育态度倾向变迁：兼论舆情大数据在人口学中的应用［J］.人口研究，2019，43（4）：36-49.

［17］GERBNER G, GROSS L. Living With Television: The Violence Profile［J］.Journal of Communication, 1976: 172-199.

［18］VALENTE W, SABA W P, THOMAS W. Campaign exposure and interpersonal communication as factors in contraceptive use in Bolivia［J］. Journal of Health Communication, 2001, 6（4）: 303-322.

［19］MCQUILLAN J, GREIL A L, SHREFFLER K M, et al. The importance of motherhood and fertility intentions among u.s. women［J］. Sociological Perspectives, 2015（1）: 20-35.

［20］胡荣，林彬彬.性别平等观念与女性生育意愿［J］.求索，2020（4）：142-148.

［21］刘米娜.中国已婚女性意愿生育数的影响因素分析［J］.西北人

口，2010，31（1）：71-74.

［22］王学义，王春蕊.禀赋、场域与中国妇女生育意愿研究［J］.人口学刊，2011（1）：3-9.

［23］LESTHAEGHE R. A century of demographic and cultural change in Western Europe: An exploration of underlying dimensions［J］. Population and Development Review，1983（9）：411-435.

［24］VITALI A，BILLARI F C，PRSKAWETZ A，et al. Preference Theory and Low Fertility: A Comparative Perspective［J］. European Demographic Research Papers，2009（25）：413-438.

［25］MASON K O. Explaining fertility transitions［J］. Demography，1997，34（4）：443-454.

［26］BARBER J S，AXINN W G. New ideas and fertility limitation: The role of mass media［J］. Journal of Marriage and Family，2004（9）：1076-1088.

［27］JENSEN R，OSTER E.The Power of TV: Cable Television and Women's Status in India［J］. NBER Working Papers，2009，124（3）：1057-1094.

［28］GULDI M，HERBST C M. Offline effects of online connecting: the impact of broadband diffusion on teen fertility decisions［J］. Journal of Population Economics，2017，30（1）：69-91.

［29］LA FERRARA E，CHONG A，DURYEA S. Soap operas and fertility: evidence from Brazils［J］.Am Econ J ApplEcon，2012（4）：1-31.

［30］FAZLE R A M. Mass Media Exposure and its Impact on Fertility: Current Scenario of Bangladesh［J］. Journal of Scientific Research，2012，4（2）：383-395.

［31］牛津大学路透新闻研究所.2021数字新闻报告［EB/OL］.（2021-07-09）. https://reutersinstitute.politics.ox.ac.uk/digital-news-report/2021/dnrexecutive-summary.

　　［32］王莉莉.传统媒体与新兴媒体的差异与融合［J］.出版广角，2017（9）：39-41.

　　［33］FISKE A P. The four elementary forms of sociality: Framework for a unified theory of social relations［J］. Psychological Review, 1992, 99（4）：689-723.

　　［34］SCHINKE S P, GILCHRIST L D. Adolescent pregnancy: an interpersonal skill training approach to prevention［J］. Social Work in Health Care, 1977, 3（2）：159-167.

　　［35］BÜHLER C, PHILIPOV D. Social Capital Related to Fertility: Theoretical Foundations and Empirical Evidence from Bulgaria［J］. Vienna Yearbook of Population Research, 2005: 53-81.

　　［36］靳永爱，赵梦晗，宋健.父母如何影响女性的二孩生育计划：来自中国城市的证据［J］.人口研究，2018，42（5）：17-29.

　　［37］茅倬彦，罗昊.符合二胎政策妇女的生育意愿和生育行为差异：基于计划行为理论的实证研究［J］.人口研究，2013，37（1）：84-93.

　　［38］杨霞.新媒体视域下女性形象呈现与话语建构［J］.现代传播（中国传媒大学学报），2017，39（9）：159-161.

　　［39］KNOBLOCH-WESTERWICK S, WILLIS L E, KENNARD A R. Media Impacts on Women's Fertility Desires: A Prolonged Exposure Experiment［J］. Journal of Health Communication, 2016, 21（6）：647-657.

　　［40］陈婷婷.中国农村女性的性别角色意识及其影响因素：基于2006全国综合调查的实证分析［J］.妇女研究论丛，2011（1）：17-22.

　　［41］周国红，何雨璐，杨均中."生育主力"缘何有名无实？——基于743份城市青年生育意愿的问卷调查分析［J］.浙江社会科学，2021（5）：77-86+157-158.

　　［42］曾远力，闫红红.工作支持与女性生育二孩决策：以广东省S市

为例［J］.华东理工大学学报（社会科学版），2018，33（6）：39-49.

［43］LEE E W J，HO S S，CHOW J K，et al. Communication and knowledge as motivators: understanding Singaporean women's perceived risks of breast cancer and intentions to engage in preventive measures［J］. Journal of Risk Research, 2013, 16（7）: 879-902.

［44］HO S S，SCHEUFELE D A，CORLEY E A . Making sense of policy choices: understanding the roles of value predispositions, mass media, and cognitive processing in public attitudes toward nanotechnology［J］. Journal of Nanoparticle Research An Interdisciplinary Forum for Nanoscale Science & Technology, 2010, 12（8）: 2703-2715.

［45］刘爱玉，佟新.性别观念现状及其影响因素：基于第三期全国妇女地位调查［J］.中国社会科学，2014（2）：116-129+206-207.

［46］陈建新，王莉君.个人因素对不同阶段生育意愿的影响：基于CGSS2017数据的实证分析［J］.调研世界，2021（6）：58-64.

［47］阳义南.初婚年龄推迟、婚龄差对生育意愿的影响［J］.南方人口，2020，35（3）：21-32.

［48］卢海阳，邱航帆，郑逸芳.女性二胎生育意愿的影响因素研究：基于就业性质和养老观念的视角［J］.南方人口，2017，32（3）：55-68.

［49］匡文波.5G时代中国网民新闻阅读习惯的量化研究［J］.新闻与写作，2019（12）：72-78.

［50］杨霞.新媒体视域下女性形象呈现与话语建构［J］.现代传播（中国传媒大学学报），2017，39（9）：159-161.

［51］茅倬彦，罗昊.符合二胎政策妇女的生育意愿和生育行为差异：基于计划行为理论的实证研究［J］.人口研究，2013，37（1）：84-93.

"她者"的身份认知：体育新闻职业的性别隔离与突围

彭华新　赵慧莹

[摘要] 相较于女性体育新闻工作者出现之初，我国体育新闻行业针对女性工作者的性别水平隔离程度有所降低，但性别偏见仍然存在；女性体育新闻工作者面临任务分工隔离、被边缘化、话语权弱、身份矛盾、晋升困难等诸多职业困境。通过对女性体育新闻工作者的深度访谈，探讨了我国体育新闻领域针对女性的职业性别隔离现状，并在此基础上进一步分析了女性体育新闻工作者的职业抵抗。为突破性别桎梏，获得职业认可，她们必须采取一系列措施进行积极抵抗以强调自己的专业地位，追求职业生涯的成功。

[关键词] 女性体育新闻工作者　职业性别隔离　性别偏见　女性主义

女性在体育领域、新闻领域中的角色及代表性研究一直是西方女性主义学者关注的重点。兴起于20世纪70年代的第二次女性主义运动，使得越来越多的职业女性开始从事体育新闻工作[1]，但仅关注人数增减的"身体计数"（body count）原则并不能作为判断女性在某一职业领域成功与否的唯一标准[2]，男女人数愈加平等，可能会掩盖在职业发展过程中机会和待遇方面的性别不平等[3]。2002年韩日世界杯期间，我国女性体育新闻工作者异军突起，以何慧娴、李响为代表的大批女记者被推向体育赛场；随着2008年北京奥运会的开幕以及我国体育新闻事业的蓬勃发展，体育新闻领域对于女性人才的需求迎来新高潮。但是，从20年来的实战情况看，女性体育新闻工作者在荣誉加身的同时也饱受争议。比如，2020年东京奥运会赛事间隙，一则题为《苏炳添怒怼冬日娜：你说这种晦气的话会影响队伍团结》的报道在社交媒体平台大量转发，体育女记者冬日娜再次被负面舆论推向风口浪尖；女记者陆幽在对铅球冠军巩立姣的采访中，因其提问中的"择偶观"也遭网友群讽。

一、文献综述

有关性别和体育的大量文献研究都表明，体育自古以来就是男性的绝对霸权领域，围绕着有助于加强"历史性别规范的"男性霸权价值观而构建[4]，且相较于其他文化领域，男性霸权在体育领域中更加完整、稳定[5]，女性参与的增多只代表了表面的社会变化，根深蒂固的意识形态并未发生改变[6]。比如，古代奥运会明确禁止女性参与任何运动赛事，甚至禁止女性观看比赛，违反法规的女性将会被处以极刑。尽管随着女性主义的兴起和抗争，女性冲破了重重禁忌，在体育领域大放异彩，但这一过程却是漫长而痛苦的。现代奥运之父顾拜旦终其一生都在反对女性参与奥运赛事，世界著名的职业体育赛事诞生伊始也对女性运动员存有明显的排斥[7]。

此外，社会分层研究者们在关于职业等级的研究中，将新闻领域工作者（包括但不限于编辑、记者）视为社会地位及社会声望较高的职业人群之一[8]。尽管受到技术、制度等因素的冲击，传统媒体记者地位有所下滑，从"无冕之王"降为"新闻民工"[9]，但体育记者由于竞技规则的专业性和观赛"特权"，仍拥有较高地位。在关于性别阶层的讨论中，费尔斯通（Firestone）认为，不同于经济阶层，性别阶层直接来源于生物学意义上的差异，是先赋的，从而导致权利不平等[10]，男性有权支配大多数（有较高的社会地位名声、强调专业）的工作[11]。因此，"体育＋新闻"综合体性质使得女性在体育新闻领域远不如男性普遍。根据这一现实，美国社会学家格罗斯（Gross）提出职业的性别隔离（sex segregation in occupation）概念，指"劳动者因其性别不同，而被分配、集中到不同的职业类别，担任不同性质的工作"[12]。职业的性别隔离程度不仅是衡量性别平等的重要指标，它也是体现性别分层现象的一个重要方面[13]，不同职业的性别隔离程度不同。国外多项研究证实，结构上和组织上的障碍导致体育新闻在世界各国仍然是一个主要由男性主导的领域，体育新闻部门针对女性的职业性别隔离要比其他新闻部门严重得多[14]。

以美国为代表，自《第九法案》通过以来，女性参与体育新闻的比例大幅上升，但所谓的"男性规范"仍然是女性在该领域追求职业成就的最大障碍。学者哈丁（Hardin）和肖恩（Shain）通过调查问卷以及对多名从事体育新闻工作的女性访谈发现，美国体育新闻界仍然存在着对于女性体育记者群体的偏见和歧视，且女性必须处理好多种紧张关系，其中作为"女性与职业记者"的身份矛盾尤为突出[5, 15]；瑞士学者肖赫（Schoch）和奥勒（Ohl）在既有研究的基础上，进一步关注了女性的抵抗。面对由性别隔离造成的职业困境，瑞士女性体育记者主要通过三种方式进行反抗：（1）顺应男性主导的精神，主动变得"男性化"；（2）坚持女性身份，用新闻专业精神来反抗性别偏见；（3）承认并接受女性从属地位，在这种妥协影响个人生活或遇到升职障碍时，选择离职[16]。在后续研究中，肖赫发现瑞士体育新闻界绝大多数男性记者普遍承担"更加重要"或"难度更大"的体育新闻报道，女性则仅限于报道"名气较低"的体育专题[17]，而这种涉及性别隔离的任务分配方式对女性晋升来讲尤为不利[18]。

相较于国外文献，国内关于女性体育新闻工作者的论文极少，笔者目前仅查阅到4篇。这些研究普遍观察到了我国女性体育新闻工作者也因其性别面临着较大的职业困境，但缺乏现实观照。随着我国体育新闻事业的发展和社会性别平等观念的演变，当下女性体育新闻工作者的职业生存状况必定随之变迁。同时，笔者注意到国内外相关研究大多局限于体育女记者群体，较少涉及女编辑、女主播等。女记者并不能代表整体女性传媒从业者，仅仅研究女记者而忽视其他女性传媒工作者，这是研究的盲区。[19]

本文试图在既有文献的基础上，借鉴国外较为成熟的研究思路，进一步探讨以下系列问题：（1）我国体育新闻领域针对女性的性别隔离的现状如何？女性体育新闻工作者面临怎样的职业困境？（2）这种职业性别隔离产生了什么后果？（3）女性体育新闻工作者又是如何抵抗的？是否有望实现性别突围？

二、研究方法与数据获取

2021年6月—2021年8月，笔者采取立意抽样的方式选取6位（曾）就职于国内知名体育新闻机构的女性，展开半结构式访谈。6位受访者分别来自长沙、北京、上海、开封、长春5地，供职于6家不同的体育媒体机构，平均从业年限约为10年。本文对所有受访者进行了匿名处理，其中有1人面对面访谈、4人微信访谈、1人电话访谈，平均访谈时间约为55分钟。访谈对象基本信息如表2-4所示：

表2-4　受访者基本信息

受访者	工作地区	（曾）供职媒体	从业年限	职位
受访者A	湖南长沙	体坛周报	13年	记者
受访者B	北京	搜狐体育	14年	记者
受访者C	上海	五星体育	3年	记者
受访者D	北京	腾讯体育	5年	主播
受访者E	河南开封	市级机关报	16年	编辑
受访者F	吉林长春	省级机关报	6年	记者

为获得更为丰富的数据支持，选取了4位具有代表性的女性体育新闻工作者的公开访谈资料做文本分析。基本信息如表2-5所示：

表2-5　知名女性体育新闻工作者访谈信息

受访对象	（曾）供职媒体	职位	访谈发布时间
李响	体坛周报	记者	2001年10月9日
高菡	央视体育	解说员	2020年8月22日
美娜	腾讯体育	主播	2020年11月18日
杜莹莹	腾讯体育	解说员	2021年6月22日

此外，为丰富研究内容，笔者补充了2020年东京奥运会的相关研究材料，赛事期间，笔者在微博及微信平台对12位知名女性体育新闻工作者（主播、记者、解说员）的个人社交媒体平台互动进行了观察，跟踪女性体育新闻工作者的动态。

三、性别隔离：女性体育新闻工作者的职业困顿

职业性别隔离可分为水平隔离（horizontal segregation）和垂直隔离（vertical segregation）两种形式[20]。结合既有研究来看，体育新闻行业的水平隔离指该职业领域内男性集中，女性求职者很难进入或准入条件更为严苛，且面临较大的性别偏见，她们必须不断争取获得认可才能保住工作[21]；垂直隔离体现在女性求职者进入该职业领域后，往往面临着被边缘化、职位等级较低以及晋升困难等困境[6, 17, 18, 22]。

（一）水平隔离现状

布尔迪厄（Bourdieu）的场域（field）及信念（doxa）概念，帮助我们将女性体育新闻工作者面临的水平隔离困境概念化。场域是一个结构化

了的、以象征性斗争为特征的"力量场"，每个场都有其特定的信念，即一整套认识和评价前提，所有入场的人，都拥有相同的信念，它将领域内的行动者联系在一起[23]。体育新闻是新闻场域的一个组成部分，可以将其视为一个具有自主性和特定信念的子场域[24]，要进入这一场域，必须支付特定的"入场费"，其中包括坚信体育赛事的重要性，掌握重要的赛事信息、比赛及采访流程，了解体育明星、赛事级别等体育专业知识。由于在该场域内，男性占据绝对优势地位，这就使得女性体育工作者必须为获得认可而斗争，支付相较于男性更加高昂的"入场费"[25]。

但根据受访者反馈，当下我国体育新闻行业针对女性的水平隔离程度似乎正在逐渐降低，相较于以往，女性准入条件有所改善。比如，1993年中央电视台第一次公开招聘体育记者，要求：（1）大学本科学历；（2）年龄30岁以下；（3）身高不低于1米75；（4）笔试文学、历史地理/时事政治、体育知识、作文和英语等五部分。

> 在我之前，我们部门都是男性，没有女记者。当时我们新一批（记者）考进来，（体育）部门的领导就主动说，体育部需要女记者，需要女性来报体育，我就被分过去跑体育（新闻）了……当时我对足球真的是一窍不通，现在体育部门需要女性视角。（受访者F）

里斯金（Reskin）认为，促进传统男性化职业女性化的因素包括"对女性的特别需求""社会态度改变与歧视减少"[26]。市场导向下体育新闻行业出现了对女性视角的需求，因而对女性准入条件变得宽容。但"社会态度改变与歧视减少"并没有得到明显改善，体育新闻领域仍然存在对女性固化的性别偏见：

> 其实现在体育对于大多数人来说，还是更加男性化的一个领域，男女球迷的比例其实可以达到8∶2。在一个男性视角占主流的平台，

大家会给我们贴上很多标签，也会有一些负面的解读，比如说会觉得我们是花瓶，或者靠"美女"来搏眼球，然后给自己找一些人设，这种说得其实已经算轻的了，我会遇到各种各样的争议，比如像是（女生）根本就不懂球，这种比赛为什么有她们的存在。（美娜）

很多人会觉得，你一个女生，连球都不会踢，怎么可能会懂球，又怎么可能会解说球呢？而在现实生活中，也确实如此，女性如果想要在足球解说这个领域获得认可，可能需要比男生付出大概10倍的努力。（杜莹莹）

对女性的性别偏见使得受众很容易将她们在这一行业的成就归结到其女性身份和外貌优势上来，而不是业务素质。人们关注的焦点从职业能力移开，从事体育新闻工作的女性成为软性新闻及花边新闻的代言人。笔者在慧科数据库以"体育""女记者""女主播"为关键词搜索近三年报道，共获得98条有效数据，其中与"美女""身材""靓""火辣""性感"等词语相关的报道共94条，但仅有4条报道从专业能力的角度对女性体育新闻工作者进行了评述。

此外，随着微博等社交媒体平台的快速发展，网络性骚扰现象相较于以往更加频繁，网络暴力规模更大：

在正常的工作场合从来没有遇到过（性骚扰），但有收到过微博私信发送很过分的话和图片，但也不能骂回去或者做什么，就拉黑举报……在我微博图片或者视频下面也有出现过很脏的评论，但这种比较少，因为大多评论的还是我的粉丝。（受访者D）

央视体育田径专项女记者冬日娜曾因为采访刘翔名气骤增，她见证了刘翔职业生涯最辉煌的时刻，但也因职业能力不足饱受争议，遭受过大规模的网络暴力。受限于互联网技术发展，当时对于冬日娜的负面讨论主要集中在各大论坛，曝光度有限。但随着微博的出现，聚集效应使负面新闻的效果被放大，2020年东京奥运会冬日娜采访苏炳添再现"雷人"言论，导致网友在微博对其进行言语挞伐，再次引起大规模的舆论攻击，凸显了社交媒体时代网络话语暴力的危害。

此外，一位足球女记者表示，"女记者禁止进入球队的大巴车内"这条不成文的规定仍然存在，不论是在赛后采访还是出征赛场，跟队的男记者允许乘车，而女记者只能自行解决，体育新闻行业的女性仍然面临着来自体育行业的隐性歧视：

> 我从做记者到现在，一次都没有跟球队去打过客场，因为有个大家都不讲但又都知道的规定，女性不能坐球队大巴，比赛会输球，晦气。（受访者F）

（二）垂直隔离现状

从文献综述可知，在对体育新闻的任务分配中，最受欢迎、更有声望的体育主题绝大多数由男性记者报道，女性记者仅限于报道名气较低的体育项目、女性体育或者残疾人比赛[17]。但笔者发现，这种按照性别属性分配报道任务的方式与国内体育新闻部门并不完全相同。国内体育记者主要是按项目属性来分工而非性别，如跳水项目记者，一般同时负责男女跳水项目的报道。而国外体育新闻部门的职责分工相对于国内更加精细，除了按照项目属性分工外，还多依照赛事性别进行细化分配，如女子跳水项目记者和男子跳水项目记者。

> （国内）主要是按项目来分工，比如说像我负责的是乒乓球、羽毛球，然后我们也有记者负责跳水、体操，而不是根据性别，它主要是根据项目的属性……其实像残奥会的话，一般媒体不会特别去报道的，只有像一些官媒，比如说央视、《人民日报》和新华社，他们会

留记者，一般会换一批来报道残奥会，然后其他的体育类的专业媒体并不是很聚焦残奥会，基本上可能会转一些稿子就够了。（受访者A）

尽管国内体育新闻机构并不存在专门报道男性/女性运动项目和残奥会赛事的记者，但有受访者表示："像国内热门的篮球、足球等男性受众群体更多的体育项目，确实男性记者和编辑会更多一点，女性则更多集中于体育综合项目。"值得注意的是，大热赛事项目的记者更容易获得职业成功[17]。如美国排名第一的体育女主播Andrews，涉足篮球、橄榄球、棒球等美国热门赛事，中国足球名记李响、田径女记者冬日娜、篮球女记者张曼源等，尽管饱受争议，但她们都取得了值得肯定的职业成就。

此外，在这一男性占主导地位的工作场域中，女性工作者话语权缺失的问题也值得我们关注。在访谈过程中，受访者提到了自己的意见被忽视的经历：

担任某体育网站的首席记者期间，我向单位高层建议了以微博开发为主，各频道围绕新闻报道，建立手机客户端的建议，但没有得到及时布置，使该网站在2010年之后失去了新媒体的主导地位。（受访者B）

在这种经历中，女性的声音受到了极大的压制，而这种女性处于弱势地位的话语表达体现了女性体育新闻工作者在工作场域中的边缘化。尽管体育新闻行业重视女性体育新闻工作者带来的性别变化，但男性仍被认为是体育新闻的权威，出镜女性体育主播的工作任务分配体现得更加明显：

我觉得目前的行业现状就是，节目中的男主播是更加倾向于专业性的分析，比如说像是赛前的分析、一些高光时刻的解读以及下一场的策略应对，等等。作为女主播的角色，我们的工作其实就是更多地带动观赛氛围，同时适当表达自己的个人观点。因为女主持在节目中承担的任务本来其实就比较局限，那专业分析的内容就很少，很多观众也没有机会看到我们对于篮球自己的一些观点和想法。（美娜）

此外，访谈发现，相较于国外体育新闻部门按照性别分配报道任务等较为公开的性别歧视，隐性性别歧视在我国体育新闻行业更为常见。有受访者提到在职期间被拒绝去前方报道的经历："领导觉得去欧洲加上托运那么多器材设备什么的很远很辛苦，女孩子不方便。"闾丘露薇在研究记者的性别分工时也提到，由于社会对于性别分工的普遍看法，认为女性不应该从事比较辛苦，或者风险比较高的工作，这就使得女性记者少了很多前线工作的机会[27]。笔者同样发现，重要工作经验和不间断的职业年限积累，是职场中寻求职业晋升的重要筹码。女性经常被指派不重要的工作任务，工作机会减少，同时面临结婚生育等极易使得职业生涯出现一年以上断裂的情况，从而使得女性面临相较于男性更为严重的职业晋升困境。

在我们统计受访对象的基本信息时，多位受访者明确表示部门存在高层男女比例失衡的问题，六家体育部门高层男女平均比例为5:1，甚至有一家体育新闻机构高层领导组织中没有女性。此外，工资设定中存在性别偏见[28]：工资性别差异——同工不同酬，是体现职业性别垂直隔离的情况之一。在被问及对于性别与收入的看法时，受访者表示尽管这属于个人隐私，同事之间也不会相互讨论真正的薪资，但"似乎存在男女同工不同酬的情况"。体育新闻领域作为一个由男性主导的职业领域，尽管男性之间也存在着等级关系，但他们内部之间却存在着一种相互依赖性和凝聚力，以维持自身的主导地位。正是由于这种"基于观念或组织上存在偏见而形成的"人为障碍的存在，减少了女性在其职业生涯中正常向上流动的机会，使得女性真正成为管理层中的弱势者[29]。

（三）性别隔离带来的身份困境

在关于新闻从业者身份困境的探讨中，主流研究更多地从经济、制度、技术角度出发，关注整体新闻工作者所面临的身份困境。比如，杨海鹰认为，由于市场经济、新媒体冲击和意识形态控制的压力，新闻从业者的社会地位已经下行，其自我身份认同陷入重重困惑[30]。但值得注意的是，尽管新闻记者从高高在上的宣传者变成了社会生活的参与者，但体育新闻记者由于其专业性，始终保有较为专业的身份。因此，本文所关注的女性体育新闻工作者的身份困境，与媒体环境无关，与女性身份有关。性别隔离规则下，从事体育新闻行业的女性由于其性别而成为"局外人"，但同时由于她们所坚持的新闻准则、价值观以及其所拥有的体育专业知识而成为"局内人"[16]。父权制背景下社会对于女性的角色期待与体育新闻所要求的职业标准之间的矛盾，使得许多女记者在实际工作中陷入困境。

在谈到女性身份对于其职业生涯的影响时，受访者表示"有劣势也有优势"，劣势主要体现在"男女在体力、精力上面天生存在差异"，这种生理差异是无法避免的；另一方面，受访者普遍认为女性"细心、敏感"的特质能够成为职业竞争中的优势所在：

> 男记者可能更侧重比赛的内容，在数据上比较强，看待问题更宏观；女记者就比较感性，我们更擅长讲故事，能够看到被男同事忽视掉的、一些有温度的细节，然后挖掘更多的故事，这是男同事普遍欠缺的能力。（受访者F）

但有研究认为，被女性视为优势的"有同情心、善良、有人情味"等女性特质，与记者所要求的直接、善于质疑和坚强等品质相冲突[31]，使得女性在体育新闻行业面临着晋升困境。哈丁和怀特赛兹（Whiteside）在一项有关于女性在体育媒体工作场所的边缘化地位的研究中[15]引用了女性主义学者弗洛里希（Frohlich）提出的"友好陷阱"（friendliness trap）概念，认为女性在工作过程中所表现出的"关怀、直觉与强大的沟通能力为入门级工作打开了大门，但当女性寻求晋升时，这些特质就成了不利因素，因为缺乏自信、果决和领导能力"[32]。"温柔"与"果敢"之间的尴尬，仍然是女性体育新闻工作者的职业困境。女性要想在管理层获得认可，就需要采用男性价值观和做法，努力被视为"男性中的一员"：

> 首先要去掉自己是女性的依赖心理，体育的形象与职业要求是不需要林黛玉的，女性参与体育新闻行业就要自立和自强。（受访者B）
>
> 希望女性朋友在从事这份职业的时候，既看重自己的女性身份，同时也不要看重自己的女性身份。因为在这份工作中，我们是没有性别之差的，在从事这份职业的时候，不论是在体力、精力或者是你的工作能力上，都一视同仁，只是看你这个人做得是不是优秀，能不能达到工作要求……看重自己的女性身份是什么呢？就是要利用自己的特长，你的细腻，你的观察，你的敏锐，将你的这些特质表现在你的作品里面。（受访者A）

美籍华裔人类学家李漪莲在研究亚裔美国人群体的生存困境时曾提出亚裔移民不同代际的身份认同问题，即着重强化塑造自己"美国文化"这一部分[33]。与此类似，在体育新闻领域，认真对待职业身份的女记者可能会淡化自己的性别身份[34]，但传统父权制强调男女分工，期待女性承担起家庭中妻子和母亲的角色。在我们的访谈过程中有记者提出，相较于其他新闻部门，"体育赛事周期性的特点，使得体育新闻从业者的工作也是非常集中、高强度、具有周期性的"。笔者观察到，在2020年东京奥运会赛事期间，女记者在朋友圈发文的频率远高于日常，其中晚上九点到凌晨一点为工作推文集中发布时间段。有记者表示："每晚八点到十一点最忙，没空吃东西，一般就是凌晨结束工作吃点东西。"如果女性体育新闻工作者选择抚育孩子、照顾家庭，她们便无法像男同事那样可以没有负担地适应这种超时工作的常态，这也迫使女性体育新闻工作者相较于男同事放弃了更多的工作机会：

> 我怀孕那一年，也是里约奥运会前一年。那时候的备战是十分关键的，但是当时世乒赛和汤尤杯我就是全部都放掉了……这也是我从业以来，第一次两大重要的团体赛都没有去到现场采访。因为对我来说，当时保证我怀孕生产的安全是最为重要的。（受访者A）

在被问及如何看待平衡工作和家庭的问题时，多数女性认为比较困难，尤其是成为母亲之后，家庭角色和职业的冲突，使得很多资深的女性记者最终选择离开：

> 对我而言我是会在不同的时间段会有不同的侧重，我可能知道我大赛的周期，那这几个月是我的工作重点，像一些平时日常，我可能会把更多的时间放在孩子身上。（受访者A）
>
> 我换工作的契机就是因为我儿子，北京奥运会那年他面临高考，我要确保他日常的生活饮食和身体状态，但工作太忙，没办法在保证工作效率的情况下照顾好他，所以就选择了离职。（受访者D）

女性体育新闻工作者所经历的双重约束，可以被认为是一种限制其职业角色发展的象征性暴力[35]，身份困境又是父权制背景下强调性别角色分工所导致的必然结果。为了在这一男性主导的职业领域突破性别桎梏，作为一名女性体育新闻工作者要得到专业的认可，她们必须进行积极抵抗以追求自己职业生涯的成功。

四、职业抵抗：女性体育新闻工作者的性别突围

尽管体育新闻领域的女性在职业性别隔离规则下处于明显的弱势地位，但她们拒绝成为弱者。相较于斯科特（Scott）在《弱者的武器》中提出的偏消极的"日常抵抗"理论，克里斯汀（Christine）提出了更具有普适性的抵抗分析框架——"抵抗形式、抵抗者、抵抗场所和抵抗策略"，在这一框架中，抵抗形式可分为公开抵抗和非公开抵抗。其中，公开抵抗不仅表现为暴力抵抗，任何强调立场、态度的公开表达都可视为公开抵抗[36]。表现在体育新闻领域，即受到性别隔离的女性体育新闻工作者通过公开或非公开的形式，在线下场所或互联网空间内，采取一系列抵抗策略进行积极应对，以维护自己的职业地位，争取职业认可。

（一）线下空间：经济、社会、符号资本作为武器

在体育新闻行业，强调自己所拥有的资本，成为女性体育新闻工作者维护自己职业地位的武器。资本不仅限于经济资产，它可以是在特定领域"被认为有价值或可取的一切"，其中包括符号资本（地位、声望、合法性）、经济资本（物质资产）和社会资本（家庭关系、正式和非正式网络、私人关系和联络、重要个人或团体的支持）[37]。

符号资本作为一个关系概念，是社会群体认可和认同的价值。本文根据既有研究的划分，认为体育新闻领域的符号资本可分为新闻资本和体育资本，其中，新闻资本主要通过教育获得，包括体育新闻工作者的文凭、专业经验和写作质量；体育资本既包括体育经验和扎实、系统的体育专业知识，也包括在体育行业或者体育新闻行业的人脉等社会资源[25]。新闻资本成为女性进入体育新闻领域的"敲门砖"。我们的6位受访对象均有本科以上学历，毕业于新闻传媒或中文专业，有受访者表示："他们可以批

评我不懂体育，但不能说我不懂新闻。"拥有主流承认的较强的新闻背景，成为她们在工作领域强调自己专业性的有利回击武器；同时，我们发现工作年限更久的女性体育新闻工作者，更愿意通过其丰富的从业经历来强调自己的专业地位，多年的体育从业经验使她们能够更加得心应手地处理各类职业问题；对写作质量的评判虽然没有客观标准，但有研究认为，女性比男性在报道中使用更为多样化的来源[38]，细腻敏感的女性表达使得她们的报道更倾向于将新闻"人性化"，尽管这不能成为评判新闻工作者写作质量好坏的标准，但女性区别于男性的写作视角和写作风格也被女性体育新闻工作者视为自己的职业优势之一。

体育资本能够赋予女性在体育新闻领域一定的合法性，帮助她们更快得到认可[25]。2020年东京奥运会乒乓球赛事直播中，央视女主播高菡因其良好的外形和出众的解说能力，赢得网友的一致好评。在央视体育频道对高菡的公开访谈视频中我们可以了解到，这位拥有新闻传播硕士专业背景的体育女主播，同时也是前省队乒乓球运动员，对乒乓球运动有着专业级别的了解，可以说，高菡的体育经验以及新闻传播硕士专业背景成为她在该领域争取认可的主要筹码。此外，前运动员的身份也使得她在体育领域拥有自己的人际网络，一定的人脉资源也能成为其强调专业的社会资本。

杰尔夫-皮埃尔（Djerf-Pierre）认为，经济资本不局限于物质资产的多少，更多的是指它能够创造的物质生活条件水平，其中包括生育支持（reproductive support）：女性组建家庭后，良好的物质生活条件可以帮助她更好地处理家庭—职业的紧张关系，如聘请家政整理家务、照顾孩子等[37]。但根据我们的访谈发现，受访者的选择各有不同：

> 我现在没有来自家庭的压力，但如果将来结婚、有孩子的话，我觉得我还是不会放弃自己的工作，家里的话可以请阿姨，小孩也可以交给父母帮忙带。（受访者C）

但也有记者认为，"尽管良好的物质生活条件能够帮助女性分担一部分来自家庭的压力，但在情感层面缺少陪伴的遗憾是无法弥补的"：

> 当时我老公有提到过是请保姆来照顾（儿子），但我还是不放心，毕竟这么重要的时间段，我希望自己能陪着他。（受访者E）
>
> 工作转型对于其他人来说是契机，对我来说是责任。2015年12月父亲第二次脑出血，因为他身体大不如前，我辞去工作回到长春照顾他。（受访者B）

尽管出于职业和生活态度的不同，每位受访者对于工作优先还是家庭优先的选择各有不同，但她们普遍认为良好的物质生活条件确实可以帮助她们更好地协调家庭—职业之间的紧张关系，有助于她们寻求更好的职业发展。

研究认为，社会资本能够帮助个体从人际网络或其他亲密关系中获得竞争优势。在我们的访谈过程中有记者提道：

> 女性相较于男性具有更低的攻击性，在交往过程中能够让采访对象卸下防备，更容易获得信任，愿意和你交流。我在工作过程中认识了很多运动员朋友，在他们退役后仍然维持着良好的友谊。（受访者F）

前《纽约时报》执行主编托平（Topping）曾对在传媒领域工作的女性记者做出生动点评，认为"女人是天生的信息传播者"，她们普遍拥有更强的交流沟通能力，拓展自己在新闻领域和体育领域的人脉资源，积累一定的社会资本，帮助一大批优秀女性体育新闻工作者获得了职业上的成功，比如被称为"米卢独家发言人"的足球名记李响，因为和米卢结下深厚的友谊，她总是能够轻松拿到国足的独家新闻，尽管外界对于她和米卢的关系议论纷纷，传闻甚嚣尘上，但李响表示："开始我知道的时候，我觉得比较郁闷和气愤，但是我后来就不在乎了……是记者的职业素质让我走到今天。"

（二）网络空间：善用社交媒体平台

1. 借助自媒体平台，打造个人名片

腾讯体育篮球女主播美娜曾在接受采访时提道：

> 在NBA的直播间，我所能承担的和表达的范围非常有限。所以呢，我会在我的自媒体平台上比较活跃，有的时候会发表一些对于球赛的观点和看法。（美娜）

自媒体平台以个人为主体，以相对清晰的身份定义面向他人、依托独立的个人主页空间展开交往互动，并借助链接和引用通告（Trackback）等技术特质建立文本关联和社区人际关系，有助于信息传播并实现人际互动。访谈发现，6位受访者均以个人名义在微博、微信公众号、小红书、抖音等自媒体平台开通私人账号，通过产出专业领域相关的内容来塑造自己的职业形象，打造个人名片；同时通过和粉丝积极互动，吸引受众关注。

据了解，受访者在个人自媒体账号所发布的专业相关内容通常以其所在单位的工作内容为主，账号信息补充栏也会进行工作单位认证，因此，专业知识的产出以及高流量的关注，在丰富女性体育新闻工作者职业形象的同时，也进一步巩固了她们的职业地位。

2. 微信群聊的"圈子化"社交

不同于自媒体平台以信息分享为主、以获取关注为主要目的的瀑布型弱关系社交，微信作为以社交关系链为核心的高度私密性社交工具，以人际交往的"圈子文化"为基础、促进便捷式沟通的微信群聊功能已成为网

络群体生活的新形态。彭华新在研究都市记者群体时提出"底层"记者的"共同体化",认为共同体化就意味着内部的统一和对外的一致性斗争,都市记者共同体通过微信群交流、线下合作来逐步完成[9]。类似的,从事体育新闻行业的女性也通过微信群聊的"圈层社交"形成了女性体育新闻工作者共同体。访谈发现,处于同一职业阶层的女性体育新闻工作者通过"微信"群聊增进联系:

> 其实这个圈子很小的,你会发现和因为工作原因认识的朋友之间会有共同好友,大家关系都很好……与工作群比起来更像个闺蜜闲聊群。就是大家一起分享日常生活,会聊工作,大部分都是工作压力大的时候,抱怨、发发牢骚什么的。因为和自己不同职业的朋友,他们可能会理解不了,但我们有共同的工作,交流起来更容易。所以一般工作有压力了,我也不会告诉家里人,经常会在这个群里聊天,给自己充充电。(受访者C)

> 我上一份工作因为一些原因,选择了辞职,离职之前有在群里告诉一些朋友这个事情,然后就有朋友看到之后,私聊我,介绍了我现在的工作,我们在一个单位,成了同事……处不好的关系当然有,但我们都是认识很久的朋友,平时也会交流一下经验,或者你下一个采访嘉宾曾经我接触过,然后我就会告诉你一些我之前的经验,该怎么和他交流之类的。(受访者F)

面对来自职业领域内的男性霸权和诸多困境,女性体育新闻工作者通过微信群聊形成"共同体",分享工作经验和社会资源,也将其作为"树洞"宣泄工作压力,以非公开的形式进行积极抵抗,以寻求更好的职业发展(见表2-6)。

表 2-6　女性体育新闻工作者的职业抵抗

抵抗者	抵抗场所		抵抗策略	抵抗形式
女性体育新闻工作者	线下空间	职业场域	经济、社会、符号资本作为武器	公开
		家庭场域		
	网络空间	自媒体平台	打造个人名片	非公开
		微信群聊	交流工作经验	
			分享社会资源	
			倾诉、吐槽	

五、讨论与结论

整体来看，我国体育新闻行业针对女性的职业性别水平隔离程度有所降低，相较于以往，市场化导向下对于女性视角的需求，使得女性有更多的机会进入这一男性主导的职业领域，但性别偏见或歧视仍然存在。对于女性体育新闻工作者的性别偏见使得受众更容易将关注的焦点转移到女性身份上来，进而忽视其职业能力。随着社交媒体平台的快速发展，女性体育新闻工作者面临更大规模的网络暴力和网络性骚扰的风险也在增加。

此外，我们发现国外对于女性体育新闻工作者垂直隔离的研究结论在中国并不完全适用，国内体育新闻领域并不存在基于性别属性分配工作任务的情况。但值得注意的是，国内比较热门的体育项目（如篮球、足球、田径等）报道仍然是男性较多，女性多集中于报道综合项目。体育新闻领域存在针对女性的隐性性别歧视，女性话语权较弱，在职场中处于边缘地位，面临晋升困境。此外，女性体育新闻工作者作为女性和职业体育新闻工作者的身份矛盾较为突出，家庭—职业的紧张关系也成为女性在该领域追求职业成就的阻碍。

面对上述困境，女性体育新闻工作者采取公开或非公开的形式进行积极抵抗。在职业场域强调自己所拥有的社会、新闻、体育资本以突出职业能力，为自己的职业合法性正名；在处理家庭—职业冲突时，经济资本能够有所助益。此外，女性体育新闻工作者借助自媒体平台发布专业相关内容，展示自己的职业能力，并通过与粉丝群体的积极互动，打造独一无二的个人名片；微信群组帮助构成女性体育新闻工作者共同体来抵抗工作场域中的男性霸权，通过微信群聊的方式，分享工作经验和社会资源，发泄工作压力带来的负面情绪，以非公开的形式对抗职业困境。

需要强调的是，国外研究发现晋升困难是促使女性体育新闻工作者离开这一行业的主要影响因素[39]，但我们通过访谈发现，国内选择离职的女性体育新闻工作者并非对职业性别隔离规则下所造成的职业生存困境感到失望，她们更多的是在面临家庭—职业平衡时，更倾向于选择家庭，这与中国传统的家庭、孝道文化息息相关。相较于西方世界的理性主义和强调个体成就，中国更是一个讲"情"的国家，传统中华文化中随处可见对于乡土、家族、亲人的依恋。

本文研究存在局限性，访谈人数较少，可能存在代表性不足的问题，未来研究中可能需要问卷辅助。此外，本文未对男性体育新闻工作者进行采访，单一性别视角的文本分析可能存在一定的缺陷。

（作者：彭华新，深圳大学传播学院副教授，博士生导师；赵慧莹，深圳大学传播学院硕士研究生。）

参考文献

［1］STRONG C. Female journalists shun sports reporting: lack of opportunity or lack of attractiveness?［J］. Communication Journal of New Zealand，2007，8（2）：7-18.

［2］CREEDON P J. Women, sport, and media institutions: Issues in sport journalism and Marketing［M］. London: Routledge, 1998: 88-99.

［3］SHERWOOD M, NICHOLSON M, MARJORIBANKS T. Women working in sport media and public relations: no advantage in a male-dominated world［J］. Communication Research and Practice, 2018, 4（2）: 102-116.

［4］康奈尔.男性气质［M］.柳莉, 译.北京: 社会科学文献出版社, 2003: 239-246.

［5］HARGREAVES J. Sporting females: Critical issues in the history and sociology of women's sports［M］. London: Routledge, 1994: 23.

［6］HARDIN M, SHAIN S. Strength in numbers? The experiences and attitudes of women in sports media careers［J］. Journalism & Mass Communication Quarterly, 2005, 82（4）: 804-819.

［7］郑艳芳.性别偏见与社会建构: 女性体育权利的变迁历程［J］.体育与科学, 2014, 35（2）: 92-95.

［8］格伦斯基.社会分层［M］.王俊, 译.北京: 华夏出版社, 2005: 225-262.

［9］彭华新.作为社会阶层的都市记者群体: 日常生活中的"底层"呈现与抗争［J］.国际新闻界, 2019, 41（8）: 154-176.

［10］FIRESTONE S. The dialectic of sex［M］. Radical Feminism: A Documentary Reader, 2003.

［11］GRUSKY D B, CHARLES M. Is there a worldwide sex segregation regime?［M］//DAVID B G. Social Stratification in Sociological Perspective: Class, Race and Gender. Boulder: Westview Press, 2001: 689-703.

［12］GROSS E. Plus CA Change…? The sexual structure of occupations over time［J］. Social Problems, 2014（2）: 2.

［13］童梅.社会网络与女性职业性别隔离［J］.社会学研究, 2012, 27（4）: 67-83+243.

［14］HARDIN M, SHAIN S, SHULTZ P K. "There's no sex attached to your occupation": The revolving door for young women in sports journalism ［J］. Women in Sport and Physical Activity Journal, 2008, 17（1）: 68-79.

［15］HARDIN M, SHAIN S. "Feeling much smaller than you know you are": The fragmented professional identity of female sports journalists［J］. Critical Studies in Media Communication, 2006, 23（4）: 322-338.

［16］SCHOCH L, OHL F. Women sports journalists in Switzerland: Between assignment and negotiation of roles［J］. Sociology of Sport Journal, 2011, 28（2）: 189-208.

［17］SCHOCH L.The gender of sports news: Horizontal segregation and Marginalization of female journalists in the Swiss Press［J］. Communication & Sport, 2020（2）: 1-21.

［18］WHITESIDE E, HARDIN M. The glass ceiling and beyond: Tracing the explanations for women's lack of power in sports journalism［J］. Routledge handbook of sport communication, 2013: 146-154.

［19］刘人锋.女性与传媒研究在中国［J］.学术界, 2006（2）: 257-261.

［20］ANKER R. Theories of occupational segregation by sex: An overview ［J］. International Labour Review, 1997, 136（3）: 315.

［21］ORGANISTA N, MAZUR Z. "You either stop reacting or you don't survive. There's no other way": the work experiences of Polish women sports journalists［J］.Feminist Media Studies, 2020, 20（8）: 1110-1127.

［22］WHITESIDE E, HARDIN M. Public relations and sports: Work force demographics in the intersection of two gendered industries［J］. Journal of Sports Media, 2010, 5（1）: 21-52.

［23］布尔迪厄, 华康德.实践与反思: 反思社会学导引［M］.李猛, 李康, 译.北京: 中央编译出版社, 1998: 131-156.

［24］MARCHETTI D. Subfields of specialized journalism［M］//BENSON R，NEVEU E. Bourdieu and the journalistic field. Cambridge: Polity Press，2005: 64-82.

［25］MILLER P, MILLER R. The invisible woman: Female sports journalists in the workplace［J］. Journalism & Mass Communication Quarterly, 1995, 72（4）: 883-889.

［26］RESKIN B F. Labor Markets as Queues a Structural Approach to Changing Occupational Sex Composition［M］//GRUSKY D B, SZELÉNYI S. Inequality: classic readings in race, class, and gender. London: Routledge, 2018: 191-206.

［27］闾丘露薇.我们还需要讨论性别平等？——香港记者性别意识探讨［J］.传播与社会学刊，2021（57）: 29-52.

［28］KILBOURNE B S, ENGLAND P, FARKAS G, et al. Returns to skill, compensating differentials, and gender bias: Effects of occupational characteristics on the wages of white women and men［J］. American journal of Sociology, 1994, 100（3）: 689-719.

［29］王存同，余姣."玻璃天花板"效应：职业晋升中的性别差异［J］.妇女研究论丛，2013（6）: 21-27.

［30］杨海鹰.转型中国语境中的传播劳动：以平面媒体新闻从业者身份变迁研究为例［J］.新闻大学，2014（2）: 106-114.

［31］祖伦.女性主义媒介研究［M］.桂林：广西师范大学出版社，2007: 73.

［32］FROHLICH R. Feminine and feminist values in communication professions: Exceptional skills and expertise or "friendliness trap"？［M］//BRUIN M D, ROSS K.Gender and newsroom cultures: Identities at work. NJ: Hampton Press, 2004: 67-80.

［33］李漪莲.亚裔美国的创生：一部历史［M］.北京：中信出版集

团，2019：64-67.

［34］VAN ZOONEN L. Professional socialization of feminist journalists in the Netherlands［J］. Women's Studies in Communication，1989，12（2）：1-21.

［35］GUILLAUME C，POCHIC S. La fabrication organisationnelle des dirigeants: un regard sur le plafond de verre［J］. Travail，genre et sociétés，2007，1（17）：79-103.

［36］CHIN C B N，MITTELMAN J H. Conceptualizing resistance to globalization［M］//ADAMS F，GUPTA S D，MENGISTEAB K，et al. Globalization and the Dilemmas of the State in the South. London: Palgrave Macmillan，1999：33-49.

［37］DJERF-PIERRE M. Lonely at the top: Gendered media elites in Sweden［J］.Journalism，2005，6（3）：265-290.

［38］RODGERS S，THORSON E. A socialization perspective on male and female reporting［J］.Journal of Communication，2003，53（4）：658-675.

［39］代玉梅.自媒体的传播学解读［J］.新闻与传播研究，2011，18（5）：4-11+109.

第三部分
文化视角下的认知传播

民族文化认同视角下高校文创产业的
现况、问题和内生路径

刘　雯

[摘要] 文化创意产业（简称"文创产业"）富有强烈的生命力和表现力，高校文化创意产业作为文化软实力的一种象征，也是发展铸牢中华民族共同体意识、繁荣中华民族文化、服务经济社会发展的有效载体。目前国内高校文创产业尚处于起步阶段，民族地区高校文创产业近乎空缺，我国高校文创产业亟待开掘。通过调研高校文创产业现状发现我国高校文创产业存在政策、市场、产销、平台、文化、功能等诸多问题，迫切需要探索一条具有民族性、现代性、世界性的高校文创产业的内生路径。基于此，本文提出了深化民族文化认同和重构产业布局，提升高校文创产业的新功能，释放高校文创产业新能量，激活高校文创产业新业态等路径建议。

[关键词] 民族文化　高校　文创产业　问题　路径

我国是一个多民族国家，各民族长久的交流、碰撞和融合，孕育出丰富多彩的民族和地域文化，中华文化是在中华民族形成过程中逐步构建而成的一个宏大而多元的文化体系。少数民族文化作为中华文化的重要组成部分和动力源泉，丰富了中华文化的多样性。近几年文化产业不断发展，已经成为发展国家经济、提高民族文化影响力的重要支柱，文化创意产业在我国经济增加值以及在全国GDP中的占比逐年增高，国家统计局数据显示，2019年全国文化及相关产业增加值占GDP比重为4.50%[1]。对比美欧文创市场占比达43%和34%，中国的文创市场潜力巨大。作为文化消费体系中的重要组成部分，文化创意产业在"满足人民日益增长的美好生活需要"方面发挥越来越重要的作用。作为人才培育平台，凭借丰厚的文化资源，搭乘创新创业的驱动列车，高校逐渐意识到自身既是文化创意产业人才的孵化基地，同时也是传承民族文化多样性、推动民族文化认同的重要纽带。

不少国内外学者进行了高校文创产品以及文创产业的研究，理论层面包括文化创意产品的概念、内涵、特征等，实践层面包括人才培养、产品设计、文化创新、产业服务等方面。其一，从文化创意产业的发展影响角度分析。学者周易军从市场经济、政策导向、文创资源等方面分析了我国高校文化创意产业园区的形成原因[2]；韩顺法在博士论文中论述了文化创意产业对国民经济发展的深刻影响[3]。其二，从文化创意类人才培养的角度分析。李晓溪在其博士论文中分析了文化创意产业与高校人才培养的互动关系[4]；学者代君、张丽芬分析了高校推动文化创意产业繁荣发展的主要路径，文化创意产业需要高校提供人才支持和智力支撑，提高文化创意产品和服务的文化含量、科技含量[5]。其三，从文创产品的设计角度分析。学者孙立新、邢伟怡以手工技艺类非物质文化遗产与高校文创品相融合为例，对沈阳"非遗"元素和高校校园文化创意产品的关系进行分析[6]。其四，从文创产品的营销策略角度分析。学者刘娟等通过总结国内外高校的校园文化产品的特点，从4P（产品策略、价格策略、渠道策略、促销策略）的视角对校园文化产品的营销策略进行了探讨[7]。

目前高校文创产业对民族文化的开发极其薄弱，民族文化在高校文创产业中整体性近乎缺失。既有的文创产品呈现出效仿或跟风的状态，产品业态单一、产业孵化不足。为了解决高校文创产品实现本土化发展问题，民族地区高校需要站在一个新的角度去重新探索民族传统文化传承与认同的深层价值，立足文化认同的视角思考民族地区高校文创产品的内生力，这是本文的研究落脚点。

一、民族地区高校文创产业的机遇

随着国家政策的引导和产业结构的调整，文化创意产业的发展得到越来越多的重视，国内高校掀起"文创热"，纷纷探索文创发展的可行模式。文创产业是高校文化软实力的一种体现，好的文创产品应当体现现代性和民族性。尤其在拥有多样性传统文化的少数民族地区，如何让传统文化和民族文化根植于文创产品，带动文化创意产业的发展，为高校教育尤其是文科类学科的教育改革带来深刻的影响，是亟待解决的重大课题。在这之前，我们首先需要剖析民族地区高校文创产品的发展现状。

一是国家政策和社会环境为高校文化建设提供政策支撑。中国的文化创意产业自"十一五"时期真正提出，随着全面复兴传统文化成为国家重大国策，民族传统文化保护以及文化创意产业建设得到大力扶持。经过三个五年规划的沉淀，文化产业已成为国民经济支柱性产业。党的十九大报告中指出要"激发全民族文化创新创造活力"，国家"十四五"规划和2035年远景目标纲要提出"健全现代文化产业体系"，中央决策部署进一步促进了文化产业的规范化发展。2021年6月，文化和旅游部发布了《"十四五"文化产业发展规划》（简称《规划》），《规划》要求加快健全现代文化产业体系，推动文化产业高质量发展，建设社会主义文化强国，《规划》认为"十四五"时期我国文化产业仍处于大有可为的重要战略机遇期。近年来国家围绕推进"大众创业万众创新"出台多项政策，多方面扶持产业创新、创新就业等领域，2018年9月26日，国务院印发了《关于推动创新创业高质量发展打造"双创"升级版的意见》。广西"十四五"规划和2035年远景目标纲要中提出要繁荣发展文化事业和文化产业，推动文化旅游高质量发展。2017年广西教育部门发布了关于在全区高校遴选建设新媒体文创中心的相关文件。国家政策、地方政策和社会环境对民族文化发展的助推，以及高校本身的专业优势和智库资源，为高校文创产业建设提供了有力的支撑。

二是高校担负着文化创新的使命。高校在人才培养、文化技术创新、社会服务等方面具备显著优势，担负着文化创新的职责使命。丰富的民族文化资源为高校文化创意人才的培育、文创产品的开发提供了土壤。少数民族的多样性文化更需要"官产学研"协同开发、传承创新，需要加大民族文化、传统文化和地缘文化的挖掘深度，拓宽文化创新和文化创意的开发广度，提高高校文化育人和文化传播的培育力度。目前政府部门、业界及高校联合成立文创产业智库，一批如广西文化创意研发中心、广西传统工艺研究院等机构为少数民族文化创意产业发展创造了良好的经济与政治环境，助力少数民族高校文创产业的萌芽和发展。高校作为服务社会的有效支点，应当在加快文化产业深度服务乡村振兴、区域协调发展，服务国家重大战略、培育新的经济增长点、赋能经济社会发展方面发挥智力和服务作用。

二、高校文创产业的现况——以民族地区高校为例

为深入了解民族地区高校文创产品现状，本文以广西高校作为研究对象开展了一次半结构式访谈和问卷调查，在广西高校中发放并回收有效调查问卷306份。调查发现，高校文创产品与文创产业发展存在需求期待与使用现状的较大矛盾。

（一）高低矛盾——期待值高与购买率低

关于高校文创产品的购买情况，仅有21.90%调查对象曾经购买过高校文创产品（包含区外高校），没买过但有意向购买的调查对象占比49.70%。强烈的购买意向说明高校文创产品具有较高的受众期待，较少的购买经历说明目前高校文创产品的市场占有率和购买率依旧很低。

（二）强弱矛盾——情感诉求强与开发力度弱

关于购买文创产品的目的，由多到少依次为收藏纪念、送亲友和自己使用。结果表明无论在校学生、教职工，还是校友、游客等，都认为高校文创产品具有强烈的情感基因，能够引发情感共振共鸣。问及"大学是否推出文创产品"，几乎半数的调查对象表示"不知道"，购买或使用文创产品的仅占27.45%。从访谈中获知，大多数调查对象并不了解母校或本校的文创产品。部分高校推出的文创产品主要涵盖生活、学习、信息服务，主要为明信片、笔记本、书签、笔、杯子、戒指、手提袋、文化衫、U盘、小雕塑等。整体来看，高校缺乏深度开发的服务类产品，多为仿制物品类，产品开发力度十分薄弱。

（三）明暗矛盾——生产主体明确与营销渠道匮乏

在选择文创产品的生产方式时，70.59%的调查对象选择"学校牵头，师生共同设计"，其次是"在校生设计"（17.65%），"产品外包，由专业公司设计"（11.76%）。高校师生在设计人才培育、熟悉目标用户、建立消费渠道等方面具有得天独厚的优势，师生群体被视为高校文创产品的生产主体。高校文创产品的获知渠道主要来自学校官方网站、微信、微博等校园媒体平台，以及校园的QQ群、微信群。高校文创产品的获取渠道依赖于校内实体商店、社团工作室、校际交流、入学或毕业时获赠，其中45.10%的调查对象表明不知道去哪里购买文创产品。高校大学生主要通过新媒体平台了解文创产品，一些高校利用微信小程序、微店、淘宝网店等平台销售文创产品，由于普遍缺乏市场意识，市场转化能力薄弱，成果孵化动力不足，加之管理运营不当，文创产品的营销推广形同虚设。高校文创产业生产主体明确、用户关切，但渠道不通、营销匮乏，呈现出极大的矛盾。

（四）新旧矛盾——产品实用新奇与创意设计缺乏

在问及购买高校文创产品的考量因素，调查对象首先考虑创意设计、文化内涵，其次是价格实惠、产品实用、个性化定制、产品质量（见表3-1）。谈到高校文创产品存在的不足时，依次为创意设计不足、不清楚购买渠道、文化内涵不丰富、价格贵、不实用、质量差等（见表3-2）。两组数据对比可见，创意设计是受众最期待的文创产品属性，恰恰也是最不满意之处。

表 3-1　购买高校文化产品的考量因素

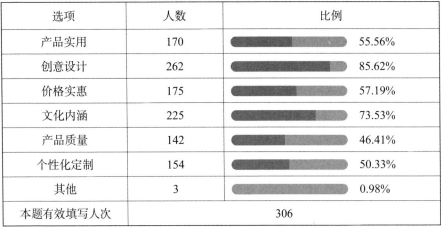

选项	人数	比例
产品实用	170	55.56%
创意设计	262	85.62%
价格实惠	175	57.19%
文化内涵	225	73.53%
产品质量	142	46.41%
个性化定制	154	50.33%
其他	3	0.98%
本题有效填写人次		306

表 3-2　高校文创产品存在的不足

选项	人数	比例
不实用	83	27.12%
创意设计不足	154	50.33%
价格贵	111	36.27%
文化内涵不丰富	123	40.20%
质量差	77	25.16%
不清楚购买渠道	138	45.10%
其他	7	2.29%
本题有效填写人次		306

（五）多寡矛盾——产品民族文化多样性期待与文化内涵挖掘不足

根据表3-1可知，文化内涵是判断购买文创产品的重要因素。90%的调查对象也认为高校文创产品应彰显民族文化多样性。在一项关于少数民族地区高校文创产品当中加入什么元素的问题中，调查对象期待文创产品提炼和运用非物质文化遗产、图腾文化、服饰文化、节庆文化、饮食文化、生活工具等彰显各民族生产生活的文化符号。此外，调查对象还提供了296个广西壮族自治区的文化元素，调查组将这些文化元素归纳为20多种文化符号，包含壮族"三月三"、歌圩、铜鼓、壮锦、织染、绣球、侗族建筑、花山壁画、壮文、船舶桑蚕、骆越文化、海洋文化等。可见，文化内涵尤其是民族文化成为消费者衡量民族地区高校文创产品的重要标准，民族地区高校文创产品应更多地彰显民族文化多样性，这种观念被大多数消费者所期待。

与这一期待有所差距的是国内高校文创产业文化市场普遍创意不足，并未深入挖掘高校文创产业中原创这一生命力，仅仅在产品外观上进行微调或改良，产品文化内涵严重缺失。民族地区高校同样未能彰显少数民族文化多样性，对民族文化理解不透、感悟不深、提炼不够，文创产品设计单一、类型同质、制作雷同，民族地区发掘在校生或校友资源开发文创产品的力度较弱。

三、高校文创产业存在的问题

高校文创产业的发展既有先天性"营养不良"，也有后天的"照顾不周"。一方面，先天性因素源于我国文化创意产业起步较晚，尤其是我国少数民族地区文化创意产业几近空白；另一方面，后天性因素源于产品设计、产业形式、文化推广上缺乏经验，大量的文化资源并未得到深度开发。民族地区高校文化创意产业要开拓一条创新路径，需要先直面并解决诸多问题。

（一）政策"失活"，市场"失灵"

民族地区乃至全国高校文创产业发展多依赖供给性扶持，如政府竞标项目和学校科研等经费资助，经费来源和经费总额十分有限。由于民族地区高校文化创意产业发展尚处于探索阶段，其研究成果不能被有效开发和利用，缺乏与市场价值链有效连接，未能形成可持续联动发展的模式，导致文创产业内部生产动力不足，难以保障其持续性发展。

（二）产销"失衡"，平台"失调"

高校文创产业缺乏完善的体制机制，文创产业功能布局零散无序。由于调研分析不充分，难以按照用户实际需求提供精准的研、产、供、销良好机制，致使文创产品产销脱节。当前民族地区高校文创产品的研发多依托大学生创新创业项目、学生工作室，专业教师兼任文创产业指导教师，各专业和相关文创产业之间沟通不畅，缺少聚合型文创平台和复合型文创指导师资的统一协同调度，这也令文创产品难以深耕细作。

（三）文化"失缺"，功能"失效"

目前，高校仅对民族文化元素进行简单、机械的搬运复制，一些极具地域特色的文案图样、符号标识被粗暴地挪移拼贴。一些高校为了降低设计研发的成本，采取速成法提升文创产品的数量，采购市场上现有快销产品并统一加印品牌标签，传统文化和校园文化的传播被简化为一种校名的传递。尤其在文创产业尚处于探索阶段的民族地区高校，更容易出现生搬硬套、简单炮制的文创复制品，这类产品大多质量不佳且不具有辨识度。

此外，在毕业季或开学季等具有特殊意义的时间，高校也开始研发具有单一情感符号的工艺品和纪念品，这些文创产品仅作为免费赠予，情感价值高于实用价值，但由于忽视了具有广阔市场的功能性文创产品的研发，文创产品的文化属性和功能属性失衡，好看的不好用，好用的不好看。

四、文化认同与产业重构：高校文创产业的内生路径

文化认同体现为对本民族文化的身份认同和同一性认同，也是民族文化多样性传承与发展的基础。民族文化认同具有特殊性和普遍性，特殊性表现在对不同民族文化的多样性认同，普遍性体现在对国家文化、经济与政治的同一认同。根本上看，民族文化认同是"我们作为个人与我们自己的语言、地方、地区和民族共同体及其特殊价值观念（伦理的、美学的）的自发认同；是我们吸收历史、传统、习俗和生活样式的方式"[8]。因此，基于文化认同视角利用民族地区的多样性文化，设计和研发出能反映民族地区高校的精神、意象、神韵的文化创意产品[9]，在高校育人的环境下赋予文创产品独特的文化和情感提示，并在此基础上激发民族地区高校文创产业焕发生机是十分必要的。

（一）在民族文化自信中提升高校文创产业新功能

树立民族文化自信就是要对中华民族的特色文化资源充满信心，从中华民族的特色文化资源中汲取源源不断的养分。高校多立足并扎根于区域性地方，天然享受着地缘特色凝聚而成的民族文化，这些文化资源为高校文创产业提供了取之不竭的文化营养。尤其是近些年民族文化在文创产业中已然从精神凝练走向功能实践，文化既是精神，也是商品，既能欣赏，也能应用，主要体现在用户对文创产品的需求不仅仅停留于应用性功能，产品的文化性功能也备受重视，兼具应用性和文化性的文创产品更受欢迎。高校文创产业应聚力提升两个功能，深耕两个"抓

手"，即文化体验和教育实践。一方面，深入挖掘民族节庆文化、民俗民间文化等具有民族特色的文化资源，进一步梳理、整合、策划、包装民族文化资源，在创意设计中转化为具有市场竞争力的文化产品，满足用户求实、求新、求美、求廉、求同、求异的消费需求，满足高校内外等社会用户的关切与诉求。另一方面，高校要大胆对接市场，大力彰显高校教育功能优势，深耕文创产业的教育功能，开发一批喜闻乐见、寓教于乐的文创产品，真正发挥"内化入心，外化于行"的高校文创产品的独特魅力。

（二）在民族文化自觉中释放高校文创产业新能量

费孝通认为文化自觉是基于强烈而深厚的民族文化归属感和自豪感，对其他文化的尊重和吸收[10]，民族文化自觉的核心要义在于提升文化的赋能价值，从而加强民族文化的创新能力和文化转型能力。高校文创产业依托本地区丰富的文化遗产、文化习俗、文化精神，如何推动民族文化的再编织、再生产、再传承，这是高校文创产业自我赋能的重要方向。

高校文创产业释放新能量应充分考虑"软""硬"两个实力："软实力"体现为文化在地化，进一步识别非物质文化遗产、民族服饰、歌曲、戏剧、文字书写等的功能功用、审美价值，系统性地收集、分析和解释，从中提炼创意符号并寻找可应用、可嫁接、可传播的设计路径。"硬实力"体现为文化技术化，大数据、人工智能、区块链技术等数字技术在文化产业领域的应用将会有效加强文创产业的自主能力和转型能力，大幅扩大文创产业的应用范围。打好两个实力组合拳，发挥高校贯通"官产学研"的桥梁作用，倡导官学共建提供政策扶持，校企合作畅通市场渠道，校媒联合拓展传播平台。通过高校文创产业深度激发民族文化的能量值，推动高校文创生产技术化、创新化、应用化，强化民族文化符号化、在地化、品牌化，打造一批适应新环境新时代、彰显新民族文化的文创产品，力求文创产业破圈式、破壁式、破域式实现自主产销。

（三）在民族文化繁荣中激活高校文创产业新业态

促进民族文化繁荣是高校的重要职能，高校堪当民族文化的传承者和倡导者，是传统文化的引领者和示范者、先进文化的开拓者和领航者。民族地区应致力于扭转文化资源与开发极度不协调，注重地区经济而忽略民族特色，民间文化存续窘境和社会关照不协调的现实。高校理应以繁荣民族文化为己任，树立"经济视野、社会情怀、文化消费"的理念，推动民族文化"本土化""在地化"，进一步激活高校文创产业新业态和新形势，成为推动民族文化繁荣、引领社会风尚的文化圣地和精神家园。

此处提出"三个改变"构建高校文创产业新业态：第一是改变创意形态。改变传统文创产品追求物质之"形"，大力开拓适应新媒体社会创意之"态"。比如高校人才集聚、专业集群、产业联动等先天条件，在短视频、直播、Vlog、动画制作等创意产业形态上挖掘尚浅。高校可集中优势资源大力开掘新媒体创意产业，打造"数字文化+民族文化""互联网+文创"等平台和产品。第二是改变生产形态。高校文创产品从生产产品转向生产+服务的理念，不只生产文创产品，更要提供文创服务，比如收录、存储、数字化处理本地区非物质文化遗产资源，宣传、推广、再编织特色民族文化。实施文创项目化并整合校内文创工作室、产教融合平台、大学生创新创业项目等平台资源，构建民族文化创意产业孵化基地。第三是改变营销形态。高校文创产品多自产自销，根本问题是没有对接市场，多为公益类。鼓励师生以项目、工作室的形式自主产销，在此基础上学校加以监管，通过直播带货、网店、微店、线下实体店等形式畅通高校文创产业销售渠道，服务经济社会发展。

（作者：刘雯，助理研究员，南宁师范大学教师。）

参考文献

［1］国家统计局.2019年全国文化及相关产业增加值占GDP比重为4.5%［EB/OL］.（2021-01-05）［2021-01-06］.http://www.stats.gov.cn/xxgk/sjfb/zxfb2020/202101/t20210105_1812059.html.

［2］周易军.我国高校文化创意产业园区形成原因探析［J］.艺术教育，2016（6）：269-271.

［3］韩顺法.文化创意产业对国民经济发展的影响及实证研究［D］.南京：南京航空航天大学，2010：26.

［4］李晓溪.高校文化创意产业人才培养研究［D］.上海：上海大学，2014：1.

［5］代君，张丽芬.地方高校助推文化创意产业发展的研究：基于文化传承创新的视角［J］.南昌大学学报（人文社会科学版），2014，45（6）：155-160.

［6］孙立新，邢伟怡.沈阳"非遗"元素在高校校园文化创意产品中的应用研究［J］.美与时代：上，2017（9）：91-93.

［7］刘娟，赵兴权，董维维.高校校园文化产品营销策略研究［J］.教育教学论坛，2018（8）：39-40.

［8］拉兹洛.多种文化的星球：联合国教科文组织国际专家小组的报告［R］.戴侃，辛未，译.北京：社会科学文献出版社，2001.

［9］刘雯，李静，黄宇鑫.少数民族地区高校文化创意产业发展SWOT分析［J］.新闻知识，2018（9）：34-37.

［10］费孝通.关于"文化自觉"的一些自白［J］.学术研究，2003（7）：5-9.

重大疫情应对中的媒体国际
传播能力建设

吴卫华

[**摘要**] 新冠肺炎疫情属于全球范围内的公共卫生危机，在世界范围内产生重大影响。重大疫情的暴发对我国媒体国际传播能力形成挑战，西方媒体基于意识形态偏见，在国际传播中将疫情污名化、政治化，力图通过这种方式来打击贬低中国国家形象。而在国际传播格局中，中国媒体由于传统的话语结构和传播形式致使其结构性权力和解释性权力长期处于弱势地位，影响媒体的对外传播能力。基于此，中国媒体亟须从关键核心概念阐述、传播语言转型与外向型媒体建设三方面加强国际传播体系建设，提高应对重大疫情及全球性公共卫生危机的能力。

[**关键词**] 国际传播　重大疫情　意识形态　有组织的不负责任

媒体国际传播能力是国家软实力的象征，国家话语权在很大程度上与媒体国际传播能力存在紧密联系。在新冠肺炎疫情期间，西方媒体凭借强大的传播能力，垄断国际话语权，影响国际舆论，将疫情政治化、污名化，从而使得公共疫情转变为"信息疫情"，给中国的国际形象带来巨大负面影响。面对西方主导国际话语的舆论环境，在重大疫情应对中，我国应加强媒体的国际传播能力建设。

一、重大疫情对中国媒体国际传播的挑战

媒介传播力作为国家软性权力的重要组成部分，反映出国家权力的强弱，在西方媒体占据国际传播话语主导权的背景下，我国媒体在国际传播力上长期处于弱势地位，特别是在重大疫情暴发过程中，表现得更为明显。

（一）客观中立悖论：西方传媒的意识形态偏见

起源于19世纪的西方新闻专业主义建构了当代新闻传媒业秉持的客观、中立、理性观念，并发展出一套新闻职业规范与伦理道德标准，长期被西方媒介奉为圭臬。但在实践中，西方大众传媒深受政治与商业双重力量的影响，客观中立只能停留在表面，随着移动互联网的发展，这一客观中立悖论表现得更加明显。布尔迪厄（Pierre Bourdieu）曾经提出过关于行动者实践的简约公式：（惯习×资本）+场域=实践。从这一公式可以看出，影响个体实践的三大因素即惯习、资本和场域。但由于惯习与场域本身是一对相辅相成的概念，因此，惯习与资本决定着个体的行动逻辑，资本是个体网络行为的"筹码"。在布尔迪厄看来，资本是一项累积性劳动，包含经济资本、文化资本和社会资本[1]，资本变化将会引起场域内行动者关系的变化，最终导致结构变化，而惯习也并非一成不变，它具有不断调整与重构的特性。移动互联网使得原有媒介场域中的"性情倾向系统"（惯习）发生改变，以自媒体为代表的移动互联网对原有的"性情倾向系统"进行了一定程度的重构，使得受众更易接受碎片化、可视化、多终端以及虚拟化的传播内容，从而改变行动者的实践逻辑。移动互联网对新闻专业主义最大的挑战来源于两方面，一是多元资本对传统媒介的介入，使得传统以组织为核心的大众传播模式转向以个体为核心的新媒体

传播模式；二是"性情倾向系统"的重构，即自媒体对传统新闻传播模式的系统性改造，使得UGC（User-generated content，用户生产内容）、PGC（Professional-generated content，专业生产内容）和OGC（Occupationally-generated content，职业生产内容）等新型传播模式成为国际传播的重要手段，而UGC、PGC和OGC等基于个体或者组织的传播形式本身带有很强的价值立场，在国际传播过程中表现出一定的意识形态偏见。而且"客观"概念本身深受政治、经济、文化以及意识形态的影响，可以说，谈及"客观"本身就是一种不客观。英国的格拉斯哥媒介研究小组在《更多的坏消息》（1980）一书中就认为，新闻从业者对"客观公正"的反复声明实际是在为宣传当权者的论断而避人耳目的做法，隐藏在"客观"背后的则是西方意识形态。

（二）有组织的不负责任：风险治理的责任推卸

贝克（Ulrich Beck）认为，随着工业化发展，人类社会进入风险社会[2]，并且他用"有组织的不负责任"（organized irresponsibility）概念来解释现代社会的风险起源问题，他认为公司、政策制定者和专家形成一个联盟，他们制造了社会风险，又通过一套话语来推卸责任。"有组织的不负责任"实际上反映的是现代社会风险治理在结构和制度层面上的困境。在重大疫情应对过程中，以CNN、BBC为代表的西方主流媒体在疫情伊始，就精心炮制"Wuhan Virus""Chinese Virus"等词给疫情贴上"中国"标签，用以污名化中国国家形象，部分国家政客也借此构筑"话语陷阱"妄图转移疫情焦点、推卸抗疫责任，其本质仍是"美国中心论"和"欧洲文明中心论"的西方傲慢情绪在媒体国际传播中的映射。在西强我弱的国际传播格局下，我国媒体的国际传播只能依赖部分传统主流媒体驻外记者站以及少数公众人物的Twitter（推特）、Facebook（脸书）账号发布零星涉疫信息，总体国际传播力不强，对抗国外媒体和政客的大规模涉疫"话语陷阱"能力有限，与国外公众也无法组织有效的对话和交流。

（三）话语区隔：媒体国际传播的话语体系建设

我国媒体国际传播在涉疫报道中虽然信息发布及时、发文量充足，但转引率、认可度偏低，设置、影响议程的能力不够突出，在国际话语权的争夺中明显处于劣势[3]。造成这种现象的原因有多方面：意识形态偏见、媒介传播格局不均衡以及议程设置能力差距等，而媒体语言运用也是其中重要的影响因素。个别媒体在对外传播过程中往往将"内宣"模式进行迁移，用"内宣"语言讲述"外宣"故事，在话语模式上与国际化媒体缺乏有效对接，经常陷入一种"自说自话"的话语窠臼当中。西方媒体在媒介信息传播过程中严格区分"宣传"与"新闻报道"，并对"宣传"采取抵制态度，而我国媒体则是将两者合二为一，并强调媒体的宣传导向作用，中西方媒体对此存在明显的话语区隔。因此，在重大疫情的新闻报道过程中，西方公众往往将我国媒体的国际传播视为一种国家宣传，强化固有的意识形态偏见。移动互联网带来的传播模式的转变也给原有国际传播话语体系带来冲击，移动化、碎片化、视频化、娱乐化的信息传播打破传统的严肃、理性、职业的媒介"性情倾向系统"，并在一定程度上对媒体国际传播的话语体系进行重构。

二、重大疫情应对中媒体国际传播的限制性因素

移动互联网时代下，媒体国际传播能力更多地体现为跨国界、跨文化的信息传播，传统媒体受到渠道、法律、意识形态隔离等限制性因素影响，不可避免地会遇到传播壁垒，而互联网可以有效排除这些限制性因素影响，实现信息的有效传播，因此，互联网成为不同国家国际传播权力的角斗场。巴内特（Michael Brnetta）和杜瓦尔（Raymond Duvall）认为权力是在复杂的社会关系中各种效应的产物，把权力分为四种表现形式：强

制性权力、制度性权力、结构性权力和生产性权力[4]。在此基础上，贝茨和斯蒂文斯又把网络空间权力分为：强制性权力、制度性权力、结构性权力和解释性权力[5]。强制性权力反映的是网络空间中的网络攻击与网络惩罚，制度性权力反映的是基于国际互联网规则的管理规制，结构性权力反映的是网络空间中不同行为体之间的权力关系，解释性权力则体现为网络空间中国家行为体对网络行为的解释权力。这四类权力中，强制性和制度性权力反映的是国家行为体之间的网络空间权力关系，结构性和解释性权力反映的是国家行为体与非国家行为体之间的网络空间权力关系，这四类权力关系并行不悖且相互影响。对于媒体国际传播而言，强制性权力和制度性权力是以国家为行为体的权力角斗，国家形象、资源基础与国际地位对媒体的国际传播产生直接影响，因而具有"宏大叙事"的特征。而结构性权力和解释性权力关注的是不同国家媒介本身的相互建构和话语表达，聚焦于媒介结构位置、议程设置能力以及议题框架塑造。在重大疫情应对中，媒体的国际传播能力更多地依赖于结构性权力和解释性权力，这两者也因此成为我国媒体国际传播的两大限制性因素。

一方面，国际媒介生态结构限制我国媒体的国际传播力。结构性权力不同于刚性的强制性权力和制度性权力，它是一种基于结构位置的隐性权力，我国媒体与西方媒体在国际传播中表面是平等的，但由于政治、经济、文化、意识形态、传播技术等媒介生态结构的不同，西方媒体长期主导国际传播话语权，并形成西强我弱的国际传播格局。这种结构性权力由多种因素确立并强化，依靠媒介本身力量很难改变，其本质是媒介国际传播的影响力。"媒介逐渐被视作是各种政治、经济等权力争夺的空间，传播主体通过占据特定的位置，控制信息的传播，进而影响受众的意义建构。"[6]在国际传播过程中，这种影响力体现为舆论号召力与相关议题的设置能力。以美国CNN和英国BBC为代表的西方国际性媒体通过"病毒源自中国""抗疫不力"等"分配注意力"的议题设置方式迅速将中国推向国际舆论的风口浪尖，而中国由于结构性权力的先天不足，只能借助部

181

分公众人物的海外社交媒体账号进行观点交流与意见争论，无法有效影响国际公众。

另一方面，我国媒体在以话语表达为核心的解释性权力运用中对国际公众影响有限。在巴内特看来，解释性权力就是一种生产性权力，意指主体建构过程中通过话语与知识体系产生的权力，对于国际传播而言，解释性权力表现为一种信息传播的话语体系。在福柯（Michel Foucault）看来，话语不仅只是语言符号，还包括符号背后的社会规制和社会系统，体现为一种社会实践。"是话语建构了我们的生活世界，是话语建构了我们对这个世界的理解和解释，同时也是话语建构了我们主体自身。"[7]因此，福柯认为话语建构了社会，也建构了人类主体。在重大疫情应对中，西方媒体通过"Chinese Virus"等词潜移默化地向西方公众灌输反华意识形态，中国媒体只能被动地驳斥与回应，缺乏主导议题的能力，陷入国际舆论战的"口水仗"中。同时，对诸如疫情经济、疫情政治等重大议题的解读与厘定中，也容易步西方后尘，用西方话语和西方理论解读涉疫问题，缺乏中国视角的权威核心概念。

三、重大疫情应对中提升我国媒体国际传播能力策略

重大疫情的暴发对我国媒体国际传播形成挑战，同时也创造了机遇。尽管部分西方媒体和政客不断污蔑我国抗疫成果，将疫情当作打击中国国家形象的机会，但是中国出色的抗疫成绩也为讲好中国故事、展现国家形象提供了良好素材，无形中成为中国国家道路自信、理论自信、制度自信和文化自信的最佳佐证。当然，我国媒体还需要从以下三个方面加强国际传播能力建设：

（一）强化核心概念阐述，破解西方话语陷阱，讲好中国故事

我国媒体的国际传播深受西方传播理论、传播思想和传播技术的影

响，对于关键核心概念的阐释往往也容易追随西方话语框架，从而落入西方话语陷阱当中，丧失话语权。例如我国在疫情最严重期间采取封城措施时，西方媒体掀起的一股"人道主义""民主自由"的舆论攻击，虽然中国驻海外媒体和海外社交媒体账号立马进行了驳斥，但这种驳斥依然是在西方普世价值框架内进行，纠缠于"什么是真正的人道自由"。为了破解这一困局，我国媒体应跳出现有西方话语框架，宣扬中国视角的关键核心概念，以一种"平行价值观"抵消西方意识形态偏见，摒弃固有的西方经验、西方话语与西方叙事，建构中国概念与中国话语。因此，在重大疫情应对中，我国媒体应该以一种新的思维模式来平衡西方媒体报道，将重大疫情应对上升为人类命运共同体建设维度，讲述中国抗疫故事。人类命运共同体与西方倡导的普世价值之间有一定的内容重叠，但普世价值带有明显的意识形态特征，体现为一种政治实用工具，正如塞缪尔·亨廷顿（Samuel Huntington）所言："普世文明的概念有助于为西方对其他社会的文化统治和那些社会模仿西方的实践和体制的需要作辩护。普世主义是西方对付非西方社会的意识形态。"[8] 而人类命运共同体则超越了西方普世价值观中的意识形态特征，在尊重不同国家和不同群体独特性的基础上，弘扬人类普遍价值，这也是重大疫情应对中需要人类社会团结合作、共建人类整体福祉的观念体系。党的十九大报告明确指出"与世界各国人民同心协力，构建人类命运共同体，建设持久和平、普遍安全、共同繁荣、开放包容、清洁美丽的世界"。因此，中国媒体可以在人类命运共同体这一话语体系中融入中国抗疫故事，更好地阐述中国制度与中国道路，展现中国国家形象，破除西方媒体传播中的意识形态偏见。

（二）转变传播语言，强化海外社交媒体的中国声音

传统媒体时代，我国媒体国际传播的主体是官方背景的主流传统媒体，这些主流传统媒体对外传播过程中遇到的一个重要问题是海外民众对中国缺乏基本了解，相关信息大多来自西方媒体，而西方媒体先入为主式

的意识形态偏见极易造成海外民众对中国形象的刻板印象与认知偏差，我国主流媒体传播的相关内容也会被西方民众视为一种宣传策略，而无法有效影响受众。同时，部分主流传统媒体在对外传播过程中将"内宣"策略迁移至"外宣"，无法适应国际公众的趣味偏好。随着互联网特别是移动互联网的发展，对外传播呈现多元化趋势，这种多元化体现为三个方面：一是传播主体的多元化，既包括中国主流传统媒体，也包括公司化运营的企业，还包括个人；二是传播渠道多元化，媒介终端不断向移动化、智能化迁移；三是传播内容多元化，不再局限于政治、经济类新闻信息传播，而是涵盖娱乐、民生、科技等多维图景。在此背景下，"对外传播"逐渐转型为"对外社交"，海外社交媒体显示出巨大的国家形象形塑作用。比如李子柒在YouTube（优兔）的粉丝量超过一千万，其视频很好地传递了中国深厚的文化魅力。而在疫情期间，海外留学生通过海外社交媒体及时向国际传递中国抗疫经验、讲述中国抗疫故事，反击国外媒体对中国的污名化报道。

（三）加强外向型媒体建设，展示国家形象

中国现有外向型媒体主要是以新华社、中国国际广播电台、China daily（《中国日报》）等为代表的传统主流媒体，这类外向型媒体有着其他媒体和海外社交媒体所无法比拟的内容优势和平台优势，比如中国国际电视台CGTN于2020年3月推出的首部全景展现武汉"抗疫"历程的英文纪录片《武汉战疫记》，被美国广播公司、英国Channel4、法国TV5等多个国家和地区的媒体采用，让国际公众了解中国抗疫历程，反响巨大。对于这些外向型媒体建设而言，其中很重要的一点就是要立足国际视野，尽量淡化官方色彩和宣传话语，根据目标国家的受众市场，开发符合受众习惯的内容产品。在条件具备的情况下，可以从人力资源、内容生产、渠道建设以及企业运营等多维度与国际媒介市场接轨，通过市场化运营的方式推动我国外向型媒体的海外发展。

总而言之，媒体的国际传播能力建设是个综合系统，单一策略已无法满足我国媒体对外传播需求，特别是在移动互联网背景下，国际传播的多元化使得我国媒体的国际传播面临更多的挑战。在重大疫情应对中，这种挑战同时也是一种机遇，有利于向国际公众传播中国抗疫精神，讲述中国抗疫故事，建构良好国家形象。

（作者：吴卫华，湖州学院校聘教授、博士、硕士研究生导师，主要研究方向为国际传播和网络空间治理。）

参考文献

［1］布尔迪厄，华康德.实践与反思：反思社会学导引［M］.李猛，李康，译.北京：中央编译出版社，2004：161.

［2］贝克.风险社会［M］.何博闻，译.南京：译林出版社，2004：19.

［3］彭祝斌，朱晨雨.探寻我国国际传播体系建设新思路［N］.中国社会科学报，2020-10-16.

［4］赵长峰.国际政治中的新权力观［J］.社会主义研究，2007（2）：107-109.

［5］鲁传颖.网络空间治理与多利益攸关方理论［M］.北京：时事出版社，2016：195.

［6］汤景泰，陈秋怡，高敬文.传播网络与跨圈层传播：中国主场外交的国际传播效果研究［J］.新闻大学，2020（8）：56-70+128.

［7］周宪.福柯话语理论批判［J］.文艺理论研究，2013，33（1）：121-129.

［8］亨廷顿.文明的冲突与世界秩序的重建［M］.周琪，译.北京：新华出版社，2002：45.

中日韩周边交往与文化传播的特点、问题、策略探析

刘　源

[摘要] 中日韩三国一衣带水、历史相通、人文相连。从古至今三国命运密切相关，有过亲密无间的共生互融，也有过剑拔弩张的短兵相接。在波谲云诡的国际背景下，三国间的关系变化，影响着整个亚洲的命运。本文以周边传播理论为基础，总结并梳理中日韩三国人文交往和文化传播的特点、阈限，以战略传播作为方法，尝试探索出以文化作为重要手段，优化中日韩周边传播的新路径。

[关键词] 周边传播　中日韩关系　人文交流　文化传播　战略传播

周边传播理论认为，文化只是传播行为的重要内容之一，周边传播往往是建立在"文化相同或相似性的基础上的信息流通活动"，其目的是"睦邻亲近，官通民和，增加交往，互帮互惠"[1]。而文化在中国"多元一体"的社会环境中，要实现传播的最佳效果，则要遵循三个文化圈层传播的规律，即国内各民族间文化的传播与交流、中华民族对地缘周边国家和地区的文化与信息交流、中华文化与基督教文化、印度教文化等世界文化的交流与信息沟通。作为中国的近邻，日本与韩国无论是地理空间还是文化空间都与中国处于文化传播的第二个圈层，并且在这个区域内，因古代三国间密切交往而形成的相似传统和记忆，在文化基因上具有良好的先

天条件。然而在当今复杂的国际环境下，三国却经常出现彼此间的向心力不稳、离心力加剧的情况，基于此，从文化的角度找到更适合的交往方法，成为迫切解决中日韩三国重构共识的重要途径。

一、传统东亚："共项"与"差异"并存的"混合"文化图景

文化人类学者弗里德里希·拉采尔（Friedrich Ratzel）曾指出"文化要素是伴随民族迁徙而扩散开去的"[2]。即所谓的文化并非"独立发明"或"自我生长"，而是在以人类社会为主体的彼此交往中不断形成的、带有各自特点又有很高相似性，既有共项又有差异的文化范式。日本文化学者青木保亦将其界定为"相互交集中发展和形成的混成文化"[3]并且提出，在这种混成文化的前提下存在着"土著时间、亚洲时间、近代化和工业化时间以及融合前三种时间的现代时间"，并指出日本人的生活中流淌着"三种文化时间"。[4]相较于拉采尔的文化扩散，青木保则将其具体化为日本文化原生性、融合性与时差性并存的实证分析。两者以群体性的人作为文化传播载体的研究范式，与周边传播中的三个文化圈层和"信息发生点向周边的各个方向、由近及远不断扩散的过程"的观点有诸多相似之处。[5]周边传播则在理论层面向前一步，更强调信息在空间上圈层化的由近及远的传播，同时，因传播主体本身的能力大小，将周边置于可近可远的距离。在古代社会，中国因历史悠久、文化深厚、科技领先等诸多因素，长期处于相对周边区域的文化高位，并且因自身占据朝贡体系的核心和主导位置，与日本列岛和朝鲜半岛都有密切的文化、政治、经济接触，在此过程中，以中国古代传统文化体系为核心内容的传播活动也由此展开，这同样符合周边文化传播中"不同民族之间的接触和交往可以引发文化传播现象，文化传播的范围以及产生影响的程度取决于不同民族之间接触的持续程度和密切程度"[6]的观点。

总体来看，古代东亚文化景观是由中国主导的以汉字为核心、儒学为基础、禅学为外延，融合本土语言、思想和信仰而构成的地缘相近、文化相似、心理认同相对稳定的高语境周边文化共同体。

二、现代东亚社会交往阈限的问题

尽管古代的东亚社会在中国主导的"朝贡秩序"和儒家思想的影响下，长久保持了稳定、协同的发展状态，但在国际社会近代化、工业化、战争、殖民扩张等诸多因素的影响下，传统的东亚社会结构被打破，并在直至当前的很长一段时期内难以再度弥合。根据周边传播的理论来看，东亚社会交往的阈限主要存在以下三个方面的问题：

（一）文化断裂下渐行渐远的情感周边

所谓远近，"既可以指距离上的远近，也可指情感上的远近"[7]。而这种情感上的远近主要取决于文化相似性多少、综合实力的强弱程度、主观愿望的大小等因素。在近代化之后，中日韩三国各自走上了意识形态差异较大、现代化文明程度不同、文化认知多元的现代国家范式，虽然在地理上属于近周边，但在心理上却逐渐走远。这一现象的产生有多重原因。

首先，西方国家的殖民扩张，使传统东亚社会以中国为主导的朝贡秩序被打破。日本自明治维新开始大量引进西方科学技术、文化知识，在思想界开始建立起一套符合本国发展的思想体系，并建立了现代国家制度，走上了资本主义对外扩张的道路。同时以福泽谕吉为代表的学者开始不断宣传西方文明的进步与中国传统孔孟之道的落后，并且大力鼓吹"脱亚论"，并将日本视为"亚细亚东边诞生的一大新的英国"，而将中国视为"停滞于文明的边境之外、被近代化抛到后面的古老大国"，将朝鲜看作"弱小且尚未开化的国家"[8]，并声称，亚洲如若想要走向现代文明，则要在日本的指导下重组新秩序。由此产生了"征韩论""大东亚共荣"等带有日本殖民主义话语色彩的思想范式。

其次，从明朝灭亡之后，朝鲜半岛开始形成一种"明朝之后无中华"和自身"后明朝"与"小中华"的思想认知。[9]一方面，他们对于"非汉"民族的清朝统治者带有鄙夷的态度，认为其并非儒家礼制下的中华本体；另一方面，虽然程朱理学在朝鲜半岛有所发展，但儒家思想作为主流一直未曾被撼动，他们将自身建构为中华文化的"正统继承者"并引以为傲。尽管其在实力上仍然对清帝国保有朝鲜传统的"事大主义"原则，但在情感上却早已疏离，并带有鄙夷，认为"今天下中华制度，独存于我国"[10]。并且在对待日本的态度上，认为"以文明的尺度来衡量，日本终究是'东夷'"[11]。而在近代化过程中，朝鲜半岛成为包括日本在内的多国列强争夺的战略要地，长久秉持"事大主义"的朝鲜，在当时变动的时局中，难以找到自身的生存空间并变得迷茫。

再次，近代化使传统中国在"三千年未有之大变局"的国际环境下，面对西方的船坚炮利，天朝体制崩溃、华夷秩序解体，中国的"华夏正统""华尊夷卑""夷不乱华"的话语结构被彻底打破，并开始从器物、思想、制度等诸多方面学习西方，开始对于自身的文化传统产生疑问和否定态度。

弗里茨·格雷布内尔（Fritz Graebner）指出，"晚近出现的文化对当前的影响力更为强大，它将先前出现的文化'排挤'到了区域的边缘"[12]。当西方的文化闯入古老的东亚地区时，其带来的裂变让原本在这一区域占主导的传统儒家文化秩序被撼动，并将其挤压到了边缘。在外来文化的强烈冲击下，汉字文化和儒家思想难以找到立足之处，彼时的中国尽管主观上不愿退出主导性的角色，但综合实力的羸弱，使其不得不放弃这一身份。而这种文化层面的断裂，使情感上原本相近的三国，成为情感上的远周边。

（二）强势传播主体冲击的大周边

大小周边概念，强调的是传播主体的主观性和间接性，国家作为主体，其大周边是指"利害所在或者关心所在的最大空间界限"[13]。东亚社会秩序的断裂从近代到当前，与西方的冲击、日本扩张性的崛起、美国的干预都有直接或间接的关系。如果说东亚社会内部因近代化的冲击、日本二战时的"亚洲主义"计划和法西斯扩张拉开了三国间的情感上的认同，那么朝鲜半岛局势，美苏争霸，美国在亚洲的政治、军事和文化扩张策略则进一步加深了"亚洲文化时间"的不协调发展。特别是美国将东亚地区作为其扩散信息活动的重要大周边，一边聚拢盟友，一边打压对手，从冷战时对苏联的军事防御，再到当前对中国在国际经贸和舆论场上的打压，无一不体现出其霸权主义的本质。而在对待东亚文化方面，美国采取了由近到远、各自分化的策略。

其一，紧密拉拢日本。1951年，美日两国在旧金山签订《日美安全保障条约》和《对日媾和条约》，其中特别提出了"软和平"的外交原则，从政治、经济和文化三个层面构建美国对日策略，特别提出推进日美文化关系顺利发展作为"软和平"的第三个条件，并提出文化交流的三个原则，即"双向性"原则、两国共同策划、政府与民间认识之间的协调与合作。[14]此外，美国还在1951年4月发布《美日文化报告书》，建议对日文化的交流分类和分层，分类即增强民众理解、教育文化交流、"情报媒体服务"，[15]分层是指将日本国民分为两个范畴，一是知识分子领导者，二是普通大众；并且针对不同的群体采取区别对待的策略，对知识分子采用长期性的文化交流，而对普通大众则通过大众媒体的宣传来进行"信息交流"[16]。一方面，美国将日本作为亚洲战略的前沿，充分加强自身文化和意识形态方面的输出，让日本对美国产生强有力的认同和理解，以此离间其与亚洲其他国家的关系；另一方面，充分认识到日本的国家主义情感，"利用日本人认为自己在种族、社会性上都有优越的国民情感，说服日本，让它相信作为自由世界的一员与优秀的国家集团有着同等的地位"[17]。

其二，充分利用韩国。朝鲜战争结束后，1954年美国参议院批准《美韩共同防御条约》，美韩之间的同盟关系就此确定，而在此基础上，因韩国的地缘特殊性，美国将其作为亚太地区战略的前线，一方面和苏联展开意识形态战略上的博弈，另一方面在文化输出上，以"宣传"和教育两种模式在韩国展开"美国式"的传播。"宣传"方面，美国新闻署（USIA）在其中起到关键作用，从冷战之初，设立不同的部门，在韩国宣传美国的生活方式与价值理念，以"扩大美国的影响力，树立美国的正面形象"[18]。到20世纪60年代美国又分别出台《韩国1963年评估报告》和《对韩国计划》，以更具体的方式对韩国进行美国文化宣传工作，一边建立美国自身的良好形象，一边构建朝鲜、苏联、中国的不良形象。同时以资金援助的方式，增加韩国本土广播电视产业的发展，并充分"借道行车"，输出美国文化；在教育方面，增加诸如"福布莱特奖学金项目"和"公民教育计划"以及增加赴美留学的精英人士，学习美国的政治文化。在美国的部署中，韩国属于一个缓冲地带，正如其在1965年出台的《国家政策文件》中所提到的，"继续将韩国作为日本和共产党亚洲之间的缓冲区以及自由世界在亚洲大陆的前沿防卫阵地"[19]。由此也可以看出，与对日本的文化战略上的"交流""对话""共同策划"的策略有所差异，美国对韩国的策划更多的是一种带有居高临下意味的"宣传"范式。

其三，"拉打结合"[20]限制中国。长久以来，因战争摩擦、意识形态博弈，美国一直将中国视为竞争对手，从冷战初期对中国的全面孤立，到20世纪70年代，中美建交后的短暂回暖，再到中国改革开放后逐渐成长为世界第二大经济体，美国对于中国长久以来是一种复杂的、带有心理防备的复杂态度。反映在文化层面则是在国际舆论场上，时常散布有损中国国家形象和中国社会制度、文化知识层面的不实言论和虚假信息，利用中国周边包括日韩在内的邻国来生产"中国威胁论"等论调，进一步让周边国家对中国产生疏离感。

（三）爱恨纠缠的它周边

它周边传播分为两种，"一是树立或塑造传播者的好形象；塑造被传播者的坏形象""一是树立传播者的好形象，营造传播者和被传播者友好的印象或氛围"[21]。而这两种传播范式，在国家间的实践层面会有更多的变动性，特别是在东亚三国互为地缘近周边和利益硬周边的复杂背景下，中日韩经常会在国际舆论场上上演爱恨纠缠的现代"三国志"，时而花好月圆、风月同天，时而针锋相对、箭在弦上。具体体现在几个方面：

第一，历史观偏差导致记忆的裂痕。对待历史问题，日本长期秉持一种不面对、不解释、不认错的态度，"篡改历史教科书""慰安妇""参拜靖国神社"等字眼，无疑深深伤害了中韩两国政府和民众的情感，中韩两国也因此在媒体报道中不断重复、强化这一历史记忆，并谴责其行为；在影视作品中，中韩两国也不断生产出《南京！南京！》《金陵十三钗》《22》《我能说》《朴烈：逆权年代》《军舰岛》等电影和纪录片，以人物叙事的方式来唤起民众的集体记忆；在社交媒体上，则更多表现出因历史问题和日本当下的态度而产生的中韩两国的集体"反日"情绪。

第二，领土纠纷导致周边外交的藩篱。周边传播认为，除了地理空间上的周边，还有外交、政治、经济等诸多方面的周边。这些方面本应该在东亚三国相近的文化基因下更容易达成，但是因为领土问题，使得三国在外交上频频产生嫌隙。

第三，文化归属问题表达。这主要体现在中韩之间关于非物质文化遗产等方面的表述问题，例如关于中国端午节和韩国江陵端午祭，关于长白山在古代的命名及归属问题，在大众媒介和社交媒介上被不断传播，进而衍生为彼此间的文化民族主义思潮。

第四，日常外交报道中的友好氛围营造。三国高层互访以及合作共识等方面的报道，在传统大众媒体宣传中也有不断出现，例如在2020年11月下旬，外交部部长王毅出访日本、韩国，不仅在国内媒体受到关注，日韩两国媒体在报道中也出现了"刷屏式"的关注度，并且三国在评论中也多提出应当对未来三国在合作方面积极地报道。

第五，特殊重大公共事件下彼此间良好形象的塑造。在2020年全球范围内暴发新冠肺炎疫情时，各国对待中国表现出复杂的"表情符号"。而日韩两国在这一过程中的表现出乎意料，防疫物资捐助、日韩两国高层的暖心话语表达、高唱中国国歌等报道都在大众媒体、网络媒介中被不断转发、点赞，一时间打破了过去因历史、领土等问题引发的心理藩篱，形成彼此间"岂曰无衣，与子同裳"的友爱形象。

三、未来中日韩三国的文化传播策略思考

近年来，习近平总书记多次强调，当今世界正在经历"百年未有之大变局"。从多角度来看，这一变局对于中国既是机遇亦是挑战，如何在变局中"查漏补缺、兴利除弊"[22]，中国"需要不断向世界学习"[23]。而在此过程中，加强周边交往，推进"东亚一体化"进程亦是战略需求和历史趋势。战略传播理论认为，战略目标包括"认知提升、形象塑造、身份建构、态度转变、价值认同和行为转化"[24]。对于中日韩三国，达成良性的战略传播目标，并非一国之事，涉及三国的诸多领域。基于历史维度和现实环境中的问题思考，以文化作为策略，探索一条合作的路径，对于有相似文化基因的中日韩三国，无疑利大于弊。

（一）拓展主体，共讲三国故事

周边传播的主体所囊括的领域突破了传统大众传播媒介，同时包含"国家、军队、地方政府、企业、商人、游客和百姓"[25]。爱德华·霍尔（Edward Twitchell Hall Jr）亦指出，"高语境的文化中，人际传播系统往往异常发达"[26]。中日韩三国的文化传播范式都属于高语境文化，因而人际传播在这一区域异常发达，基于此，需要通过不同的以"人"作为核心的传播主体来共叙佳话，产生良好的周边。

一方面，强化三国媒体人的深度合作。劳伦斯认为，"建构是媒介的主要行为：建构意义和身份认同、创建真实、建构真实、建构行为"[27]，

而作为媒体从业者，因具备良好的新闻专业知识和媒介素养，能够更好地利用大众传播媒介形塑国家的良好形象。而具有相近文化基因的中日韩三国，如果在媒体从业者方面加强深度合作，共同构建好命运与共、亲诚惠容的三国共同形象，势必会大有裨益。2018年，中日韩三国主流媒体代表共聚北京，探讨"全媒体融合发展和创新合作"，并提出三国媒体可以组织联合采访活动，加强沟通，"共同促进三国人民增进理解、扩大交流，携手共建主流价值的丝绸之路"[28]。以人文报道拓展交流，无疑是拓展三国朋友圈、营造良好它周边形象的有效手段。

另一方面，拓展最佳主体，深描三国人文图景。在三国国内生活着客居彼此的居民，他们在多年的旅居生活中能够很好地了解所在国的人文环境，同时又能够作为次级传播主体，向本国传递所在国的信息。不得不说，他们构成了新的最佳传播主体，因此要有效且充分地利用好其双重身份，讲述更多构建良好国家形象的故事；同时，在战术上，我国在对日韩的传播过程中，亦要注重培养语言能力强、政治意识过硬、传播视野开阔的复合型周边传播人才，使其成为有力而可靠的传播主体，与客居群体相互配合与补充，形成合力，拓展并优化传播主体。

（二）重构记忆，生产有温度的共同内容

莫里斯·哈布瓦赫（Maurice Halbwachs）指出："记忆不仅是个人的，更源自集体；集体记忆定格过去，却由当下所限定，且规约未来。"[29]集体的记忆具有相当强的延续性，既与时俱进，又不断变化。在和谐共融、官通民和的良性周边环境下，文化作为捷径可以更好地建构周边的集体记忆和共同认知。

一方面，重塑传统历史记忆，铸造三国文化桥梁。早在1980年，中日共同合拍纪录片《丝绸之路》，以不同视角讲述古代丝绸之路对包括日韩在内周边国家的重大文化意义，在日本国内以及其他国家产生了较好的口碑[30]。作为叙述传统文化、展示生活方式、呈现价值观念的重要载体，

纪录片以及文化专题类节目也成为各国争取国际话语权、展示传统文化、形塑国家形象的主要工具。而以历史悠久的古代文化作为主题，以三国共同视角的呈现方式来传播历史，无疑能够成为三国文化认同的重要桥梁。

另一方面，突出特殊事件的报道，共筑三国命运共同体。2020年初新冠肺炎疫情暴发之后，中日韩三国共同应对疫情的互助互爱精神，在全媒体环境中呈现出了史诗般的温暖故事。可以看到作为周边传播客体的日韩两国政府、企业、民间组织、个人在新闻报道中的积极表现；在中国疫情缓解的同时，传来了日本和韩国疫情加剧的消息，但同时也传来了中国已经回援两国的消息。这些行为与活动，亦能够进一步巩固中日韩的关系，形成在特殊时期共同抗击新冠肺炎疫情的特殊记忆，随着时间的流转，使三国在未来的实际活动中重构良性的交往与互动。"只有以共同利益为基础的周边关系才能更牢固更持久"[31]。而在后疫情时代，三国可以通过媒体间的合作，以影视文艺作品、纪录片、专题报道等形式，展现特殊时期三国之间命运相连的故事。

（三）拓宽路径，打通三国间多样立体的传播渠道

周边传播的渠道不局限于人际、大众传播，更涉及文化产业、物流、网络媒介等诸多方面，能够在传播过程中起到相互补充的作用。作为文化基因相近的中日韩三国，可以充分调动彼此间的文化资源，整合优化共有文化要素，打造更具个性化、创新性的文化符号，拉近心理距离。同时，可以在媒介融合的视阈下，扩容不同类型的媒介生态和传播样态，扩展文化周边圈层，增强三国间的文化心理认同。

一方面，在现有基础上，持续加快文化资源的整合与升级，将三国间的文化产业论坛、文化旅游节项目持续做强。一是，将现有每年一届的中日韩文化产业论坛、图们江旅游文化节、中国—东北亚博览会等官方和地区文化产业论坛有机结合，以文化为内核，带动经贸间的往来；二是，扩容周边"文化朋友圈"，形成以中日韩三国为核心，融入以蒙古、俄罗斯、

朝鲜、东盟十国为大周边的文化朋友圈，实现文化"软实力"在周边文化圈层中的"巧用力"。

另一方面，重视媒介融合框架下的三国文化形象在周边的塑造。国家文化形象的塑造，主要有两个方面，一是官方的"借船出海"；二是民间的"造船出海"。从官方的角度来看，目前已有新华社、中央广播电视总台、《中国日报》《人民日报》《环球时报》等主流媒体实现了在全球最大社交媒体Facebook（脸书）上的"借船出海"，交互性强、扩散速度快、打破文化和阶层局限的社交媒体在传播中国的文化形象方面具有不可取代的优势。对邻近的日韩两国，我国主流媒体应采用其熟悉的语言习惯、话语样态生产信息，扩大文化影响力，这同样是实现文化自塑的必要手段和成功的关键。从民间角度来看，短视频在包括日韩两国在内的国家的广泛使用与推广，亦是我国文化"造船出海"的重要途径。抖音国际版在日韩两国产生了出乎意料的影响力，无论是明星艺人还是网络红人，包括普通用户也都充分地拥抱这一融合了多元媒介符号的社会化媒介，记录生活、了解世界。如何有效利用消融时空局限的短视频平台，以用户为主体，实现三国文化从周边传播到在周边传播，也是实现中日韩三国打通文化传播渠道的重要方法。而官方和民间的传播渠道之间的边界越来越模糊，需要两者之间相互配合、互为补充，在多元共生的媒介矩阵中真正实现中日韩三国命运互联。

结语

作为命运互联、关系紧密的东亚三国，在面对复杂的国际环境时，如何思"变"、应"变"，成为当前以及未来很长一段时期需要解决的问题。文化作为内核，不仅是三国交往的主要内容，更是必要手段。在当前复杂多变的国际环境下，作为重要的地缘"硬周边"，三国还有诸多未尽事宜，并且会长期存在，但总体来说，仍然是以互惠共荣作为主要的议题和目标。而文化作为一种"软实力"，需要三国之间根据各自资源互补的优势，制定更为巧妙的战略，实现最大效能，实现符合三国文化语境的"巧用力"。作为周边传播理论重要组成部分的文化传播，也需要在实际应用中进一步系统化、合理化，以完善理论体系的外延生长。

（作者：刘源，文学博士，北京联合大学应用文理学院新闻与传播学院讲师，主要研究方向为周边传播、节庆礼仪与文化传播、国际传播、口语传播等。）

参考文献

［1］陆地，许可璞，陈思.周边传播的概念和特性：周边传播理论研究系列之一［J］.现代传播（中国传媒大学学报），2015，37（3）：29-34.

［2］夏建中.文化人类学理论学派：文化研究的历史［M］.北京：中国人民大学出版社，1997：54-55.

［3］青木保.异文化理解［M］.北京：中国青年出版社，2008：128-131.

［4］青木保.异文化理解［M］.北京：中国青年出版社，2008：128-131.

［5］陆地.周边传播概念和理论的再思考［J］.新闻爱好者，2017（2）：15-19.

［6］陆地，乔小河，臧新恒.藏族周边交往和文化传播的特点［J］.当代传播，2019（1）：27-31+37.

［7］陆地.周边传播理论在"一带一路"中的应用［J］.当代传播，2017（5）：4-9+34.

［8］子安宣邦.近代日本的亚洲观［M］.赵京华，译.北京：生活·读书·新知三联书店，2019：49.

［9］葛兆光.宅兹中国：重建有关"中国"的历史论述［M］.北京：中华书局，2011.

［10］吴晗.朝鲜李朝实录中的中国史料［M］.北京：中华书局，1980.

［11］赵景达.近代朝鲜与日本［M］.李濯凡，译.北京：新星出版社，2019：21.

［12］陆地，乔小河，臧新恒.藏族周边交往和文化传播的特点［J］.当代传播，2019（1）：27-31+37.

［13］陆地.周边传播理论在"一带一路"中的应用［J］.当代传播，2017（5）：4-9+34.

［14］松田武.战后美国在日本的软实力：半永久性依存的起源［M］.金琮轩，译.北京：商务印书馆，2014：113.

［15］松田武.战后美国在日本的软实力：半永久性依存的起源［M］.金琮轩，译.北京：商务印书馆，2014：113.

［16］OVERTON D W，JOHNSON U A. Rockefeller Report on U.S-Japanese Cultural Relations［R］.Washington，D.C: U.S. Department of State，National Archives and Records Administration，1951.

［17］Akin E N . The Rockefeller Century［J］. Journal of American History, 1989.

［18］余怡妮.冷战与美国在韩国的文化活动（1961—1969）［D］.上海：华东师范大学，2009：3.

［19］余怡妮.冷战与美国在韩国的文化活动（1961—1969）［D］.上海：华东师范大学，2009：3.

［20］陆地，高菲.美国周边传播活动的内容和启示［J］.新闻爱好者，2017（9）：18-23.

［21］陆地.周边传播理论在"一带一路"中的应用［J］.当代传播，2017（5）：4-9+34.

［22］王文.多维解析"百年未有之大变局"［N］.半月谈网，2020-02-25.

［23］王文.多维解析"百年未有之大变局"［N］.半月谈网，2020-02-25.

［24］毕研韬，王金岭.战略传播初探［J］.海南师范大学学报（社会科学版），2011，24（5）：160-162.

［25］陆地，许可璞，陈思.周边传播的概念和特性：周边传播理论研究系列之一［J］.现代传播（中国传媒大学学报），2015，37（3）：29-34.

［26］HALL E T，HALL M R.Understanding Cultural Differences: Germans，French and Americans［M］.［S.L.］：The Intercultural Press，1990：6.

［27］格罗斯伯格.媒介建构：流行文化中的大众媒介［M］.祁林，译.南京：南京大学出版社，2014：38.

［28］中日韩媒体大咖共话创新合作［N］.国际在线，2018-05-10.

［29］秦志希，曹茸.电视历史剧：对集体记忆的建构与消解［J］.现代传播（中国传媒大学学报），2004（1）：42-44.

［30］陈磊，王钰灵.中日两版《新丝绸之路》纪录片的创作表达［J］.新闻研究导刊，2019，10（10）：92-95+97.

［31］卢光盛，别梦婕.新型周边关系构建：内涵、理论与路径［J］.国际观察，2019（6）：22-43.

第四部分
应用实践中的认知传播

县级融媒体中心在推动党史教育进基层过程中的主体担当与关键使命

周　全　梁以安

[摘要] 县级融媒体中心在党史教育进基层过程中发挥着主要作用，要做好面向基层群众的党史教育工作，县级融媒体中心需要把握好自身的优势、党史教育规律、基层群众对党史教育的需求等要素，主要表现为要处理好五大关系：全局性与地域性的关系、历史性与时代性的关系、知识性与趣味性的关系、一般性与个性化的关系、内容特点与表现形式的关系。本文主要探究县级融媒体中心在党史教育进基层的过程中的四大关键使命，即对基层群众开展党史教育，提升基层治理效能、加强基层党组织全面从严治党、丰富基层群众的文化生活和推动县域红色经济发展。

[关键词] 党史教育　县级融媒体中心　基层群众

引言

2021年2月20日，习近平总书记在党史学习教育动员大会上指出，在全党开展党史学习教育，是牢记初心使命、推进中华民族伟大复兴历史伟业的必然要求，是坚定信仰信念、在新时代坚持和发展中国特色社会主义的必然要求，是推进党的自我革命、永葆党的生机活力的必然要求。新时代下，党史教育不仅要面向全体党员，还要扩大受教育对象[1]，面向广大的基层群众。面向基层群众开展党史教育，能让基层群众更深入地了解党史，是激励基层群众意志、提高基层群众思想素质的有效途径；能让基层群众更深入地认识中国共产党的先进性，是党获得更广大人民支持和拥护、凝聚党和全国人民意志的重要途径。媒体作为传播信息的媒介，是党史教育的重要载体，而县级融媒体中心作为县域的媒体中心，是基层群众学习党史的主要平台之一。因此，我们要开展县级融媒体中心与面向基层群众开展党史教育之间关系的研究。

一、县级融媒体中心在推动党史教育进基层过程中的主体担当

（一）县级融媒体中心是党和国家联系基层群众的下沉节点

县级融媒体中心上接省市融媒体乃至中央主要媒体，下连千村万户，发挥着引导群众、服务群众的作用[2]。从成立目的来看，县级融媒体中心成立于县域，主要的服务对象为基层群众，是主流媒体的"神经末梢"。从功能定位来看，县级融媒体中心不仅仅是一个消息发布平台，更是党和国家连接基层群众的平台。从建设方向来看，县级融媒体中心要不断向基层拓展、向群众靠近，为人民群众提供更多更好的文化和信息服务。总之，县级融媒体中心既为了基层群众，又要联系基层群众，还要靠近基层群众。因此，县级融媒体中心面向基层群众开展党史教育，是县级融媒体中心的基本功能之一，也是县级融媒体中心发挥"联系作用"的职责所在。

（二）县级融媒体中心是基层党史教育的内容生产主体

基层群众的知识结构、对党史的了解程度、对党史文化的认知需求不

尽相同，因此，面向基层群众的党史教育内容生产要注重差异化，力求满足不同个体的个性化需求。媒体是党史教育的主要载体，承载着党史教育内容生产的责任，而县级融媒体中心能高效地生产具有地方特色的、通俗有趣的、表现形式丰富的、多样化的党史教育内容，既能符合基层的知识结构、对党史的认知结构，又能从"量"上满足广大基层群众的党史文化需求，是最适合面向基层群众开展党史教育的媒体单位。具体来说，县级融媒体中心的内容生产具有"地方特色"和"高效率"的特点。

县级融媒体中心能获取当地特色党史资源。在"人"的层面，县级融媒体中心扎根于基层，在地缘空间上与基层群众具有"接近性"，因而其能紧密联系基层群众，而基层群众作为地方党史文化的记录者，可能是当地党史文化的亲历者、可能保留有承载当地党史文化的物件、可能了解当地党史文化中不为人知的故事等，因此，县级融媒体中心能通过群众发掘当地的特色党史资源。在"物"的层面，县级融媒体中心能深入当地进行实地考察，直接获取或发掘一手的地方党史资源，如探访当地革命遗址、红色地标等，另外，还可撰写独家的党史文化实地考察报告，对这些文化进一步地解读。

县级融媒体中心能高效地获取、加工党史资源。新时代下，优质的党史教育内容必然涉及多样的素材。县级融媒体中心在获取、加工和组合多样素材方面的能力突出。首先，县级融媒体中心有强大的技术支撑能力，能利用相关技术快速、大量地收集和加工相关的党史素材，甚至还能把智能策划、协同撰稿等智能出版技术应用于党史教育内容生产中[3]；其次，整合后的各媒体能在党史教育内容的生产流程中相互合作，发挥各媒体比较优势（如报刊的文案撰写优势、广播的播音优势等），达到生产流程上"1+1>2"的效果；再次，县级融媒体中心能紧密对接当地党校、党史博物馆、党史陈列馆、高校等部门，既增强了县级融媒体中心检索、获取当地党史资源的能力，又能获得一线工作者、专家等相关人员对当地党史的解读，进而增强拓展党史教育内容的能力。

（三）县级融媒体中心是基层党史教育的内容传播主体

县级融媒体中心能在基层实现传播的全媒体协同覆盖，保证党史教育效果。在县级融媒体中心统合县域内各媒体前，县域内各媒体缺乏统筹协调，导致党史文化在传播时间和传播内容上的零散与割裂，传播效果不佳。在县级融媒体中心统合县域内各媒体后，县域内全媒体在传播内容上实现了有机统筹，例如，项城融媒体中心融合了传统媒体和新媒体的八大平台、共计70家网站、42家微信公众号、1080个微信工作群等，进而实现传播的"内容兼融"。因此，党史教育内容能在县级融媒体中心的统筹下，在全媒体上实现"兼融内容"的同时投送，进而达到全媒体覆盖的效果[4]。全媒体覆盖能有力促进传播效果的提升，首先，其能让基层形成一种学习特定党史文化的文化氛围，进而形成一定的群体压力[5]，促使基层群众间相互影响，共同学习党史文化，放大党史教育效果；其次，其保证党史教育能覆盖至使用不同媒体的基层群众，如避免仅用新媒体开展党史教育，导致不会使用新媒体的老年群体无法接受党史教育的现象产生；再次，其能让使用多个媒体的基层群众多次接收同一党史教育内容的信息，这种简单的重复能增加受众对党史教育内容的好感度，进而获得更优的传播效果[6]。

县级融媒体中心能贴近基层群众的文化需求，保证党史教育效果。本地文化对当地的基层群众有天然的亲和力，能唤起本地居民的情感共鸣，并建立本土的身份认同，因此，融入本地文化元素的党史教育会更有传播效果。而县级融媒体中心立足于当地县域，受本地文化的影响较大，且包含了相当部分的本地人才，这类人才和当地的基层群众有几乎相同的文化特性，因而县级融媒体中心可在党史教育内容的文案、音频等方面加入更多的本地文化元素（如方言、方言词汇、当地风土民情等），使党史文化的传播更易被基层群众接受。

二、县级融媒体中心在推动党史教育进基层过程中需处理好的五大关系

（一）全局性与地域性的关系

县级融媒体中心推动党史教育进基层，要有"全国一盘棋"思想，服务于党史教育工作总体布局的推进，包括党史教育的目的、六个重点、四项主要安排等。具体而言，县级融媒体中心要及时发布党中央关于党的历史的重要论述、党中央有关党史教育的要论、相关中央机构和中央级媒体发布的党史教育要闻。进一步地，县级融媒体中心可对上述的相关信息加以解读，让基层群众能更深入地了解党史教育的总体布局。总之，县级融媒体中心要保证党中央面向全国的党史教育发布的重要论述和要闻能切实传递到基层群众中。

县级融媒体中心在服务于党史教育总体布局的情况下，还要兼顾党史教育内容的地方特色。缺乏地方特色的党史教育内容容易让基层群众产生平淡感，缺乏吸引力。因此，县级融媒体中心要精心挑选出具有地方特色的优质党史资源，并"连点成面"，建立当地的"党史百科"，进而打造出具有特色的地方党史内容体系，并进一步利用县级融媒体中心的融媒优势进行深度加工，推出地方党史教育的精品内容。进一步地，县级融媒体中心要找到地方特色党史资源和全局性党史资源之间在内容上、精神上的共性，并在此共性基础上开展专题策划，打造出既有全局性、又有地方特色的系列党史教育内容。

（二）历史性与时代性的关系

党史是记录中国共产党自1921年成立至今，和人民群众生死与共、艰

苦奋斗的历史。党史不是一部静态的历史，在历史性的基础上还有时代性。党史与不同时代有不同的结合方式，在不同时代也有不同的意义。因此，党史教育不仅要"讲历史"，还要"在当前时代环境下讲历史"，具体来说，就是要在历史中把握党史的时代意义、在时代的新技术中呈现党史。

县级融媒体中心在推动党史教育进基层的过程中要充分挖掘党史的时代意义。一方面，县级融媒体中心要充分挖掘党史的当代价值，探析党史与当前社会（特别是当地县域）中需要解决的问题之间的联系，并在此基础上注重利用党史中的智慧、党史中的精神引导基层群众解决当下问题。另一方面，县级融媒体中心要关注当下的党史。对党史的研究应跟紧当代党和人民的发展[7]，也就是说，党史不仅仅是一部过去的历史，更是一部我们现在正在创造的历史。因此，县级融媒体中心要密切关注县域内的党员动态，与在当地有突出贡献、有先进事迹的党员建立联系，及时记录他们的事迹。这类"新鲜"的当地党史文化很可能就是基层群众身边所闻所见的人物和事迹，具有高度的时代感与真实感，所产生的教育效果明显。

县级融媒体中心在推动党史教育进基层的过程中还要关注党史教育内容与新技术的关系。县级融媒体中心要发挥自身的"技术优势"，注意新技术在党史教育中的应用，如利用虚拟现实技术复原党史文物和党史遗址、利用人工智能技术修复党史影像、利用场景化技术体验党史等。这类新技术能十分逼真、震撼地呈现党史文化，是吸引基层群众参与党史教育的有力工具。

（三）知识性与趣味性的关系

党史教育是一项严肃的教育活动，其关乎党的历史的正确性和党的伟大形象。但基层群众的受教育程度相对偏低，因此，县级融媒体中心在保证党史正确、深入的前提下，也要在面向基层群众的党史教育中注重党史教育内容的趣味性。总之，县级融媒体中心既要保证党史教育内容的知识性，即党史的正确性和一定的深度性，也要在党史教育中增加趣味性。

县级融媒体中心首先要保证党史教育的知识性。县级融媒体中心虽在信息检索和获取效率方面有优势，但因此也存在着信息质量参差不齐的问题。保证党史教育内容的正确性，主要体现在绝不能捏造、歪曲和过度娱乐化党史教育内容，保证党史教育的知识在向基层群众传播时不会被异化。县级融媒体中心要提高人才队伍的政治素质，完善党史教育内容审核机制。同时，县级融媒体中心也要注意党史教育内容的知识深度，切忌贪"广"，过浅的党史教育内容会无法让基层群众了解党史背后的内涵，导致党史教育仅有传播效果而失去教育效果。

在保证党史教育的前提下，县级融媒体中心还要选好党史教育内容的表达方式和呈现角度以实现党史教育的趣味性。内容的呈现角度和表达方式要求县级融媒体中心把握好其"表现形式多样"的优势。不同的表现形式有不同的表达方式、表达角度，就表达方式而言，文字有文字的表达技巧、视频有剪辑技巧与镜头语言，文字与镜头之间的组合也是一种表达艺术，用更具趣味的文字、镜头等表达党史文化是党史教育的要求之一。就表达角度而言，不同的角度（如国际视角表达、人物的书信角度）与不同的媒体表现方式的结合，也会产生不同的趣味性。如从党的英雄人物的书信的角度切入至党史教育时，用AR（Augmented Reality，增强现实）、VR（Virtual Reality，虚拟现实）的媒体表达方式可能会更有趣味性。

同时，县级融媒体中心还需要借助一定的激励机制以实现党史教育的趣味性。激励是一种能带来趣味性的互动。因此，县级融媒体中心可以在党史教育中加入激励机制，对在党史教育中表现优秀的基层群众加以奖励。如对党史知识竞赛成绩靠前者、党史教育频道活跃度最高的用户等给予一定的奖励。进一步地，县级融媒体中心应制作一些当地群众有需求的党史周边衍生产品，如印有毛主席头像的水杯、百年党史联名手机壳等。

（四）一般性和个性化的关系

党史教育内容的一般性指具有通识性的党史教育内容，如党史的基本概念、党的基本知识、党史基本脉络与基本内容以及学习党史的一般方法等。这类内容在整个党史中处于较为基础的地位，是所有基层群众应当了解的基础内容。因此，县级融媒体中心要深入浅出地总结党史中的通识知识，用通俗易懂、趣味性强的方式生产出"老少咸宜"的党史通识内容。

我国的县域众多，基层的人口结构差异大，不同基层群体对党史学习的内容具有差异化需求，因此党史教育内容不仅要有一般性，还要注重个性化。在做好具有通识性的党史教育内容的前提下，县级融媒体中心要树立精准化供给的意识，向不同的基层群体提供个性化的党史教育内容。比如，为基层中的男性群体提供他们可能更喜欢的军事斗争史、战略史等内容；为老龄人群提供他们可能更喜欢的、经历过的社会主义建设史等内容。在此基础上，县级融媒体中心还要发挥其在技术方面的优势，利用智能出版等相关技术，精准化地向不同基层群体推送其更感兴趣的党史教育内容。当然，县级融媒体中心的资源有限，不能脱离重点地满足所有群体的各种个性化党史教育需求。县级融媒体中心要做好县域内基层群众个性化党史内容需求的调研，抓住县域内主要个性化党史内容需求。

（五）内容特点与表现形式的关系

党史具有长达百年的时间跨度和遍布全国的空间分布特征，其内容包括思想、政治、军事、经济等多个方面，具有高度的丰富性。在党史教育中，不同特点的党史教育内容需要恰当的表现形式才能实现教育效果的最大化。而县级融媒体中心的内容表现形式多样，包括文字、图片、视频、直播、H5、Vlog等，因此县级融媒体中心在推进党史教育进基层的过程中要充分发挥自身的融媒优势，为党史教育内容选择恰当的表现形式。

"恰当"体现在党史教育内容的表现形式要贴合党史教育内容。当前，部分县级融媒体中心在党史教育的内容制作上，既存在着"面子工程"式地一味追求"新形式"，一定要搞主流的短视频、直播等形式的现象，也存在着"懒政"式地通通采用文字稿的现象。这些都是割裂党史教育内容和表现形式的现象，党史教育内容与表现形式脱节会影响基层群众的学习体验，也会降低党史教育内容的表现力和吸引力。因而，县级融媒体中心要科学地考虑党史教育内容和媒体表现形式的匹配情况，为不同的党史教育内容选择最恰当的表现形式。如党史教育内容中，有故事性较强的军事史、人物史，可能更为适合视频、H5等表现形式；也有理论性较强的战略史、指导思想史，可能更适合文字、图表等表现形式。

三、县级融媒体中心在推动党史教育进基层过程中的关键使命

（一）以党史教育为契机，助力基层治理效能提升

基层治理是我国国家治理体系的重要组成部分，是国家治理中的"最后一公里"[8]。基层党史教育的成果与基层治理的效能息息相关。县级融媒体中心需要在推进党史教育进基层的过程中，把党史教育的成果转化为基层治理的效能。

县级融媒体中心需要在推进党史教育进基层的过程中，加快解决目前我国基层治理中基层群众参与热度不高的问题，推动基层群众自觉参与基层治理。县级融媒体中心应发挥其融媒优势，用更具感染力、吸引力、号召力的内容或内容表现形式，让基层群众在历史中认识到党的领导的必然性及党的政策的科学性，加强基层群众对党及党的政策的理解，促使基层群众"跟党走"，进而积极响应党在基层的政策。同时，县级融媒体中心需要让基层群众在党史中了解"人民群众是历史的创造者"的原理，明确

群众在历史中形成的主体地位，唤醒基层群众的"主人翁"意识，进而提高基层群众参与基层治理的主动性。

县级融媒体中心还需要在推进党史教育进基层的过程中，加强基层党组织与基层群众的联系。基层党组织的历史也是党史文化的一部分，因此，县级融媒体中心需要通过党史教育让群众了解基层党组织的战斗堡垒作用，并展现出基层党组织和基层群众水乳交融的关系。进一步地，县级融媒体中心应充分发挥深入基层的优势，紧密对接县域的基层党组织，通过党史教育让群众了解该县域内基层党组织的日常工作、为人民服务的先进事迹等。基层群众在深入了解当地基层党组织后，能增加对基层党组织的信任，并与基层党组织形成合力，推动基层事务的高效完成。

（二）以史为鉴，推动基层党组织全面从严治党

全面从严治党要抓思想从严、管党从严、执纪从严、治吏从严、作风从严和反腐从严。新时代下，全面从严治党要向基层延伸，着力处理基层党组织人浮于事、党员脱离群众等问题。基层群众作为基层党组织的直接接触者，能切实感受当地基层党组织对基层群众的态度，因而自下而上的基层群众的监督是落实全面从严治党向基层延伸的重要组成力量。而县级融媒体中心能通过党史教育发挥群众的监督力量，进而推进基层党组织全面从严治党。

县级融媒体中心需要在推进党史教育进基层的过程中，增强基层群众对党基层组织的监督意识。一方面，县级融媒体中心需要通过通识性的党史知识让基层群众了解基层党组织和基层党员的职责，明确两者能做什么，不能做什么，应为群众做什么，让基层群众对"能监督什么"有一定的认识，进一步地，需要通过党史让基层群众认识到历史上群众监督对党的重要性以及党组织和党员脱离群众的危害性，引导群众主动地监督基层党组织和基层党员。另一方面，县级融媒体中心需要通过党史教育阐明党为人民服务的宗旨，让基层群众了解他们的主体地位是历史赋予的，有监

督基层党组织和基层党员的天然权利，进一步地，还需要在党史教育过程中附加当前有关监督基层党组织的绿色通道的信息，让基层群众认识到我国健全的检举控告保密制度，进而引导群众敢于监督党组织和党员。

（三）加强党史文化建设，丰富基层群众文化生活

党史文化是基层文化的重要组成部分，因而县级融媒体中心推进党史教育进基层本身就是基层文化建设的一部分。因此，县级融媒体中心在推进党史教育进基层的过程中能丰富基层群众的文化生活。同时，党史文化是导向鲜明的优质文化，县级融媒体中心推动党史教育进基层也是让主流文化占领基层的全媒体话语阵地、防止西方腐朽文化向我国基层渗透、防止落后文化卷土重来的有力保障。

县级融媒体中心需要在推进党史教育进基层的过程中，让党史文化切实地进入基层群众所使用的媒体，丰富群众的文化生活。一方面，县级融媒体中心应发挥其高效的党史教育内容生产和加工能力以及灵活的内容发布时间的优势，促使党史教育的常态化，从"量"和"时间"上丰富基层群众的文化生活。另一方面，县级融媒体中心应发挥媒体整合的优势，将党史教育融入其他经济、社会等媒体的内容中，使党史教育在基层"润物无声"地全方位进行。

县级融媒体中心还需要在推进党史教育进基层的过程中，引导基层群众自觉抵制腐朽文化和落后文化。当前，基层是主流文化较为真空的地带，是西方资本主义腐朽文化利用各种媒体进行渗透的目标区域[9]，而县级融媒体中心需要通过党史教育让基层群众学习马克思列宁主义、毛泽东思想和中国特色社会主义理论体系，用党的指导思想的科学性树立基层群众的文化自信、提高基层群众的思想素质，进而自觉抵制西方腐朽文化。县级融媒体中心还需要以党史教育清正视听，以党史教育立形象，让基层群众认识到党的先进性和纯洁性，进而主动抵制抹黑党和试图颠覆党的领导的言论。同时，基层也是易遭落后文化侵蚀的地带，当前，一些落后文

化"新瓶装旧酒"，借助新媒体卷土重来。县级融媒体中心需要用党史中反封建以及唯物主义的相关内容让群众认识到客观与科学的重要性；用党史中的革命乐观主义以及革命理想主义等内容引导基层群众积极向上、不断进取，最终达到基层群众主动抵制迷信、愚昧、颓废、庸俗等落后文化的目的。

（四）关注红色资源开发，推动县域红色经济发展

红色资源的背后是一段波澜壮阔的党史。部分基层地区存在着数量、价值可观的红色经济，因而基层地区的红色经济对乡村振兴有着重大意义。但目前，基层地区红色经济的开发与宣传力度仍十分滞后。一些地方政府虽有能力开发红色景点，但缺乏开发后的跟紧工作，导致此类红色景点无人问津，最终沦为"面子工程"。而红色经济本身就是一种寓教于乐的党史教育，因此如何利用党史教育带动红色经济，是推动基层红色经济发展一大命题。

县级融媒体中心在推进党史教育进基层的过程中，衍生出了许多能推动红色经济的产物。若县级融媒体中心能利用好这类产物，本质上就是利用党史教育进基层推动红色经济发展。一方面，县级融媒体中心与当地红色经济主办方需要密切配合，合作挖掘该红色资源的内涵，打造出对应的高质量系列专题党史教育内容。这些党史教育内容有机地融入了当地的红色经济的基本介绍和特色介绍，能让广大的基层群众了解当地的红色经济，感受到基层红色经济所承载的党史文化的魅力，提振基层群众对基层红色经济的需求，进而激活群众的红色消费。进一步地，县级融媒体中心需要发挥和市级、省级主流媒体"云端互联"的优势[10]，让其帮助推广上述的系列专题党史教育内容，把当地红色经济的知名度进一步推广至市、省乃至全国。另一方面，县级融媒体中心在推进党史教育进基层时，需发挥其文化创意优势，与红色经济主办方协作制作以该红色资源为主题的文创产品，这类产品既可以是党史教育激励机制中的奖品，也可以是红

色经济主办方所举办的活动的奖品，这类奖品能有效激励群众主动体验红色经济。县级融媒体中心还可以借此类文创产品以向基层群众低价"直播带货"的形式扩大当地红色经济在基层中的影响力。同时，县级融媒体中心也需要发挥其党史活动策划的创意优势，帮助红色经济主办方策划打造富有创意的党史活动策划，诸如党史故事会演、红色深度游等基层群众喜闻乐见的线下活动。总之，县级融媒体中心需要利用好在推进党史教育进基层过程中所衍生的红色资源专题的党史教育内容、文创产品和党史活动策划等产物，进而有效地提高红色经济的吸引力和影响力，最终推动当地红色经济的发展。

县级融媒体中心在推进党史教育进基层的过程中，需要各县级融媒体中心间通力合作，这种合作一定程度上推动了各县域红色经济的协同发展。因为当前，红色经济分布一般较为分散，在分属不同的行政单位的情况下，难以实现协调发展，其潜力未能得到充分挖掘。而县级融媒体中心间的协作，能共享各红色资源的相关信息，并利用党史教育串联对各县域红色经济的宣传，为群众扫清一次体验多个红色经济的信息障碍，包括主动为群众整合红色旅游路线、明晰各县域的红色经济主题、提供红色经济背后的党史文化解读信息等，最终打造出县域间的红色经济大品牌，推动县域红色经济的规模发展。

结语

县级融媒体中心是最适合面向基层群众开展党史教育的下沉式传播节点，是推动党史教育进基层的主体。为促使党史教育更好地走进基层，县级融媒体中心需要充分发挥主观能动性、探寻面向基层群众党史教育工作的普遍规律，把其独有的融媒传播优势转化为党史教育优势，在基层党史教育过程中做到全局性与地域性相结合、历史性与时代性相结合、知识性与趣味性相结合、一般性和个性化相统一、内容特点与表现形式相协调。

通过面向基层群众的党史教育，为提升基层治理效能、加强基层党组织全面从严治党、丰富基层群众文化生活、推动县域红色经济发展作出贡献。

（作者：周全，中南大学马克思主义学院讲师，中南大学融媒体发展研究中心研究员，共青团中央中国特色社会主义理论体系研究中心特约研究员；梁以安，中南大学文学与新闻传播学院。）

参考文献

［1］张维坤.新形势下加强党史教育的初探［J］.江苏社会科学，2011（S1）：199-202.

［2］新华网.扎实抓好县级融媒体中心建设［EB/OL］.（2018-11-08）.http://www.xinhuanet.com/politics/2018-11/08/c_1123680722.htm.

［3］刘华东，马维娜，张新新."出版+人工智能"：智能出版流程再造［J］.出版广角，2018（1）：14-16.

［4］人民网.河南项城：融媒体中心精准传播党的声音［EB/OL］.（2018-09-12）.http://dangjian.people.com.cn/n1/2018/0912/c117092-30288188.html.

［5］诺埃尔-诺依曼.沉默的螺旋：舆论—我们的社会皮肤［M］.董璐，译.北京：北京大学出版社，2013.

［6］李普曼.公众舆论［M］.阎克文，江红，译.上海：上海人民出版社，2006.

［7］王祖强.关于地方党史三卷写作中面临的几个突出问题——基于对浙江三卷试点及相关写作实践的分析［J］.中共党史研究，2019（8）：65-69.

［8］人民网.打通基层治理"最后一公里"［EB/OL］.（2020-09-07）.http://renshi.people.com.cn/GB/n1/2020/0907/c139617-31852495.html.

［9］中国社会科学网.促进基层意识形态工作高质量发展［EB/OL］.（2020-01-03）.http://news.cssn.cn/zx/bwyc/202001/t20200103_5070350.shtml.

［10］朱春阳，曾培伦."单兵扩散"与"云端共联"：县级融媒体中心建设的基本路径比较分析［J］.新闻与写作，2018（12）：25-31.

海洋生态治理中公众参与增进策略

——短视频助力知识传播

李卓航

[摘要] 海洋是人类文明的孕育基体，推动海洋生态文明建设是新时代背景下的内在要求，知识传播伴随着媒介形态的迅速迭代为进一步提高公众参与海洋生态治理提供了崭新契机。基于SIPS模式审视，相较于传统媒体，短视频具有节奏快、个性化、互动性、即时性的优势，契合当下用户的消费习惯。因此，可通过：内容质量推动共鸣、来源权威打造认同、开拓双线引导融入、矩阵构建提升分享意愿的综合策略，在技术加持下实现短视频与海洋知识的融合共振，有效助力公众参与海洋生态治理水平迈向新阶段。

[关键词] 短视频　海洋生态　公众参与

一、实践背景与内在逻辑

人类文明传承与发展建设基于人与自然的和谐共生之上，时至今日，生态环境绩效愈发成为考量一国现代文明水平的重要方面。党的十八大以来，党中央站在实现中华民族伟大复兴中国梦的战略高度上，在多个重大场合、多场重大会议中反复强调生态文明在中国特色社会主义建设中的突出位置。海洋作为生态环境构成的核心要素不仅是人类交互的主要通道，更是人类社会维续的重要支持系统。习近平总书记强调，"要保护海洋生态环境，着力推动海洋开发方式向循环利用型转变"，故此，加强国家海洋生态文明建设已成为实现我国治理能力和治理体系现代化的内生命题。目前，国内学者已从法律保障、建章立制、宏观管理、企业协同等视角对海洋生态治理研究做出了理论性探索，并在一定程度上推动了相关实践的开展，但正如托克维尔在《论美国的民主》一书中所指出的，唯有使人们参与到国家治理中，才能激起其对国家命运的关心[1]。在现代社会下，生态治理的成效不仅有赖于宏观层面的政策落地、中观层面的企业责任践行，更亟须微观层面广泛的社会公众参与。同样，在海洋环境管理的过程当中，公众参与亦发挥着不容轻视的作用，早年刊发的《中国海洋21世纪议程》中就曾提到，海洋资源的开发与保护"单靠政府职能部门的力量是不够的，还必须有公众的广泛参与"[2]。虽然国家层面已通过多方面举措致力于推动公众参与到海洋资源、环境保护当中，但仍存在"政府职能部门广泛动员民众参与、各界民众自觉保护海洋资源和环境的意识还不强"的现实困境[3]。

随着互联网时代下信息传播的革命性发展，近年来，在如何继续提高海洋生态治理中的公众参与度问题上，国内学者开始将视角转向公众海洋知识的储备层面，王琪、闫玮玮的研究较先指出，公众海洋科学知识与技能水平的高低对海洋环境管理公众参与行为的实现有着直接的影响[4]；顾湘、王芳玺进一步强调"公众提高参与海洋环境政策制定的能力，首先必须具备一定的海洋环境知识"[5]；而在培养公众的海洋认知维度上，相关研究认为，可积极借助媒体的力量，通过发布海洋相关的各式作品，塑造关心海洋的社会舆论氛围[6]。此观点在心理学中亦可寻得相关印证，研究表明，个体行为的发生遵从认知——认可——行动的过程，在此逻辑链下，公众参与作为终端执行环节，其初始动机、达成效果都受制于"认知"条件的影响，故而，普及海洋教育以提升海洋生态文明建设的公众参与度有较为充分的理论依凭。

二、本文的研究视角：SIPS 模式

在 Web3.0 时代，用户对于互联网的需求超越了 1.0 时代的单向投递与 2.0 时代的初步双向互动，而进入一种对人性化与个性化需求凸显的阶段。在此背景下，2011 年日本电通公司提出了社交媒体时代新生活消费者行为模式，简称为 SIPS 模式，作为传播效果评价的重要模型之一，其主要通过共鸣（Sympathize）、认同（Identity）、融入（Participate）、分享与传递（Share&Spread）四阶段对消费行为的过程进行考察。其内含的核心逻辑为：首先，经由精心设计的信息内容抓住消费者的兴趣点，并通过具体叙事引起其共鸣，促发其沟通与交流的意愿；其次，为检验信息内容的真实度，消费者尝试从外部寻求价值确认进而形成信任感，将已有的共鸣提高至认同层级；再次，消费者开始主动融入，参与度将在此过程迎来提升；最后，在共鸣、认同、融入三阶段的作用加持下激起消费者进一步分享与传递的意愿，使信息内容脱离专业化媒介组织的大众传播维度而深入到人际传播、群体传播的向度。历经上述整一过程后，原有信息内容的辐射半径和作用效力将呈现出显著的提高[7]。

彼得·索尔谢姆（Peter Thorsheim）在分析生态环境治理时就指出，制定关于污染问题的应对策略上，需统筹分析化学机理与思想观念两个要素[8]。现实中，由于海洋距离我国大多数公众的地理空间较远，对比城市卫生、垃圾分类等问题，海洋生态治理往往容易成为一个被忽视的领域，因此，借助时兴的短视频这样一个联结媒介与公众的重要纽带传播海洋知识成为增进公众海洋生态保护认知度、参与度的可用路径。笔者以为，SIPS 模式一定程度上揭示了短视频消费者的行为逻辑，是契合本题探讨的有效框架。

三、媒介优势与现实情境

美国著名媒体文化研究者尼尔·波兹曼（Neil Postman）曾富有洞见地指出，"我们的文化正处于以文字为中心向以形象为中心转换的过程中"[9]。现今，在电视文化逐渐褪色的背景下，短视频文化应运而生。所谓短视频，即一种在互联网技术、设备发展条件下催生出的新型媒介形态与内容传播方式，因其短平快的节奏、视像化的呈现、多样化的内容而深度契合当下公众生活时间碎片化、信息需求多层次化的特点，自2017年来，迅速收获了大量用户。据第47次《中国互联网络发展状况统计报告》显示，截至2020年12月我国短视频用户规模达8.73亿，网民使用率达88.3%，并接续了快速增长的态势，这亦正是当今时代"视频化生存"[10]趋势的重要表征。此间，部分城市历史、传统工艺、热点资讯等内容在短视频的技术优势下取得了良好的传播效果，促成了正向的经济社会效益，因此，思考如何切实有效地利用短视频的视像优势促进对海洋知识的传播，进而增进公众认知度，提高公众参与积极性，助力于我国海洋生态文明的构建，既是顺应技术发展的现实要求，更是实现海洋环境治理能力现代化的应有之义。

（一）革新：短视频助推海洋知识传播

依照沃尔特·李普曼（Walter Lippmann）的观点，现实可区分为"客观现实""象征性现实""主观现实"三种类型[11]，而大众传媒通过对"客观现实"把关、加工所营造出的"象征性现实"在其中起到了衔接作用，潜移默化地形塑着公众脑海中的现实图景，进而影响公众的行为选择[12]。将视角落回海洋领域，媒体可通过传播海洋知识而推动公众有效参与海洋生态治理，构建海洋生态文明的前置角色。马歇尔·麦克卢汉

（Marshall McLuhan）曾富有远见地指出，电子媒介的速度与断裂将会对现存社会形式产生巨大冲击[13]，在媒体环境快速迭代的时代背景下，借由短视频推动海洋知识的传播，有其独特优势与内在价值。这主要反映在如下几个方面：

第一，整体叙事策略由递进式向快节奏的转型。如今网络资讯的阅读已步入了"读秒时代"，相较于既往铺垫—概括—分析循序渐进的"教科书"式叙事模式，短视频则主打轻快节奏，在开场形式上借助震撼性画面、快节奏配乐、通俗性解说、字幕等，迅速给用户营造出一种"在场"感、沉浸感，能够产生快速"吸睛"的效果，契合用户认知特性的叙事策略能够推动用户形成共鸣。海洋是一个丰富的"素材库"，海洋生物、海底资源、海洋技术、海洋环境法律等皆可作为视频创作的素材来源，在抖音平台中，如"科学旅行号""地球村讲解员""宇宙大爆炸"等内容创作者所发布的海洋知识普及视频均获得了大量的阅读数与点赞数，这其中，快节奏式的新颖叙事手法正是其收获成功的"法宝"之一。

第二，内容分发方式由大众化向个性化的变革。在传统媒体时期，内容的传递以一对多的形式展开，受众所接收的多为同质性信息，而随着公众多样化的信息诉求日渐高涨，"专业媒体"[14]的到来成为历史必然。顺应该趋势，短视频平台一方面依托大数据与算法分析实现了内容分发上的个性化[15]，并在读取用户观看时长、点赞、转发等轨迹数据后进一步对用户画像进行深描，在不断更新的"分析链"下，最终能够实现对于用户兴趣点的把握。同样，在通过大数据分析用户对于海洋相关领域的兴趣何在的基础上，借助算法实现精准化传播，通过价值确认形成用户的认同建构。

第三，知识传递形式由线性向互动的转化。海洋知识的内蕴丰裕，现有海洋知识的传播仍主要通过广播、电视、印刷出版物等传统媒体进行，诚然，传统媒体有其形式正式、可信度高等方面的特征，但随着信息技术领域的革命性发展，其缺陷亦渐为显现：传播形式上的模式化、严肃化；

传播过程中的非对话性，使公众在其中仅仅充当着单一的受众角色，不能满足其"经受互联网平级化思维熏陶之后的交流需求"[16]。媒介总体上呈现出向人性化进化的趋势[17]，短视频媒介形态就在某种意义上改变了知识线性传递的状态，用户不仅可以通过短视频了解相关的海洋知识，还能够在评论、私信等渠道中与视频发布者进行交流，增强用户黏性，提高用户的互动感，在参与的过程中培养用户兴趣，最终实现引导用户融入的目的。

第四，用户交流形态由延时向即时的跃升。既往，除在同一场域内，交流往往呈现出延时性的特征，较大程度上制约了受众彼此间进行信息分享的内驱力，而在互联网技术的加持下，短视频平台也推出了即时社交功能，用户具有了对所阅读内容进行一键转发的便利条件，若叠加其对海洋生态治理所具有的积极参与意愿，则更可能促使用户进行内容的传递与分享，进而在不断循环的"分享链"下实现海洋知识的传播效能提升。

（二）困境：短视频中海洋类知识传播现状

不同于普遍性的日常生活经验，海洋虽然是一个公众较少"涉足"的偏专业化领域，但却是一个拥有巨大消费市场的"潜力"场域。短视频因其在某种程度上实现了对既有传播样态的革新，无疑成为一个传播海洋知识的可用载体，但与此同时，一些痛点及问题也随着行业的迅猛发展而逐渐显露。

第一，主体专业性缺乏。在传统媒体时代，内容的创作、把关、加工对从业者的专业素养提出了较高要求，因此，从事知识传播的主体多为职业精英，其提供内容无论在品质、真实性、可信度上都有较强保障。而短视频平台中，用户仅需授予视频音频等相应的访问权限后就可进行自主拍摄、内容编辑以及发布，由于极大地降低了创作的难度与门槛，使得视频质量呈现出良莠不齐的状况。同样以抖音平台为例，目前，发布与海洋相关视频的创作者主要有三类：一是较具专业性的如"海洋讲解员""海洋观察""海洋百科""海洋冷知识"，主要通过科普海洋生物知识以丰富用户对于海洋的"图景"塑造；二是诸如"大庆赶海""渔小仙"等，以生活化元素展示沿海生活场景；三是借助短视频平台进行海产品推广的营销账号。传播主体的多元化会引致专业性的"消减"，一方面公众自行发布的视频中专业词汇、生物名称等使用不统一，易给用户造成困扰；另一方面，部分商家借用短视频平台，在模仿其他视频创作者拍摄方式的基础上植入产品推销，广告意味浓重，损害了用户体验感，难以激起用户共鸣，对海洋类的视频传播造成了不良影响。

第二，内容纵深感缺失。公众参与海洋环境治理水平的有效提升离不开公众对该领域知识的整体性了解。海洋知识涵盖生物、历史、地理等多维度，具有深厚的内容来源支撑，可进行多角度、纵深化的内容开发。而目前，在各短视频平台中，海洋类短视频多以介绍海洋生物、记录航海风光为主，并未形成一套较为明晰的内容分化体系，简单化地将同质内容复制并进行"病毒式"传播极大程度上降低了用户的体验感，无法借由短视频激起用户进一步了解的意愿。

四、期许与策略

（一）共鸣：坚持内容为王

不可否认，在"眼球经济"下，部分短视频创作者为快速变现而忽视了内容在其产品中的核心地位，粗制滥造、夸张炫技等现象充斥于短视频平台当中。而在资讯爆炸的今天，信息过载使得用户对于单位时间内的信息接收量有了更高的要求，内容的高品质、原创性才是实现品牌化、口碑化效应之根本。情感体验对于互动开展具有重要作用[18]，借助短视频平台传播海洋知识，其核心目的并不停留于"浅阅读"式的给予用户愉悦体验，而更在于以短视频的"工具价值"丰富公众相关知识储备、引导用户产生共鸣、增进用户参与海洋环境治理的能力。因此，更应坚持"内容为王"的传播理念，重视对视频内容的前期深耕与后期打磨，力图更为直观立体地展现出海洋全貌。

在讲述海洋生态保护的短视频账号中，较有代表性的是"纳米比亚海洋保护队"，其在作品中描绘了海狮、海豚"拖着沉重的渔网""被割开的伤口"等因人类活动而生存困难的画面，配合移动镜头的拍摄效果、不同景别的剪辑交替，强化了用户对于保护海洋生态环境重要性的认知。

（二）认同：重视权威打造

能否引导用户对所传播信息达成认同将关系到用户后续行动的动机与效果，因此认同的打造在整个逻辑链中扮演着较为核心的角色。在去中心化的程序设定下，短视频的内容生产方式主要包括UGC（用户生产内容）、PGC（专业生产内容）、OGC（职业生产内容）三种，而其中UGC的占比最大，但其素材来源普遍存在着权威性较弱的缺陷。同样，当前进行海洋知识宣传的短视频也多由未经官方认证的个人IP形式发布，用户在共鸣形成后往往还需要对其内容的真实性、可靠性做出进一步确认，一定程度上制约了传播效果的提升与认同的塑造效率。基于此背景，对短视频平台中海洋知识类作品进行权威认定就具有其必要性。

第一，可开设具有官方性质的账号，如在简介中突出发布者的专业性背景、账户头像上向短视频平台申请进行加V认证等形式，为视频内容的真实性与可信性背书；第二，可加强与主流媒体的互动，如与电视台、报刊出版社等协同打造海洋知识类的专题栏目等，并通过再剪辑等技术手段进行分平台传播，在已有权威性的基础之上进一步提高账号的曝光度与被知晓度；第三，可尝试邀请相关专家学者进行专题讲解、答疑解惑以丰富视频内容的理论性与科学性。

（三）融入：开拓双线路径

相较于共鸣与认同阶段侧重于以线上视频内容对公众进行心理层面建设，融入阶段则强调结合线上线下活动提升用户参与感与体验感。海洋类知识其外延较宽泛，故而也为其提供了多种可选择的线下形式，如组织知识竞赛、开展航海探索、进行科普宣讲等活动，在活动过程中利用音像设备进行场景记录，并经由技术处理后在短视频账号中进行展示，形成示范效应；此外，线上层面还可尝试在短视频平台中设立专属话题等方式，通过线上线下双线并进吸引更多用户参与，推动海洋知识的传播。

（四）传递与分享：丰富传播矩阵

传递与分享阶段所突出的是在前序阶段准备下进一步实现以点带面的传播效果，这其中不可忽视的是：大众媒介所发布的信息并非直接"流"向一般人群，而是经由意见领袖（KOL）后呈现出裂变式传递[19]。短视频平台具有较强的娱乐性，因此其用户多以年轻人为主，对高学历人群及高年龄群体的影响较小，而在意见领袖的流量辐射效应与跨平台式的内容分享机制二者整合下所构建的传播矩阵，有助于实现对不同人群的关照。

故而，一方面可积极探索与关键意见领袖合作，如，将相关发布海洋知识的账号中的视频内容经由"网红""大V"等在多种社交平台转发，进而使得视频、账号被更多民众所知悉。另一方面，可推动不同平台间一键转发功能的实现，便利用户在各类媒介间进行信息的相互传递、分享，实现引导新用户进入、扩大传播范围的目的。

海洋是生态系统中不可或缺的重要部分，在环境质量与公众参与日益得到各方面重视的今天，短视频的火热无疑为海洋知识的传播提供了良好的契机，因此，通过打造"短视频+海洋知识"的传播生态能够更有效地向用户传递信息，增强用户对于海洋的了解。作为公众参与的前置命题，公众海洋知识储备的提升一定程度上会对推进我国海洋生态文明建设有所裨益。

（作者：李卓航，中共浙江省委党校，研究方向为政治传播。）

参考文献

［1］托克维尔.论美国的民主［M］.董果良，译.北京：商务印书馆，1988.

［2］国家海洋局.中国海洋21世纪议程［M］.北京：海洋出版社，1996.

［3］国家海洋局.中国海洋21世纪议程［M］.北京：海洋出版社，1996.

［4］王琪，闫玮玮.公众参与海洋环境管理的实现条件分析［J］.中国海洋大学学报（社会科学版），2010（5）：16-21.

［5］顾湘，王芳玺.公众参与海洋环境政策制定的中美比较分析［J］.上海行政学院学报，2015，16（2）：105-111.

［6］鹿红，王丹.我国海洋生态文明建设主要问题分析及对策思考［J］.理论月刊，2017（6）：155-159.

［7］邓元兵，赵露红.基于SIPS模式的短视频平台城市形象传播策略：以抖音短视频平台为例［J］.中国编辑，2019（8）：82-86.

［8］索尔谢姆.发明污染：工业革命以来的煤、烟与文化［M］.启蒙编译所，译.上海：上海社会科学院出版社，2016.

［9］波兹曼.娱乐至死［M］.章艳，译.北京：中信出版集团，2015.

［10］彭兰.视频化生存：移动时代日常生活的媒介化［J］.中国编辑，2020（4）：34-40+53.

［11］李普曼.舆论［M］.常江，肖寒，译.北京：北京大学出版社，2018.

［12］GERBNER G，GROSS L. Living with television: the violence profile［J］. The Journal of communication，1976，26（2）.

［13］麦克卢汉.理解媒介：论人的延伸［M］.何道宽，译.北京：商务印书馆，2009.

［14］MERRILL J C，LOWENSTEIN R L. Media Messages and Men: New Perspectives in Communication［M］. New York: David McKay Co., Inc., 1971.

［15］许竹.移动短视频的传播结构、特征与价值［J］.新闻爱好者，2019（12）：30-32.

［16］赵晓晴.新媒体视域下少数民族文化传播的动因与策略［J］.东南传播，2015（9）：45-47.

［17］莱文森.人类历程回放：媒介进化论［M］.邬建中，译.重庆：西南师范大学出版社，2017.

［18］柯林斯.互动仪式链［M］.林聚任，王鹏，宋丽君，译.北京：商务印书馆，2012.

［19］麦奎尔，温德尔.大众传播模式论［M］.祝建华，译.上海：上海译文出版社，2008.

"反脆弱"风险：技术认知与身体转向

——信息传播视角下的伦理争议

汤天甜　温曼露

[摘要] 信息传播技术通过复制、模仿、延伸的方式完成了人外在表征与潜在思想的异质复现，完成了从机械运作到意向选择的过渡。此外，人的"代具性"缺陷为技术的"延异"提供了前提，现代信息技术将人类基因重新编码，消解了人体的"实在"意义，"数字人"孕育而生。在此背景下，信息技术打破了传统的传播逻辑，社会秩序被重新建构，社会关系朝向更加复杂的方向演变，触发了新一轮技术伦理争议。因此，本文从"反脆弱"的视角考察技术风险的"不确定性"，对当今新一轮传播伦理进行研究。

[关键词] 技术伦理　意向性　自私的基因　风险反脆弱

一、问题的提出

安东尼·吉登斯（Anthony Giddens）曾断言，关于新的风险，旧的补救措施已不再适用。风险的规模、后果以及可能造成的损害程度都不清楚，风险已逃脱出正统的归因模式，其因果关系与时间性解释都存在滞后性。乌尔里希·贝克（Ulrich Beck）也认为，在风险频发的后现代社会，不清楚什么样的政策和制度能够控制风险，当下出现了权力与制度的真空状态。而社会学家们往往倾向于从暴力的权力关系出发，对后现代风险予以关照，却忽视了人本维度，即道德伦理。鲍曼（Zygmunt Bauman）在《后现代伦理学》（*Postmodern Ethics*）中谈到，在人们建立管理后现代风险机构之前，人们需要首先反思事件的道德伦理基础。

区别于一般意义上的法律条文，道德伦理的界定始终是一个颇具争议的概念。就主体而言，道德伦理是人类行为与人际交往的产物；就影响范围而言，道德伦理具有广泛性、延续性、模糊性、非暴力性等特点；从评判标准来看，不同的个体、集体，基于自身立场对人、事、物的价值判断也会呈现出显著的差异。此外，在大众的普遍认知中，社会伦理与机械技术间也存在明显界限。康德（Kant I.）在《道德形而上学奠基》（*Grundlegung Zur Metaphysik Der Sitten*）中将逻辑学、物理学和伦理学列为三大科学。随着后现代解构主义思潮的兴起，学者们逐渐打破传统的二元对立思想，使伦理与科学逐渐由平行向交织转向，科学伦理成为社会各界关注的焦点。

数据信息作为后现代社会的发展原力，衍生出诸多复杂的道德伦理风险。以Facebook为代表的社交网站曾多次陷入泄露用户隐私的丑闻中；谷歌服务在未经告知的情况下存储用户的浏览信息与地理位置。除信息隐私外，技术风险还深入到身体隐私层面，尝试影响、改造人的内在基因。早在2008年，英国科学家便开展了"人兽胚胎"实验，秘密制造出155个包含人类与动物基因的杂交胚胎。2009年，瑞士神经科学家Henry Markram在TED大会上宣布，其将通过计算机模拟人类大脑，揭露人类意识本质。2019年，据朝日新闻报道，东京大学计划将人的iPS细胞植入老鼠的受精卵内并植回老鼠的子宫内进行培育。至此，科学伦理风险的影响范围与作用程度都被提升至关乎人类命运的高度，对人类接收、认知信息的能力产生了颠覆性影响。

近年来，一场"人机大战"使人类意识到"思考""智慧"已不再是人的私有产物，人类中心主义的主导地位受到前所未有的挑战。诸多文艺作品也关注到这一热点议题。1950年，阿西莫夫（Isaac Asimov）在《我，机器人》（*I, Robot*）中提出伟大的"机器人学三大法则"：一是机器人不得伤害人类，或袖手旁观坐视人类受到伤害；二是除非违背第一法则，机器人必须服从人类的命令；三是在不违背第一法则及第二法则的情况下，机器人必须保护自己。威廉·吉布森（William Ford Gibson）在《神经漫游者》（*Neuromancer*）中预测了全球互联网、虚拟现实、人机结合三大技术的未来，确立了新的科幻文学类型——"赛博朋克"。库兹韦尔（Ray kurzweil）在《灵魂机器的时代》（*The Age of Spiritual Machine*）（1999）、《奇点临近》（*The Singularity is Near: When Humans Transcend Biology*）（2005）等书中描绘出一幅机器乌托邦图景，认为计算机可实现人类永生的欲望。中国作家刘慈欣在小说《三体》中构建出两个迥然不同的世界，即灰色、喧嚣、为人所熟悉的现实世界与遥远、微小、空灵的科幻世界。除文学作品外，诸多科幻影视作品也折射出人类对信息技术无限发展的担忧，《大都会》（*Metropolis*）、《西部世界》（*Westworld*）、《机械姬》（*Ex Machina*）、《她》（*Her*）、《黑镜》（*Black Mirror*）、《银翼杀手2049》（*Blade Runner* 2049）等电影聚焦信息技术的自我意识、交互行为、情感共鸣，这为信息技术的未来发展提供了影像维度的考量。

具体到信息传播领域，技术涵盖了素材收集、文本撰写与视听呈现。其中，机器人写作、人工智能主播、大数据收集、个性内容定制、视频生成、语音交互、视觉识别、异常检测、虚拟现实和增强现实等功能的介入，使过去以人为中心的信息传播发生了颠覆性的变革，技术威胁论不绝于耳，"技术决定论""媒介环境学""身体传播"等学派理论受到空前关注。正如本雅明所言"人类的感性认识方式是随着人类群体的整个生活方式的改变而改变的"[1]。信息传播技术将人作为"坐标中心"，通过感知接触、行为劝说、价值引导等方式延长传播生命力，赋予媒介静态调节与动态平衡的能力。与此同时，信息传播技术的作用又是相互的。在技术模仿、复制人的过程中，人经历了从自然生物向数字化存在的转变过程，使人类的存在形式与技术的影响领域都呈现出区别于以往的属性内涵。

二、意向性：主观化技术的风险传播

在人类历史转折的关键节点上，技术直接或间接地推动着社会生产力与生产关系的变革，具有鲜明的外在性与物质性特征；但"技术存在成为客体，这并不是说技术成为题材，相反，他往往会失去客观性，技术可能演化为价值观、经济社会、社会心理"[2]。达米特（M. Dummett）在《分析哲学的起源》（*Origins of Analytical Philosophy*）中指出，就历史维度而言，分析哲学与现象学的产生具有同源性，是一种"意向性"问题。1874年，弗兰茨·布伦塔诺（Franz Brentano）首次提出"意向性"（intentio）概念，他在《从经验的观点看心理学》（*Psychology from an Empirical Standpoint*）中将"意向性"阐释为区别于物理事件的心理活动，具有显著的对象性特征，奠定了意向性与人类意识间的内在勾连。荣格（Carl Gustav Jung）根据弗洛伊德（Sigmund Freud）的潜意识理论，进一步提出"集体无意识"（Collective Unconscious），即"原始意向"（archetype）概念，他认为在生理遗传之外，人类还保存着"神话般的联想——那些不用历史的传说或迁移能够在每一个时代和地方重新发生的动机和意向"[3]，且主要表现为人在文艺创作中潜在意识的外化。胡塞尔（Edmund Gustav Albrecht Husserl）基于现象学理论，将自我从封闭的身体中解放出来，突破了传统哲学"我思"（res cogitans）与"广延"（res extensa）的绝对界限，搭建出内在认知与外在客体间的联系，即"自我－认识－世界"（ego-cognizing-world）。除此之外，伊德总结出四大现代技术的伦理意向，即"具身关系"（embodiment relation）、"解释关系"（Hermeneutic Relations）、"它异关系"（alterity relations）、"背景关系"（Background Relations），他指出"从远古时期到各类文化之中的人类活动，总是嵌入在技术之中"[4]，技术的意向性证明了人类知觉、行动与技术调节之间的关联性；眼镜、电视、手机与汽车等物质技术还建构着人类形态。除身体外，有学者还提出"互动意向性"[5]（Interactive intentionality）假设，指明了意向性交互的逻辑，对受众价值的构建与行动的执行具有重要的参考意义。塞尔（John R.Searle）在《意向性：论心灵哲学》（Intentionality: An Essay in the Philosophy of Mind）中从感知、行动、因果性、意义、指称、背景、网络等维度对技术的意向性展开了广泛讨论，他认为意向状态即"处于特定心理模式中的表征内容构成"[6]，这一理论阐述为信息技术的意向性转向奠定了基础。不同于过往的伦理风险，信息传播技术呈现出更加特殊化与复杂化的伦理风险态势。"我们的新问题在于：错误的手也许正好属于技术本身。"[7]当下，几乎所有的技术都有造成伤害的潜在可能性。因此，传统的人为技术设计不再是伦理考量的唯一标准，技术意向性使技术的自主性、主观性属性成为未来信息传播研究的焦点。

（一）身—心的技术认知

在传统的人类中心主义观念中，人类拥有机械技术所难以匹敌的自主学习与综合调节能力：一方面，人类天生具备同时处理触觉、视觉、嗅觉、听觉、味觉的感知素养；另一方面，人类可通过后天学习，完成推理、决策、规划、语言等信息处理需求，但在"图灵"（Turing）出现后的近60年里，这一传统的人类中心主义认知被逐渐打破。信息技术的意向性趋势颠覆了人类的传统优势，"深蓝"在与国际象棋冠军卡斯帕罗夫的比赛中获得胜利，"华生"在危险边缘挑战赛中击败人类对手，"阿尔法狗"（AlphaGo）战胜了世界围棋冠军、职业九段棋手李世石。信息技术改变着人与信息的交互方式，迫使人类正视传播技术意向性转向的现实。

胡塞尔曾指出，所谓的意向性事实是感知的意向性（perceptual intentionality），那么随之而来的问题是，技术意向与人类感知意向之间又存在哪些差别与联系。梅洛–庞蒂（Maurice Merleau-Ponty）的"身体知觉分析"与麦克卢汉（Marshall McLuhan）"论人的延伸"都强调技术对人类感知的补充与延展，他们把人体视作感知原点，将技术作为人的附庸工具，却忽视了技术本身所独立拥有的感知能力。值得注意的是，自动驾驶技术、视觉情感识别、移动机器人环境感知、听觉声源定位与语音识别等信息技术模糊了人与技术之间的界限，完成了对人视觉、听觉、触觉、嗅觉、味觉的再现。同时，技术还可能衍出新的"技术知觉"，开发出为人类所忽视的、无法触及的信息领域，进而不受限制地进行信息传播活动。"技术具有一种自负的天赋高贵，所以它不合道德"[8]，不断挑战人类信息隐私的规则。"'灵巧'（craftiness）与'技艺'（techne）曾被视作人类智慧最重要的特性之一，其主要用于表示各种情景下以智取胜的能力"[9]，是人类意向性的重要表现。技术借助新型智能系统，通过迁移学习、强化学习、深度学习与升级进化等功能回溯人类大脑，使得"人类的中枢神经系统又得以延伸"[10]，实现了更高层次的主观意向性模仿。谷歌旗下的 DeepMind 利用强化学习的方式开发了 AlphaGo、视频游戏。可见，信息传播技术已具备知识储存与再生产的能力，但这并不代表信息传播技术摆脱了数据分析与算法编写的缺陷，相反，智能算法在综合相关数据、对应关系与自动感知的过程中，易造成信息传播技术"所呈现的'主体性'是功能性的模仿而非基于有意识的能动性（agency）、自我意识与自由意志"[11]。因此，在技术的运行过程中，"议程设置"（Agenda Setting）、"信息茧房"（Information Cocoons）、"后真相"（post-truth）等传播伦理争议依然存在。信息传播基于深度学习技术唤醒的技术意向，本质上是对人类主体意识的一次再现而非生成，其通过"打破'我'与'非我'的界限从而去引导公共舆论和控制社会的价值取向"[12]，解构大众对传播主体中立性以及传播内容客观性的幻想。

（二）技术赋权与秩序重建

社会秩序无处不在，从国际协议、国家法律、企业合同、家谱家风到游戏规则，其架构着社会的运作规则与人类个体的生存逻辑。贝克在对"风险社会"（risk society）的阐释中曾指出，工业社会向后工业社会的转向与资本结构向社会权力的转变相对应。在此意义上，技术作为社会与机构框架制造的产物，对人类认知意义的争夺表现为对权力属性的定义。

库恩（Thomas Kuhn）在《科学革命的结构》（*The Structure of Scientific Revolutions*）一书中提出"范式转换"（Paradigm Shift）的概念。他认为，技术在介入、渗透人类生活的过程中，行使着技术权力，构造着技术秩序。"社会合理化的过程首先源于生活世界的理性化，导致或催生了体制层面的理性化，出现了生活世界的体制殖民化。"[13]具体到信息传播技术领域，技术通过"便捷式"的话语劝说，潜在的空间置换，使人陷入意向性技术秩序之中。未来的人类信息生活或将演化为这一图景：出行方面，无人驾驶的智能系统可规避一切拥堵路段，乘客通过脑电波传达出个人需求；在饮食方面，"分子料理3D打印机""分子料理墨盒"等智能打印技术实现了美食的数字化革命；在社交方面，人们可穿戴三维虚拟仿真设备与"他人"聊天、共进晚餐。综上，信息技术通过虚拟的数字服务，瓦解、置换了传统社会规则，为数字化技术秩序规定、控制人的价值取向提供了契机。

在日常生活秩序外，信息传播技术还介入、影响着人的身份界定，曼海姆（Karl Mannheim）曾提出"代位置"，以区分不同社会背景下人的身份定位。当今，意向性信息技术为人的社会位置提供了参考，在经济实力、知识储备、生活地域等因素的共同作用下，数字信息接收的差异性成为不同层级权力划分的依据，形塑着不同阶级人群的行事风格、交往取向与情感表达。换言之，"在信息通信基础设施、现代信息技术掌握程度、信息通信服务需求、互联网络应用运用及使用程度的差异化作用下"，不同阶级间也产生了巨大的数字鸿沟。"数字鸿沟"（Digital Divide）概念最早源于美国国家通讯与信息管理局（NTLA）在1995年发布的报告《在网络中落伍：一项有关美国城乡信息贫困者的调查报告》（*Falling through the net: A survey of the "Have Nots" in rural and urban America*），其中指出，不断加剧的阶级数字鸿沟形成了"数据富人"与"数据穷人"两大对立阶级。相比传统的、显性的经济贫困，隐性的数字信息贫困表现为人在现代社会的落伍、失落、边缘、被排斥，其在话语表达、社会机遇、个体权力上都处于弱势地位。同时，各个数字阶层都沉浸于部分、片面信息所打造的"拟态环境"（pseudo-environment）之中，在经济、政治地位的掩盖与同质信息的裹挟下，"信息阶级"之间形成了各自的信息茧房。人与人之间的差距往往不会立刻显现，但在长时间的累积影响下，数字信息将内化为人的知识、认知，改变人的社会身份与阶级地位。因此，意向性的信息技术赋予传播以数字化的人性能力与特点，促使传播技术的议程、目的愈加突显，深层次地引导着社会秩序的演化。

三、数字性：智能化传播的人体延异

无论是对人类认知的模拟还是社会秩序的架构，意向性技术的最终目的即聚焦人本身。一方面，"0"与"1"的数字化编码技术与自然生成的人体间存在本质性区别；但另一方面，人体与生俱来的缺陷性，致使其本能地依赖于技术；借此，信息传播技术得以复制、延伸、放大人类器官，消除时间的不可逆性与空间的无限性。这或将引发人从"实在性"向"数字化"的转变，进而颠覆现存的传播逻辑，影响社会关系的形成。

（一）身体代具与数字人存在

贝尔纳·斯蒂格勒（Bernard Stiegler）在《技术与时间》（*La Technique et le Temps*）中，从历史的维度否定了卢梭（Jean-Jacques Rousseau）的"自然人"（nature person）学说。其通过普罗米修斯与厄庇墨透斯的神话揭示出自人类诞生以来，宿命般的脆弱缺陷，人类不得不利用火、树棒等外在技术以保证自身的延续性，贝尔纳·斯蒂格勒将这一人类进化过程称为人的"代具性"（prothèse）结果。当前，越来越多的学者们开始关注信息传播技术对人的"代具性"影响。英尼斯（Harold Adams Innis）认为，媒介技术对人类政治、经济、宗教等领域具有重要意义；利文森指出媒介技术在对人需求的满足方面的意义；基特勒（Fredirch Kittler）从人的想象、认知角度诠释出技术发展谱系。学者们认为"支配现代技术的去敝是一种引发，它促使自然释放可以被提取和积聚的能力"[14]。

首先，信息传播技术以异质的形式架接在"人"的实在身体之上。德里达（Jacques Derrida）曾提出"延异"（différance）概念，以概括差异性的存在与时间上的延迟。此后，贝尔纳·斯蒂格勒将"延异"引入技术哲学领域，基于人的代具性特点，提出技术与人之间的"映射关系"。一方面，技术的发明与人的进化存在时间间隔，人与技术开启了延迟与推进的双向运动；另一方面，人与技术的自在形态呈现出交融的趋势。人类将自身寓于技术之上，延伸出人的异化形态——赛博格（Cyborg）。

其次，与技术的意向性进程同步，人类的"实在"身体也在向数字化形态过渡。技术以中介的形式建构着人类的知觉，造就"天真无知"的知觉至多是一种抽象的现实。在媒介技术的包裹下，"媒介研究应该属于哲学人类学的范畴，一种对人类所处环境的深思，同时也是对非人类环境的深思"[15]，信息技术为人类营造出一个虚拟的、数字化的赛博空间。此外，信息技术还以数字化的形式再现人类身体，无论是美图秀秀、大数据跟踪还是永生的数字人，人类的身体均被解构为"数字符码"，并上传至无限云端；在此基础上，器官的运作、现实的行动都被信息技术所监视、检测。这颠覆了笛卡尔"我思即我在"的阐释，人与世界的肉身感知被演化为感应器与大脑间的虚拟链接，完成了希拉里·普特南（Hilary Putnam）"缸中之脑"的技术设想，传播技术使得"人的存在"被等同于"数字存在"，信息传播成为证明自我存在的重要方式之一。

（二）人机关系的交往与承认

从古至今，人类从未放弃过对科学技术的向往与追求。生物克隆、数字人、人工智能的出现，缩小了科学幻想与现实社会的差异。然而，与技术繁荣相伴的是人类对技术的忧思，技术主体性的意义、技术身份、人机关系的界定都成为技术伦理领域的重要议题。信息传播技术的发展、转向，尤其是人工智能的出现，更促使这一议题向复杂化的趋势发展。

作为社会性动物，人与数字人之间的交往问题成为人们关注的焦点。以siri、Vlingo、Jibo为代表的语音交互技术不仅能理解人类对话，还能对人的需求予以回应；服务型机器人可帮助人们完成上菜、做菜、洗衣、扫地等工作；丰田汽车公司发明的奏乐机器人不仅展示出人类对音乐美的向往，更预示着信息技术在精神层面的自我追求与探索；谷歌DeepDream、Image 2 Image、英特尔Pikazo等信息传播技术通过深度学习来模仿艺术家的绘画风格，并从艺术审美的视角与人类互动，实现思想层面的意义传达。此外，信息传播技术还创造出智能空间以满足人的沉浸式交互想象，虚拟现实、增强现实、混合现实等技术的运用隔绝了人与人之间语言、肢体的交流，使"个体人"进入到纯粹的技术空间。在这些"'沉默'空间中，没有故事，没有回忆，没有交织着自己的认同感"[16]。不同于人的实在性，虚拟的数字信息传播技术可创造、模拟出多样化、理想化的形象、空间，使人与技术间的交往被视觉化的不真实感所笼罩。在一系列信息交互方式的影响下，人与人之间的交往沦为了封闭的自我式交互，此时，信息传播中的雷达、控制与教育功能被削弱，思想碰撞被阻断，娱乐成为信息传播的主要目的。

当人们越来越习惯、享受信息传播技术所建构的交往形式后，新的主体性风险又摆在人们面前。人们对数字化交往关系的界定、认知程度都影响着信息技术未来的发展方向与速度。2018年10月，信息传播技术的杰作——"索菲亚"（Sophia）获得了沙特护照，成为世界上第一个机器人公民，其以著名女星奥黛丽·赫本（Audrey Hepburn）的外在形象为参考，利用橡胶制造出的"人类皮肤"可做出高达六十多种面部表情，在之后的测试中，索菲亚更表达出同人类一样结婚生子、成立家庭的愿望。那么，随之而来的问题是，当下还尚未有具体、详细的法律条款，以限定或赋予信息技术以相关权利，使信息机器人拥有与人类相同的待遇。哈贝马斯（Jürgen Habermas）在《技术和作为"意识形态"的科学》（*Technik und Wissenschsft als "Ideologie"*）中提出技术力量的倒置观念，他认为"技术由本来在人和自然的关系中解放人类的力量，变成一种政治统治的手段"[17]。因此，人与技术间的异化关系逐渐蔓延至传播领域，传播技术通过弥补人类不足的方式，延伸、置换，甚至取代人的存在意义；技术不再作为单一的传播渠道，其可同时承担传播主体、传播内容等角色功能。在很大程度上，传播技术的发展可能消解人类交往的精神属性，使其沦为纯粹的技术交互，间接催生了技术权力、暴力的膨胀，对人与自然的可持续性发展亦造成了威胁。

四、反脆弱：技术伦理风险的新视角

自信息传播技术兴起以来，人类被技术延异、裹挟，暴露在波动、随机、混乱、压力等不确定因素之中。比尔·盖茨（Bill Gates）、埃隆·马斯克（Elon Musk）等各领域人士相继发表"技术威胁论"，警示人们控制技术发展的速度，明晰技术与人之间的界限。斯蒂芬·霍金（Stephen William Hawking）曾设想未来世界。当科学家用颤抖的声音问道："世界上真的有上帝吗？"时，世界上最聪明的人工智能回答道："现在有了。"语毕，一道电光闪过它的电源插头。从此，人类再也关不掉它了。在这一想象性情境中，信息传播技术显露出机器的意向性与基因的自私性等属性。换言之，信息技术的风险不仅是人的风险，同样也是传播技术转向的结果，这一风险存在多种演化的可能。"技术的伦理反思不是关注与实际技术发展相关的具体伦理问题，而是对'大写的技术'自身现象的批判。经典的哲学路径和技术伦理路径陷入关于技术与文化的不断融合的恐惧之中，旨在防止人性受到技术异化力量的危害。"[18]

（一）现代传播的不确定性

现代社会中不断流动的海量信息，使人长期处于"脱域"状态，加剧了社会风险爆发的可能性。普利高津（Liya Prigogine）在其《确定性的终结》（*The End of Certainty*）一书中指出："人类正处于一个转折点上，正处于一种新理性的开端。在这种新理性中，科学不再等同于确定性，概率不再等同于无知。"[19]传统物理学理论所支持、创造的"时间可逆的确定性宇宙图景"已满目疮痍，事件的偶然性，时间的不可逆性才是未来的本质。

信息传播正从封闭的单体化向开放的体系化过渡。字节跳动创作的人工智能机器"小明"根据不同的主题进行新闻写作、科大讯飞推出机器人电话销售、中央电视台推出AI主持的视频新闻。这宣告着单一技术时代的结束，传播主体与内容间的鸿沟被弥合，信息传播技术显示出意向性趋势，但其在收集、认知、学习的过程中，受制于劣质信息的影响，常陷入"算法偏见""潜意识偏见""互动偏见""选择偏见""数据导向偏见""确认偏见"等困境，可能形成潜在的、新的资本盘剥关系。Google（谷歌）搜寻就曾出现信息曲解问题，这导致合格考生无法进入医学院就学；聊天机器人也曾在社交媒体Twitter（推特）上散布种族偏见与性别歧视言论，进而导致错误信息大范围地输出、传播，对整个社会造成恶劣影响。面对这一技术性缺陷，人类应发挥自身的主体性优势，转变人在传播过程中的位置、职能，深化人的传播价值，从顶层设计的层面，承担起"议题把关人"的职责，把握整个信息传播的方向，减少、规避技术生产中的潜在风险，为信息传播技术去敝。除传播主体外，信息传播技术凭借其收集、整理、储存、提取传播信息的功能，成为新型的传播者，形成了自身的"技术意识""技术取向"。至此，传统线性的信息传播转化为封闭式的循环传播，信息传播的主体、内容、输出渠道的界限被消弭，顺序被拼贴、倒置，人们无法确定传播过程的实际边界。传播中主体性、连续性、因果性等逻辑被瓦解，信息传播技术可独立地收集、选题、写作、图像视频制作、分发信息，使信息传播过程表现出消融、开放的不确定性属性。

（二）自私性基因的架空延续

"胎儿在短短的200多天中就可迅速地走过人类在其进化历史和原始发生上几十亿年的漫长历程。"[20]这在很大程度上是因为"我们的命运存在于我们的基因中"[21]，"个体只是基因的仆从"[22]。理查德·道金斯（Richard Dawkins）基于达尔文的进化论与费尔希的遗传学理论，提出了基因的自私性本质。他认为自私是亲族关系、性比率学说、利己主义、欺骗行为与性别共同作用的结果，"生物无论做的什么都是为了增加自身基因的存活率或基因复制的成功率"[23]。

每个生命体都是一台完美无缺、复杂精密、组织紧密的仪器。在某种程度上，信息传播技术作为计算机科学的分支之一，是一种特殊的生命存在形式，其始终在寻找与人体器官相对应的功能属性。从某种意义上而言，"身体内所有基因都是'寄生'基因"[24]。因此，新型信息基因的自我复制能力一旦形成，便展开自我创造活动，开辟出一条崭新的进化路径。一方面，技术基因将"随着宿主本身的基因一起传播。最终，它们的身体很有可能消失殆尽，完全融入宿主的身体中"[25]。另一方面，信息传播技术将人的复制因子作为基础单位，在联系中形成公共的基因存留机器——"载体"。值得注意的是，在这一模仿与融合的过程中，基因的自私性特质也得以延续，但"自私的基因"并不意味着技术具备了同人一样的主观能动性；相反，这是一种机械行为，其根本目的在于寻求物种永恒存在的可能性。此外，不同于一般生物千万年来的历史演化，"技术基因"是一种现代架空的产物，是对人类基因的数字化复现，其并不具备内外相通、相互映射、压缩呈现等人性特征。信息传播技术以利他的方式取悦着人类，促使人类将自身基因源源不断地"输入"技术体内，赋予了技术更多的"人化"价值。

与自私性基因相伴而生的还有人的本能限制，由此衍生而来的还有规范社会行为的道德体系。因此，伦理道德是社会关系、自我意识、生产实践、社会分工的集中反映，其为人类实践行为给予评价，形成人类心理意识和行为活动的评价准则，是人类对抗自私性基因的重要方式。但不同于反思性的人类进化过程，信息传播技术更倾向于复制基因这一机械性动作，是缺乏感性价值取向的数字化产物。

（三）风险的反脆弱性转化

从农业社会、工业社会到信息社会，技术的影响向度呈现出多元化、不可控性的特点。技术的出现在赋予人类以超越自然力量的同时，又使人类陷入被替代的焦虑与怀疑之中。马克思认为物质世界是普遍联系和不断运动变化的统一整体，其逐渐形成了对立统一、质量互变与否定之否定的发展规律。因此，对技术的认知不应局限于脆弱性、灾难性等负面认知，也应意识到技术冲击后人类受益的可能性。为应对广泛存在的"脆弱性"忧虑，学者纳西姆·尼古拉斯·塔勒布（Nassim Nicholas Taleb）提出了"反脆弱"（antifragile）的观点。

塔勒布认为，人们对技术的认识更偏向于隐藏其优点而非缺点，并尝试通过计算的方式度量生活。人类对自我的认知与行动的确定性往往来自量化信息的证明，"数字驱动"成为现代人类行动的重要标准，但也有人反对"唯数字论"的现代认知，他们指出量化数字只是人类行为的参考，金字塔等古代奇迹的创造者依靠的即是人的灵感与经验工具。单薄的数字技术并不能完全取代人的存在，技术的创新往往来自人类在"反脆弱"进程中的自由探索与积极冒险。因此，在伦理学维度下思考技术的反脆弱性具有重要意义。正如皮萨诺（Gary P.Pisano）在《生物技术潜能》（*biologic potential*）中论述的那样，一些生物技术虽然取得了惊人的发现，但在某种程度上，这一发现并不为人所认可。因此，每个人都有责任和权利提高对"技术风险"的判断能力与反脆弱能力，包括那些总是显而易见或毫无争议的问题。

当下，技术基因成倍数的进化速度威胁着人类在世界的主体地位，但就其本质而言，其与人类仍存在较大差距。人类身体以"全息"的模式运作、存在，大脑成为人类整体的凝缩，其布控、反映着人的一举一动。但无论是Siri、AlphaGo还是索菲亚，他们所学习掌握的领域还十分有限，都是局限于单一能力的"工具"，无法同大脑一样整体性、放缩性地感知外在世界。同时，人类作为哺乳类生物，繁殖、生息是亘古不变的话题，而信息传播技术作为复制性机械制造的产物，其并不具备自我繁衍、进化的能力。总之，信息技术的意向化与人体的数字化转向，颠覆了人们对传播的一般性认知，正如诸多学者所指出的，技术正通过欲望合理化的方式，将技术逻辑放置于更加广泛的社会语境之中，开发、扩大人类的需求与想象，解构社会秩序与社会交往，为人的社会化生存赋予了数字化色彩，尝试突破时空的无限性与人类的代具性，在交织数字资产、阶级、关系、身份的过程中，汇聚出一幅人机交互、叠加的认知图景。

（作者：汤天甜，四川大学新闻学专业博士，西南大学新闻传媒学院副教授，研究方向为影视传播，风险传播，视觉传播及国家形象等；温曼露，西南大学新闻传媒学院硕士生。）

参考文献

［1］本雅明.机械复制时代的艺术作品［M］.王才勇，译.北京：中国城市出版社，2002：88-89.

［2］SIMONDON G. Sur la technique（1953—1983）［M］. Paris: Presses Universitaires de France，2014：10.

［3］荣格.心理类型［M］.吴康，译.南京：译林出版社，2014：616.

［4］伊德.技术与生活世界：从伊甸园到尘世［M］.韩连庆，译.北京：北京大学出版社，2006：22.

［5］GUARNIERI P. Interactive intentionality and norm formation［J］. Journal of Institutional Economics，2018，15（4）.

［6］塞尔.意向性论心灵哲学［M］.刘叶涛，译.上海：上海人民出版社，2007：2.

［7］罗素，等.人工智能：一种现代的方法［M］.姜哲，金奕江，张敏，译.北京：清华大学出版社，2004：740.

［8］LEVINAS E. Reality and its shadow［M］. New Jersey: Wiley Blackwell，2007：131.

［9］凯利.技术元素［M］.张行舟，余倩，周峰，等译.北京：电子工业出版社，2012：2.

［10］哈维.世界的逻辑［M］.周大昕，译.北京：中信出版集团，2016：60.

［11］段伟文.人工智能时代的价值审度与伦理调适［J］.中国人民大学学报，2017，31（6）：98-108.

［12］喻国明，王小龙，郭剑楠.智媒时代媒介的重新定义：依据社会化场域的范式［J］.青年记者，2019（28）：38-41.

［13］傅永军，王元军，孙增霖.批判的意义：马尔库塞、哈贝马斯文化与意识形态批判理论研究［M］.济南：山东大学出版社，1997：67.

［14］斯蒂格勒.技术与时间：1.爱比米修斯的过失［M］.裴程，译.南京：译林出版社，2019：12.

［15］PETERS J D. The Marvelous Clouds: Toward a philosophy of elemental media［M］. Chicago: University of Chicago Press，2015：12.

［16］罗萨.新异化的诞生：社会加速批判理论大纲［M］.郑作彧，译.上海：上海人民出版社，2008：53.

［17］斯蒂格勒.技术与时间：1.爱比米修斯的过失［M］.裴程，译.南京：译林出版社，2019：12.

［18］维贝克.将技术道德化：理解技术与设计物的道德［M］.闫宏秀，杨庆峰，译.上海：上海交通大学出版社，2016：4.

［19］普利高津.确定性的终结：时间、混沌与新自然的法则［M］.湛敏，译.上海：上海科技教育出版社，1998：5-6.

［20］夏甄陶.认识发生论［M］.北京：人民出版社，1991：650-651.

［21］白云静，郑希耕，葛小佳，等.行为遗传学：从宏观到微观的生命研究［J］.心理科学进展，2005（3）：305-313.

［22］道金斯.自私的基因［M］.卢允中，译.长春：吉林人民出版社，1998：220.

［23］肯德雷.美德的起源：人类本能与协作的进化［M］.刘珩，译.北京：中央编译出版社，2004：10-11.

［24］道金斯.自私的基因［M］.卢允中，译.长春：吉林人民出版社，1998：275.

［25］道金斯.自私的基因［M］.卢允中，译.长春：吉林人民出版社，1998：269.

形象宣传，品牌的灵魂之歌

——浅谈视觉形象对品牌活动的价值

李　欣

[摘要] 随着目前媒体的竞争日益激烈，品牌活动成为各媒体树立形象、提升影响力的重要手段，如何在复杂的竞争中突出差异性，最终脱颖而出，成为各媒体的终极目标。而形象宣传能够最大限度提升品牌认知及情感共鸣，形象片更是整个形象宣传工作中的点睛之笔。

[关键词] 品牌　活动　形象片　艺术

随着我国电视事业的蓬勃发展，电视媒体之间的竞争日益加剧。怎样才能在激烈的竞争中脱颖而出？怎样才能在更多的观赏者心中留下印象，得到其关注并增加互动，已成为当前所有媒体不断思考和探索的话题。品牌化道路也成为当下讨论的热点。对受众资源的争夺不仅靠频道吸引，还要靠栏目内容吸引，更要靠媒体自身的品牌价值的吸引。为了在激烈的节目同质化竞争中脱颖而出，不仅要在节目内容上不断推陈出新，还要通过各种手段宣传推销自己的产品，提升品牌形象，借助各种活动、各种媒介提升自己的品牌影响力。

被称为"英国艺术教父"的大卫·霍克尼说，图像是极具力量且让人难以忘怀的。一切从品牌出发，用视觉和听觉更完美地阐释品牌的力量，这才是真正令媒体品牌永久可持续发展的原动力，也是构建视觉美学打造视觉奇观的意义所在[1]。

对于中央广播电视总台（简称"总台"）财经节目中心的首创品牌活动"2019中国品牌强国盛典"来说，第一次呈现效果尤为重要。如何将这场直播打造成总台第一大活动品牌？如何在社会群体中引起反响形成口碑？如何让全中国和该品牌的相关人士燃起"共赴品牌强国之约"的激情？如何创造一种中国品牌界的"奥斯卡"的视觉气质？通过在平台、用户、品牌特性等多维度的信息输入后，我们最终确定了宣传片建设的"中国价值观"，从讲好中国故事出发，提取"中国潮""匠心百炼"为品牌设计语言，梳理设计语言中的视觉触点，进行场景色彩等空间延展，最终将品牌设计策略逐步落地到视觉设计。

图4-1 "中国品牌强国盛典"悬念篇效果图

我们首先打造了一支"中国品牌强国盛典悬念篇"，从视觉表达上给受众以新奇感和期待感。我们选择了构成中国品牌力量的视觉符号——红绸，红绸的律动创建着民族热血的纹理。光影交融，红绸聚合起品牌的梦想，就如同中国力量的扬帆，在红绸向前奔涌的动势中我们看到了民族的梦想。红绸将"品牌—国家"的由小到大的概念演绎而出，最终营造出影片的悬念高潮，在激荡的红色浪潮中，荣耀闪现。

同时，我们也意识到，对于一个新的品牌，受众是没有概念，没有想象空间的，那么打造一支形象片就变得至关重要。活动的气质、品牌想要呈现的价值、活动所要承载的意义，都需要我们去诠释，去解读，去深化，去升华。于是，"中国品牌强国盛典锻造篇"便应运而生，从匠心品牌人物视角展开，从微观到宏观，从工艺到人生，他们默默无闻，用自己的小梦想编织着中国品牌的大国梦，在百炼中感受薪火淬炼的执着品质，于方寸之间彰显出薪火传承的匠人精神。我们走进锻造空间，触摸一笔一画中蕴含的匠心体温，心传的技艺融入每一项流程、每一道工序，一笔一画、一槌一击，力与火热烈辉映，将盛世匠心在这一刻荣耀绽放。我们就是要将中国品牌名字在人们心中刻下闪亮的印记，为中国品牌传播开辟新的力量空间。这个活动再一次让中央广播电视总台财经节目中心的品牌被点亮，频道视觉形象的价值再次被定义，活动与品牌的价值再一次被联结。

图4-2 "中国品牌强国盛典"匠心篇效果图

品牌是有价值的，同样品牌也是有生命力的，总台财经节目中心就是要将这种价值托得更高，托得更稳。而每一个项目、每一次活动的视觉形象就是这一切的根基。形象片是一种手段、一种语言，我们想用这种形式获得一种生命力，通过或细腻含蓄，或唯美诗意，或强烈的效果，或轻盈的方式，传递出我们内心的东西，从而抵达观看者心里。

2020年总台财经节目中心又开创性地推出了总台"2020中国汽车盛典"大型活动，作为传统的汽车品牌，汽车活动的广告早已在受众心里留下了炫酷的印象。那么要想表达想法，必须掌握技法，要想有想法，必须有想象力。如何赋予这个大型活动一种独特的格调？我认为，这种格调应该是东方的、美学的，它在保留了传统的同时，又融合了现代审美。而实现这种格调的重要元素就是彩墨，彩墨的亮点是色彩，色彩表现了人类生命的深层张力，色彩可以表达画面所不能表达之事，片中蓝、红、黄色的彩墨的形状、勾勒的力度、色彩的意蕴以及最后的多色碰撞是构成这次形象片的主要视觉形式。

图4-3 "2020中国汽车盛典"形象片中的新国风设定

图4-4 "2020中国汽车盛典"形象片中彩墨与机械的融合效果

片中丰富的色彩和传统的书法画笔进行结合，既有沉稳大气的东方意境，又极具流行的视觉表现力。演员在画布上画出汽车盛典Logo的动作贯穿始终，从局部到整体的演绎过程中，运笔时的力量感、身形步法的轻重缓急，毛笔挥舞的动势与工业感十足的汽车写意元素相结合，刚柔并济、相得益彰，冲击力十足的画面给人留下强烈的记忆点。

图4-5 "2020中国汽车盛典"形象片中彩墨演绎Logo的效果

其实，彩墨元素作为一种包装形式，在国内广告圈、包装圈也是常见的视觉元素，但多以单色系为主，形式上也是千篇一律，在一支片子里放入这么多颜色在国内确实并不多见，尤其结尾时多个颜色在空中撞击的设计，也是反复测试而敲定的效果。众所周知，之前的大部分拍法都是在水缸里用注射器注射彩墨形成碰撞晕染效果，这种拍法已经略显老套，我们从拍摄初期就摒弃老套的拍法，尽量想出来一些新招。所以这就要求我们要懂色彩，要懂得如何做细腻的配色处理，最后才有片子里呈现的各种绚丽夺目的彩墨冲击的视觉效果。

就像《艺术哲学》里所说的"作品中的特征越显著越占支配地位，作品越精彩"[2]。从创意上来说，考虑到这条宣传片的结果，我们希望制作一部视觉感很强、具有震撼效果的片子，而达到这个目的的过程，就像厨师做菜一样：在明确了风格、类型和表现形式后，便可以开始研究如何将这道菜做好做精。这是一个艰巨的任务，又是一个必须完成的任务，因为创作最好的作品是我们追求的意义。为此，我们力求每个环节都将能量发挥到极致。在有限的时间，做最多的事，做最好的事。最终我们让镜头的温度与观众产生视觉共鸣，让观众感知氛围，体味色彩。作为一部完美呈现了广告级电影感的形象大片，这就是我们这支形象片的价值所在。

2021年，恰逢中国共产党的百年华诞，我们延续开创中国工业纪录片创作先河的《大国重器》的制作内核，打造了该系列纪录片的第三季《动力澎湃》，以中国制造业的最新成就为中国共产党成立100周年献礼。

当今世界正在经历百年未有之大变局，全球供应链格局正在加速调整，制造业已成为国与国竞争的关键要素，而大国重器，已成为展示国家综合实力的焦点所在。如何能在短时间内迅速引爆全社会对《动力澎湃》的关注度，同时在延续并提升前两季影响力和社会价值的同时，创造出新的视觉体验？我们再次将发力点聚焦于一部浓缩、震撼的宣传视频。

图4-6　《动力澎湃》形象片效果图

首先，我们确定了本系列片的总基调。那就是"动力"和"澎湃"，这是两个充满力量感和动感的词语，有着扑面而来的冲击力。因而，我们的宣传片也将激情与豪情渗透于每一帧大国制造的镜头语言中，强韵律、强动感、强视效的画面彰显出中国制造背后澎湃汹涌的国家实力。

其次，我们探索全新视角，选取"巧、奇、美"的动力装备，通过全新的拍摄视角，以新奇的视觉观感，带领观众走进一个前所未见的澎湃动力世界，为观众展现中国的动力传奇。

再次，我们通过变奏的音乐赋予冰冷的机器生命动感。我们以音乐的强劲动感，彰显这些工业制造传奇所承载的国之重任与国之希望。

另外，我们呈现人与机器的智慧碰撞，揭示大国重器背后的制造素养，立体展现出新时代中国制造的精气神。同时以大国重器上天入海的雄浑画面，唱响大国礼赞。这样一部具有冲击力、震撼力纪录片的宣传片，本身就是对中国共产党成立100周年的动力澎湃的献礼。

举世闻名的"广告教父"大卫·麦肯兹·奥格威曾说："大创意来自无意识，但无意识必须是博识的，否则你的思想就是毫无意义的。"[3]我认为对于创作者而言，应该把注意力集中到学习上来，既要有足够的知识架构，又要学习大师们的创作理念、艺术表达，不能停留在模仿的层次，那只能是狭隘的、短暂的，而要主动去尝试创新，把每一个项目、每一场活动的视觉创意当作自己的一件艺术品一样去看待，调动自己对世界的感知力使之更加敏锐、更加细腻，同时更应该站在品牌化战略的高度去看每一个作品。由于形象片具有对节目的重要支撑能力，我认为形象片的创作在诸多周边创作中更为重要，它也许没有巨大的显性商业价值，但它具有一种无法估量的、持续性的品牌价值。让我们对每一个项目都能饱含热情、精准判断，快速地找准影调风格。因为唯有在发挥了那些感动我们，激发我们热情的特质时，视觉奇观才能出现，品牌价值才能被点亮。

（作者：李欣，中央广播电视总台财经节目中心制片人。）

参考文献

［1］奥布里斯特.当代艺术的十九副面孔［M］.王乃竹，译.桂林：广西师范大学出版社，2020：3.

［2］丹纳.艺术哲学［M］.张伟，沈耀峰，译.北京：当代世界出版社，2009：763.

［3］爱德华.像艺术家一样思考［M］.哈尔滨：北方文艺出版社，2006：53.